［第3版］

憲　法

花見常幸・藤田尚則

著

北 樹 出 版

第3版はしがき

　改訂版の発刊から、ほぼ10年が経過した。その間に日本国憲法を取り巻く、わが国と世界の状況は大きく変化し、それに対応すべく多くの法令が制定され、重要な最高裁判例も生まれている。第3版では、こうして制定・改正された法令と新判例についての説明を加えるとともに、初版以来の「できる限り分かりやすい教科書」との方針に基づいて、学説の進展にも意を用いながら、読者の理解を助けるための加筆を行っている。

　冒頭で述べた日本国憲法を取り巻くわが国と世界の状況変化の中で、とくに注目すべきものは、アジア地域における安全保障環境の変化と世界におけるジェンダー平等の進展であり、それに対するわが国の対応である。第1のアジア地域における安全保障環境の変化とは、北朝鮮の核兵器・ミサイル開発と中国のアジア地域における軍事的プレゼンスの増大であるが、これに対してわが国は平和安全法制整備法を制定して対応しており、その中で集団的自衛権についても、極めて限定された行使を認めている。第2のジェンダー平等については、昨年（2021年）発表された、世界経済フォーラムの男女格差指数（ジェンダーギャップ指数）で日本が120位となったことが、注目を集めた。欧米諸国では同性婚についても合法化が進展しており、わが国でも、候補者男女均等法の制定や女子再婚禁止期間規定の違憲判決などの動きがあったものの、ジェンダー平等の問題は人権論の今後の大きな課題である。

　また、この10年間で私にとって最も残念な出来事は、本書の共著者である藤田尚則氏が一昨年6月に病のために他界したことである。彼は同じ創価大学の1期生として、切磋琢磨してきた友人であり、数多くの憲法学上の業績を上げ、今後も活躍が期待されていただけに惜別の思いが募る。心からご冥福を祈りたい。

　なお、今回の改訂については、創価大学通信教育部の上田宏和講師の多大な協力を得ると共に、北樹出版の木村慎也社長に格別のご配慮をいただいた。心から御礼申し上げる次第である。

　2022年1月2日

花見　常幸

はしがき

　今年（2008年）の8月、広島と長崎は、これまでとは違った、核廃絶に向けての新たな国際情勢の進展の中で63回目の「原爆の日」を迎えた。この国際情勢とは、従来、核軍縮に対してきわめて消極的であった米国の内部において、昨年と今年の1月に、キッシンジャー、シュルツらの元国務長官4人が中心となって、核廃絶を呼びかける提言が発表され、次期大統領候補のオバマ、マケイン両氏も核兵器全廃を長期目標とする考え方などを表明するという、核兵器を巡る注目すべき動きのことである。もちろん、核廃絶への道程は長く険しいと思われるが、これらの動きがその重要な一歩となることが期待される。

　1946年11月、日本国憲法は、戦争放棄と武力行使の禁止を規定する、世界で最も進んだ平和憲法として制定された。これは、終末兵器といわれる原子爆弾の投下という事実と、開戦以来国民に646万人以上の死傷者を出した太平洋戦争に対する痛切な反省に基づくものであり、それは、「もう二度と戦争はごめんだ」という庶民の声なき声を憲法制度として結実させたものであった。そして、21世紀の現在においても、日本国憲法の徹底した平和主義の考え方は、「戦争のない世界」の実現という人類的課題の達成にとって重要な指針を示し続けているのである。

　この日本国憲法の基本原理としての平和主義は、個人の尊厳、あるいは人間の尊厳の理念を根底の価値として、国民主権および人権尊重という二つの基本原理と深く結びついており、これらの基本原理に基づく日本国憲法は、制定以来60年以上の歳月を経て、広く日本社会に定着している。

　また今日、長く日本社会の特徴とされてきた「平等な社会」に替わって、「格差社会」の到来が指摘されるが、これらの基本原理のうち、とくに人間の尊厳の理念と直結する人権尊重の原理は、単なる法の基本原理にとどまらず、わが国の社会を「国民一人ひとりを本当に大事にする社会」に、さらに変革していくための不可欠な指導理念を提供するものと考えられる。

　一方、憲法制定後の早い段階から、改憲を目指す勢力はその動きを一貫して

続けてきており、昨年5月、「国民投票法」が成立し、憲法改正が現実的な問題となった。いま、国民が憲法改正問題に正面から向き合うことが求められているのである。この問題に答えを見つけるためには、日本国憲法について改めて知る必要があり、本書の読者は、この憲法が国民の幸福を第一義とする、優れた立憲主義憲法であることを再認識するであろう。また、2004年4月に法科大学院制度が発足して早くも4年が経過したが、そこでは法理論と実務の架橋が求められており、憲法を含めて法学教育のあり方が大きく変化してきている。

　本書は、こうした新しい変化の時代に、大学で初めて憲法を学ぼうとする学生や社会人を対象としており、初学者向けの教科書として、できる限り平易な論述を心がけた。その上で、次の二つの点に留意した。すなわち、大学での憲法の学習では、憲法の基本原理や構造を歴史的な背景や比較の視点を通して、正確に理解することが重要となることから、紙幅の関係で可能な限り、そうした論述に努めた。また現在、裁判規範としての憲法の側面がきわめて重要となってきており、最新のものを含め、多くの判例を取り上げ、現実政治や実際の社会生活・経済生活等の中で憲法が裁判規範としてどのように使われているのかを分かりやすく示すようにした。これら二つの点は、憲法を学ぶ上で不可欠の要素であり、法科大学院での憲法学習にとっても基礎となるものである。

　なお、本書の執筆にあたっては、多くの著書や論文を参照させていただいた。本書の性格と紙幅の制約上、すべての出典をその都度明示することはできず、巻末に一括して参考文献の形で示すにとどめざるをえなかった。記して、感謝の意を表するものである。

　最後に、本書の出版についてご高配をいただいた、北樹出版取締役の木村哲也氏と同編集部の古屋幾子氏に、心から御礼申し上げる次第である。

　　2008年8月24日

花　見　常　幸

藤　田　尚　則

目　次

憲　　法

第1章

憲法の概念

第1節 国家と憲法

1 総 説

　憲法（Constitution, Verfassung）とは、一般に①領土、②国民、③国権の三要素から成る国家の統治組織ならびに統治作用に関する基本法を指していう。ここに国家とは、「固有の支配権の下に法的に組織された人類の団体」と定義される。固有の支配権とは、国家の始源的な支配権をいう。国家の支配権は、単なる実力ではなくして、法的組織によって国民を統一的組織体とする力を指していう。国家の支配権を、国権という。団体とは、多数の人間に拠って立つ共同体であって、一定の地域を基礎として自ら意思の主体として活動するものをいう。多数の人間の全体を国民といい、一定の地域を領土という。

2 領土の概念

　領土とは、国家権力が行使される空間的領域（広義の領土）をいい、①狭義の領土、②領海、③領空から成る。

　狭義の領土とは陸地たる領土をいい、地表のみならず、技術的に達しうるかぎり地下をも含む。領海とは、狭義の領土に接続する海面の一部をいう。領海の範囲は、国際法によって定まるが、「海洋法に関する国際連合条約」3条は、いずれの国も「12海里を超えない範囲でその領海の幅を定める権利を有する」と規定する。

　領空とは、狭義の領土および領海の上空であって、技術的に達することが可能なかぎり、領空に含まれる。領空の範囲については、国際法においていまだ原則が定められてはいない。

3　国民の概念

　国家の構成員または所属員を国民といい、国民は国家の本質的構成要素である。国家の構成員たる資格を国籍という。国籍を決定する場合に、属地（土地）主義と属人（血統）主義があり＊、国家は各々の主義に基づいて国籍を決定する。

　　＊属地主義と属人主義　　属地主義は、父母の国籍のいかんにかかわらず、自国の領土内で出生した子に自国籍を付与する主義である。移民受入国において、移民の子孫に国籍を付与し、その定着、同化、宥和を促進する機能を果たす点に特色があり、アメリカ、イギリス、カナダ、オーストラリアなどが採用している。属人主義は、自国民の子として出生した者に対して自国の領土内で出生したか否かを問わず、父母の国籍によって自国の国籍を付与する主義をいい、同一文化を有する同一民族により国家を形成するという民族主義に由来し、日本、韓国、中国、イタリアなどが採用している。日本は、従来、父系主義をとっていたが、1984年、国籍法を改正し、父母両系主義に移行した。

　日本国憲法の中で国民という語は、多義的に用いられている。第一に、憲法前文1項と本文1条は、国民主権主義を明らかにしたものである。ここに国民主権という場合の国民とは、国家意思の最終的決定権の保持者としての国民を意味し、年齢、性別のいかんを問わず一切の自然人たる国民の総体をいう（主権者としての国民）。第二に、国民が、憲法上の国家機関として意思決定をする場合がある。憲法改正を承認し（憲法96条1項）、国会議員を選挙し（43条・44条）、最高裁判所の裁判官の国民審査をする（79条2項）ごときがこれである。国家機関としての国民の範囲は、国民主権という場合の国民より範囲が狭く、選挙権者、投票権者をもって構成される（国家機関としての国民）。第三に、憲法は、国家を構成している個人を指して国民と呼んでいる。憲法第3章は、ここにいう国民の権利および義務について詳細な規定を設けている。「統治権の客体としての国民」というがごときも、この場合にあたる（個々の国民）。

4　国権の概念

　国権とは、領土内の国民を国家的統一体に結合し、維持する法的権力をいう。国権は、国民を支配する権力、すなわち支配権であって、国家の本質的要素をなし、国家意思を形成し、国家行為を可能ならしめるものである。国権は、統治権とも主権とも呼ばれるが、①領土高権、②対人高権、③権限高権（自主組織権）を備えているものとされる*。

> **＊高権**　　領土高権とは、積極的には国家が当該国家の領土内の人および物を法的に支配することを意味し、内国人と外国人とを問わない。消極的には国家の権力は当該国家の領土のみに及び、外国には及ばないこと、外国の権力は他国の領土には及ばないことを意味する。対人高権とは、国家の所属員を支配する権利をいう（外国在住の国民にも一定範囲まで及ぶことを意味内容とする）。権限高権とは、国家が自らの組織や権限についてその意思によって決定することができる権利をいう。

第2節　憲法の概念 ●━━━━━━━━━━━━━━●

1　形式的意味の憲法と実質的意味の憲法

　形式的意味の憲法とは、成文化（文章化）された法典（憲法典）をいい、その内容が近代的意味における憲法であるか否かは問題とされない。これに対して、実質的意味の憲法とは、法の内容に着目した観念であり、国家意思が形成、執行される法秩序と国家の構成員の地位を規定するそれを内容とする法を憲法と呼ぶ場合がこれにあたる。かかる意味における憲法は、成文法たると不文法たるとを問わず、またいついかなる国家にも存在する。

2　固有の意味の憲法と立憲主義的意味の憲法

　固有の意味の憲法とは、ひとり立憲主義国家における憲法のみならず、あらゆる形態の国家の根本組織法の意味に憲法を理解して、これを固有の意味の憲法と呼ぶ。これに対して、立憲主義的意味の憲法とは、その内容として、①国民の権利・自由の保障のために、基本的人権に関する規定と②権力の分立に関する規定を内包している憲法をいい、イギリスのような特殊な例外を除き、通

例、成文憲法の形式をとっている。この意味の憲法概念は、近代の法治国家の成立に伴って発生したのである。

　近代立憲主義憲法の概念の原型は、16世紀頃に成立した「根本法」(funda-mental law)＊の観念に求められるといわれる。根本法の観念は、近代において成立した絶対君主主義的国家に対する中世的・等族的反動のイデオロギーであり、フランスのモナルコマキに属する人々によって、最初に主張された。中世末期の等族的君主国家においては、単一化された政治団体としての身分層は、相互間および君主との間に契約・協定を締結し、君主と等族との間に結ばれた契約は、等族に対して特権を賦与し、君主の権力を制限することを内容とするものであった。そして、君主は、かかる事項を内容とする契約を等族会議の同意を得ずして変更することはできなかった。近代に至って成立した絶対主義的国家は、封建的・等族的機構を崩壊せしめたが、これに対する反動理論として、モナルコマキの諸学説において根本法の観念が成立し、「根本法は他の法律以上の効力を有し、国王といえどもこれに拘束され、一方的に変更し得ないものである」と主張された。

　　＊**根本法の観念**　　根本法とは、等族的君主国家における君主と等族との契約として成立したものであり、その適例として1215年のマグナカルタ（Magna Charta）があげられる。この契約の意図したところは、君主の権力の制限と等族の特権の承認とにあり、君主はこの契約を等族会議の同意を経ることなく一方的に変更しえず、君主が自由に制定・廃止しえた「王の法」に対して「国の法」といわれ、一般の法以上の効力があるものとして君主といえどもこれに拘束されたのである。このような根本法の観念が変質することによって、近代的な立憲主義憲法が誕生した。

3　立憲主義憲法

　根本法の観念は、近代国家成立期においては、絶対専制君主に対する封建的特権的身分層の反動的抗争の武器としての意味をもったが、後にその機能を変質させ、新興市民階級の解放運動の武器たる役割を担うに至る。かかる立憲主義憲法の概念を生み出す思想的中核となったものは、社会契約説と天賦人権説とによる自然法思想であった。自然法思想は、個人はいかなる拘束をも受けず、完全に自由な状態で存在するとする自然状態を設定し、この自然状態において

個人は固有の権利、すなわち、「自然権」を有するとする。そして、自然状態に置かれた個人は、自らの有する自然権を行使する権利を委ねられることになり、結果、個人は自然権を十分に保全しえないことになる。そこで、自らの自然権を十分に保全するために、社会契約を結び、国家を形成すると説く。このように、国家の基礎は社会契約にあるとの観念と、人間の天賦の自由は侵害されてはならないとの観念が結びつくことによって、君主の権力の制限が要請される一方で、個人の自由の保障を明文で規定することが、立憲主義憲法によって達成された。

　この立憲主義の思想は、1789年のフランス革命の際に出された「人および市民の権利の宣言」（フランス人権宣言）16条の「権利の保障が確保されず、権力の分立が定められていないすべての社会は、憲法をもつものではない」との規定に典型的に示されている。かかる意味において、立憲主義国家とは、権力の分立と国民の基本的人権の保障を内容とする憲法を制定し、当該憲法の規定に従って国家権力を行使せしめ、もって権力行使の濫用を防止し、最終的には国民の人権保障を図る国家をいう。近代以降の各国の憲法典の構造は、国家権力の組織と作用に関する統治機構の部分と人権保障に関する権利章典の部分から成り、今日一般に、憲法とは、かかる近代的・立憲的意味の憲法をいう。

第3節　憲法の分類

1　憲法の存在形式による分類

　憲法の存在形式による分類であって、成文憲法と不文憲法とに類別される。前者は、実質的意味の憲法が体系的に編纂された成文の法典（憲法典）の形式をとっている場合をいい、後者は、かかる憲法典が存在せず、実質的意味の憲法の内容が慣習、判例、成文法律に示されている場合をいう。イギリスは、立憲主義国家のうち唯一成文憲法典を欠く不文憲法国家であるが、早くから多くの法律がいわゆる憲法的法律として制定されてきている。すなわち、マグナカルタ、1628年の権利請願、1689年の権利章典は、今なお「イギリス憲法のバイブル」として法律の効力を有している。また、1679年の人身保護法、1701年の

王位継承法、1911年と1949年の議会法も憲法的法律として存在している。

　立憲主義憲法は、一般に成文法典をもつところの成文憲法であるが、そのことには政治的意味が含まれている。すなわち、成文憲法は、国民の権利・自由の保障と権力分立の原理から、国家権力の限界を明文化し、支配者が恣意的にこれを変更・廃止することを防ぐため、一般法律よりも高度の存在保障を要請する政治的要求から生まれたのである。

2　憲法の改正手続の難易による分類

　憲法の改正手続の難易によって、硬性憲法と軟性憲法とに類別される。硬性憲法とは、一般法律の改正手続とは異なり、より厳しい改正手続を定める憲法をいう。もっとも、硬性の度合いは、3分の2ないし5分の3の特別多数決、またはそれに加えて国民投票を要件とするものから、憲法会議による議決を要件とするものなどさまざまである。その目的とするところは、憲法の安定性と継続性にある。軟性憲法とは、一般法律の改正手続と同様の手続で改正される憲法をいう。一般に、立憲主義憲法は、立憲主義的諸原則の高度の保障を目的とするものであるから、ほとんど成文憲法にして硬性憲法である。

3　憲法制定権力の所在による分類

　憲法は、憲法制定の最終的権威、すなわち、憲法制定権力（憲法をつくり、憲法上の諸機関に権限を付与する権力）*の担い手は誰か、に従い以下のように分類される。

　欽定憲法とは、君主主権の原理に基づき君主を憲法制定の最終的権威として制定された憲法をいい、1814年のルイ18世の憲法、1906年の帝政ロシア憲法、1889年の大日本帝国憲法などをあげることができる。民定憲法（民約憲法）とは、国民主権の原理に基づき国民を憲法制定の最終的権威として制定された憲法をいい、1776年のヴァージニア憲法以下のアメリカ諸州ならびに合衆国憲法、西欧自由主義諸国の憲法は、ほとんどこれに属し、1947年の日本国憲法もまたこの範疇に属する。社会主義憲法もまた、人民自らの手に成ったという意味で、民定憲法にほかならない。協約憲法とは、君主と議会または国民代表との契約

という形式で、すなわち君主と国民との合意に基づき両者を憲法制定の最終的権威として制定された憲法をいう。ルイ18世の憲法に影響されて成立した1814年から1846年までのドイツ諸国の憲法の多くは、この形式をとっている。国約憲法は、連邦国家の憲法成立の一様式であり、連邦を構成する諸国家間の契約によって成立する憲法を指していうが、連邦国家の憲法が必ずこの形式によっているわけではなく、1919年のワイマール憲法をその例として挙げることができる。

＊**憲法制定権力**　　憲法の基礎としての権力と憲法的に規定された権力との区別は、18世紀末のフランス革命の際にシェイエス（Emmanuel J. Sieyés, 1748-1836）によって明らかにされ、前者は憲法制定権力（pouvoir constituent, verfassungsgebende Gewalt）と呼ばれ、後者は組織化された権力（pouvoir constitué, konstituierte Gewalt）と呼ばれた。シェイエスは、国民主権の原則の下に憲法制定権力の主体を国民であるとしたが、1814年のフランスの王政復古の際には、君主主権の原則の下にその主体は君主であるとの主張が試みられたのである。しかし、その後、憲法制定権力の観念は、フランス、ドイツにおいて次第に変化し、一種の組織化された権力とみなされ、憲法によって規定された憲法改正権と同一視されるようになった。憲法制定権力と憲法改正権との同一視を排斥し、その本来の意味に復帰すべきことを説いたのは、カール・シュミット（Carl Schmitt, 1888-1985）である。すなわち、憲法制定権力は、「政治的意思（der politische Wille）であり、この意思の力（Macht）または権威（Autorität）により、自己の政治的実存の態様と形式についての具体的な全体決定（Gesamtentscheidung）を下すことができる、すなわち、政治的統一体の実存を全体として決定することができるのである。すべての憲法法律的規律（verfassungsgesetzliche Regelung）の妥当性は、政治的意思の決定に由来し、しかもこの決定そのものは、それに基づいて定められる憲法法律的規定とは質的に異なるのである」。憲法制定権力は、「単一不可分である。それは、他の区別せられた『権力』（立法、執行及び司法）と相並んで存するところの、もう一つの同順位の権力ではない。それは、すべての他の『権力』および『権力分立』の包括的基礎である」。カール・シュミットの説くところを理解するためには、まず、憲法（Verfassung）の概念と憲法法律（Verfassungsgesetz）の概念は峻別されなければならない。憲法は、「政治的統一体の特質と形式に関する決定」であって、内容が正当であるために妥当するところの規範にその基礎を置くのではない。憲法は、自己の存在の態様と形式についての政治的存在から出てくる政治的決定に基づいている。これに対して、憲法法律は、その内容からすれば、憲法制定意思を執行する規定であって、それは完全に憲法制定意思に含まれている政治上の全体決定を前提として、またこれに基づいて成立する。すなわち、シュミットによれば、憲法制定権力（力または権威）→憲法（政治的決定あるいは決断）→憲法法律（実定法としての成文憲法）という図式になる。憲法

制定権力は、憲法を制定することによって、あるいはひとたび行使されることによって使い果たされ、排除されるものではないのであって、憲法と同時に、また憲法を超越して存続する（*Verfassungslehre*, 1928）。

第4節　憲法規範の特質　●─────────────●

　ここに、憲法が「自由の基礎法」であるということについて述べておく必要があるであろう。自由の本質は、国民が国家権力から自由であることに存する（「国家からの自由」（Freiheit vom Staate））が、憲法が自由の基礎法であるという憲法の本質は、何よりも国政への国民の積極的参加が確立された体制において初めて実現化されるということを意味する（「国家への自由」（Freiheit zum Staate））。けだし、国民が国家権力の支配から自由でありうるためには、被治者たる国民自らが積極的に統治に参加することが要請されるからである（立憲主義と民主主義の結合）。さらに、20世紀に入ると、立憲主義にいう自由は、社会権の登場により「国家による自由」をも含むよう拡大されていく（立憲主義と社会国家原理の結合）。

1　基本価値秩序としての憲法

　本来、憲法は、社会の基本価値を体現したものであり、価値中立的に国家の統治制度を規定したものではない。したがって、それぞれの憲法は、各国家が、それぞれ、憲法制定当時に実現すべきであると志向した自らを支えるべく選択したところの基本価値を宣言したものである。立憲主義的憲法が志向する基本価値は、「個人の尊厳」であり、そのために人権の保障と権力分立をその意味内容として規定している。1949年ドイツ連邦共和国基本法（ボン基本法）1条は、「人間の尊厳（Die Würde des Menschen）は、不可侵である。これを尊重し、かつ、保護することは、すべての国家権力の義務である」と規定しているが、まさにこの趣旨を宣言するものであるといえよう。

2　授権規範性

　憲法は、第一に国法秩序の体系において授権関係という観点から捉えた場合、根源的地位を占め、憲法以下の法規範は、憲法の授権に基づいて成立、存続する。国家機関は、憲法の授権に基づいてその権限を行使し、国家の統治作用の正当性は究極的には憲法に求められる。

3　制限規範性

　憲法は、国家機関に権限を授権すると同時に、その権限に制限を設定している。国家機関は、憲法によって授権された権限のみを行使しうるのである。憲法が国家権力に対する制限規範であるといわれる所以は、憲法が立憲主義の究極の目的である個人の権利・自由の保障に奉仕する自由の規範、自由の基礎法であることに求められる。

4　最高法規性

　最高法規の観念は、思想的にさかのぼればイギリスの「法の支配」（rule of law）の思想にその発現をみることができるが、ここに憲法が最高法規であるとは、実質的意味と形式的意味において理解されなければならない。実質的意味において憲法が最高法規であるとは、憲法が国家共同体生活において最高価値としての基本的人権を具体化したものであって、かかる憲法の趣旨が憲法以下の法規範の内容の中に貫徹されなければならないことを意味する。憲法が「自由の基礎法」であるということが、憲法自らの最高法規性の実質的根拠を構成するのである。

　憲法が形式的意味において最高法規であるとは、国法秩序の体系にあって憲法が最高の形式的効力を有し、国家行為の効力の判定基準となり、憲法の規定に反する国家行為の全部または一部はその効力を有しないことを意味する。憲法が、その改正に法律より加重条件が付される硬性憲法である場合は、そのことから当然に憲法が形式的意味において最高であるということが帰結される。

第2章

近代立憲主義とその現代的変容

　近代立憲主義は、何よりも国家権力の濫用から国民の権利・自由を確保すべきであるとする自由主義的要請を内容とする（「配分原理」）。絶対王政を打倒し、政治権力を市民が掌中に納めた市民革命のための政治的原理を市民階級に提供したといわれる所以がここにある。しかし、同時にそれは、国家権力それ自体を国民が掌握し、国民の意思と国家の意思を一致せしめるという支配者（治者）と被支配者（被治者）の自同性の関係を実現すべきであるという民主主義の要請を満たすものである。ここに、本来理論的には相互に無関係に独立している自由主義と民主主義が、立憲主義を媒介として結びつくことになる。

　また、憲法は国家の「基本法」であるという場合の基本法にいう「基本」とは、統治に先立って存在し、統治を先導し、拘束する性質をもち、それは通常の法的手続によっては改廃されることのないことを意味し、また、「法」とは、人間の意思を超える永遠の真理を表すものであるが、これらを包含するものが、「法の支配」という原理である。したがって、立憲主義とは、法の支配の原理の下に自由主義と民主主義が結びつけられたものということができ、これら三つの原理は、相互に関連し合いながら近代立憲主義憲法の特質といわれるさまざまな制度や原理を生み出している。つまり、自由主義と最も深く関わっている制度が権力分立のそれであり、民主主義と深く関わっている原理が国民主権のそれである。

第1節　法の支配　●━━━━━━━━━━━━━●

1　法の支配の原理

　法の支配の原理とは、「人の支配」（rule of man）に対する概念であり、すべ

ての国家権力ないし政治権力は「法」の下にあって「法」に拘束され、それに
よって国家権力の恣意的・専断的行使を排除することによって国民の基本的人
権の侵害を防止することができるとする原理をいう＊。

＊**法の支配の歴史** 法の支配の歴史は、イギリスの中世に遡り、ブラクトン（Henry
de Bracton, ?-1268）の「国王は何人の下にもない。しかし、国王といえども神と法の下
にある。何故ならば、法が彼を国王にしたからである」という言葉がその源流であり、
国王の専断的な権力行使に対抗する原理として生じたものである。1215年6月15日、国
王ジョンがバロンおよびこれを支持していた市民に与えたマグナカルタは、前文および
63ヶ条から成り、専断的な逮捕・差押・拘留などの国王大権の濫用に対する制限、正
当な裁判手続の保障ならびに課税権の制限などをその内容としているが、まさにその歴
史を物語る文書である。その後、法の支配は、15世紀中葉において「議会の同意なしに
は課税することができない」という理論の根拠としてあげられ、スチュアート時代にお
いて国王と議会の対立が激化するに及び、コモンロー裁判所主席裁判官コーク
（Edward Coke, 1552-1634）は、伝統的コモンローが国王と行政府に優位するとし、王
権神授説に立ち、自己の命令をコモンローに優先させ、裁判権は本来国王にあると主張
した国王ジェームズ一世（James I, 1566-1625）に対して、コモンローによる支配、す
なわち法の支配を主張した。以後、議会が制定する法律といえども、コモンローに反す
ることは許されないことになる。その後、イギリスに発した法の支配の原理は、アメリ
カにおいて「最高法規」（Supreme Law）の観念になり、イギリスの伝統的なコモンロ
ーに代わるものとしてそれを成文化した憲法典を制定し、自らを「国の最高法規」と呼
んだのである。

2 法の支配の内容

　法の支配の第一の内容は、憲法の最高法規性の観念である。それは、国家の
権力作用はすべて根本法たる憲法に従わなければならないという法優位の思想
を基礎に置くものであり、法的には、すでに見てきたように憲法が実定法秩序
において最高の形式的効力をもち、他のすべての下位規範はその効力の根拠を
憲法に置くことを意味する。

　第二の内容は、国政における基本的人権の尊重とその強度の保障である。専
断的な権力行使の抑制という法の支配の理念は、近代以後、国王に取って代わ
った議会の立法権からの国民の権利・自由の保障のために機能を果たすことに
なる。けだし、議会が「立法権の万能」の名の下に登場し、国民の基本的人権

を侵害するという現象が生じたからである（立法権に対する憲法の優位の思想）。

　第三の内容は、権力の恣意的行使を制御する役割を果たす裁判所に対する尊重という思想である。中世以降、イギリスにおいてはコモンロー裁判所の判断に行政権のみならず立法権も従わなければならないものとされた結果、裁判所に対する尊重が生まれ、司法権による国家権力の制御が法の支配の当然の帰結となっていった。コモンローに代わるものとしての成文憲法を制定したアメリカにおいては、立法権も憲法に拘束されるものとされた。アメリカにおける違憲審査制度は、自然法思想の影響を受けながら、イギリスにおける法の支配の伝統の上に樹立された制度であり、通常裁判所に最高法規である憲法を実質的に保障せしめようとする法の支配を最も徹底した制度ということができる。

　法の支配の第四の内容は、「法の定める内容や手続の適正」の実現である。法の支配の目的である権力の抑制を達成するためには、権力を抑制する法律の「内容」が適正でなければならないのみならず、また法律の定める権力行使の「手続」も適正でなければならないことを意味する。ここにいう権力とは、立法権、行政権、司法権を指していうが、とくに司法手続としての刑事手続が適正であることが法の支配の不可欠の内容であるとされる。

　かかる法の支配の内容は、すべて日本国憲法にもまた具体的に規定されていることは論をまたないところである（第10章「最高法規」、第3章「国民の権利及び義務」、81条・31条・32条・17条参照）。

3　法の支配と法治国家

　法治国家の原理は、18世紀末、ドイツにおいて個人の自律を確保するために国家の活動目的を法秩序の維持に限定する思想として絶対主義的警察国家に対立する概念として成立・発達したが、国家が福祉目的のために活動せざるをえなくなった19世紀においては、国家権力を活動形式によって制限することへと転換し、さらに19世紀末には議会が立法に参加するという体制の確立をも反映して、行政の法律適合性の原則の要請がその中核を構成するに至った。かかる「法律による行政」を担保する手段として行政裁判所制度が採用されたが、行政権が法律に従うことは保障されたものの、行政裁判所を通じて国民の権利・

自由が保障されることには必ずしもならなかった。

　このように、法治国家の原理は、法実証主義（自然法を否定し、実定法のみを法と捉える思想）の時代にあって国家権力が国民の権利侵害を防ぐことのみに満足し、国家権力そのもののあり方を問題にしなかった。したがって、国民の権利・自由を制約する法律は、国民自身が決定しなければならないとする法の支配の原理がとる建前とは異なるものであり、いかなる政治体制とも結合しうるものであった。また、議会が法律の制定に参加することをもって良しとし、法の支配にいう「法」の内容が合理的でなければならないとする実質的要件は問題とされなかった（形式的法治国家）。明治憲法もまた、この系譜につながるものである。

　ここで、形式的法治国家における人権保障に関連し、「法律の留保」という用語について説明を要するであろう。たとえば、明治憲法は、第2章「臣民権利義務」という章題を置き、基本的人権の保障を試みているが、基本的人権は生来の自然権とは考えられず、たかだか天皇が臣民に恩恵として賦与したものであった（臣民権）。権利保障の形式については、人権は「法律の範囲内」、いわゆる「法律の留保」のついた保障形式をとっていた。本来、これは、19世紀のドイツ立憲君主制下の議会と政府との間の権限分配に由来し、政府が国民の「自由と財産」を規制する場合には法律の根拠を有することを意味し、国民代表たる議会による政府のコントロールという意味では有意義であった。しかし、人権との関連で捉えた場合、人権保障の規定に法律の留保が一旦付されたならば、それは対行政権との関係で保障されるにとどまり、たとえ議会が人権を制約する法律を制定したとしても、それに対抗する手段は何ら存しなかったのである。

　第二次世界大戦後、1949年ボン基本法は、合法的な形式を踏んで台頭したナチズムへの苦渋に満ちた反省に基づき、「基本権は、直接に適用される法として、立法、執行権及び裁判を拘束する」（1条3項）、「立法権は、憲法秩序に、執行権及び裁判は、法律及び法に拘束される」（20条3項）と規定し、基本的人権がすべての国家権力を直接拘束するものであるとした。また、不当な内容の法律を憲法に照らして排除するために憲法裁判所の規定を置き（94条）、違憲立

法審査制度を取り入れたのである（実質的法治国家）。したがって、今日では、英米法にいう法の支配とドイツにいう法治主義とは、ほぼ同一の意味をもつものと考えてよいであろう。

第2節　立憲主義の現代的変容（現代立憲主義）　　●───●

　近代立憲主義は、自由主義理念を具現化するためのものであり、その目的とするところは市民階級の政治的開放と財産権の保障にあった。それは、政治的には市民の権利・自由の確保を内容とする自由主義と治者と被治者の自同性を内容とする民主主義を意味し、経済的には資本主義を意味したのである。ヨーロッパの各国は、18世紀においてアメリカ、フランスを範にそれぞれの国の政治的・経済的・社会的状況を反映させながらも、立憲主義憲法を制定し、立憲国家となっていたのである。もっとも、日本やドイツに見られたように、旧特権階級がイニシアチブをとって上からの近代化を試みた国家においては、その内容や拘束力において著しく変形させられた立憲主義を内容とする憲法を制定したのであった。かかる立憲主義憲法を、「見せかけの立憲主義憲法」と呼ぶ。

　ところで、20世紀になると、資本主義の高度の発達は、富の偏在、貧困の拡大、周期的な恐慌、失業者の増大などの多くの社会悪が露出するようになり、本来立憲主義が標榜してきた自由は、「貧しき者」にとっては「空腹の自由」にほかならないことが明らかとなった。国民の多数を占める貧しき者は、人間らしい生存を主張して社会変革を求め、政治に自らの声を反映させるよう求めた。結果、近代立憲主義は、その内部から変容を迫られるようになったのである。

1　福祉国家（社会国家）化

　18、9世紀の近代国家は、自由放任主義をとり、経済的には私的自治の原則、契約自由の原則、所有権絶対の原則が前提とされ、国家の果たすべき役割は、治安の維持と国防といった消極的任務に限定されていた（夜警国家（Nachtwachterstaat））。しかし、上に述べた資本主義の発達がもたらしたさま

ざまな負の要因の出現により、19世紀後半以降、国民の形式的な自由・平等の
保障にとどまることなく、国家が積極的に市民生活に介入し、国民の福祉の実
現のために国家に一定の奉仕が要求されるようになる（実質的な自由平等の実
現、福祉国家（Wohlfahhrtstaat）または社会国家（Sozialstaat））。そこで、憲法で、
経済的弱者のために、生存権をはじめとした各種の社会的基本権（soziale
Grundrechte）または社会権（Zozialrechte）と呼ばれる人権を規定すると同時
に、経済的強者の財産権に一定の制約が課された。こうした社会権を初めて憲
法に規定したのは、いうまでもなく、1919年のワイマール憲法である。すなわ
ち、その151条1項に、「経済生活の秩序は、各人に人間に値する生活
（menschenwürdiges Dasein）を保障することを目的とし、正義の原則に適合す
るものでなければならない。各人の経済的自由は、この限界内で確保される」
と規定されたのである。

2　行政国家化

　福祉国家の登場により、その要請に応えるためには必然的に国家に専門的・
技術的判断と迅速かつ円滑な対応が求められるようになった。その結果、かか
る能力を有する行政権の機能が必然的に増大し、本来法の執行機関たる行政権
が国家の基本的政策決定に重要かつ中心的役割を担う結果を招来した。かかる
現象は、計画行政、委任立法（法律が本来的には自らの所管事項とする権限を他
の法形式、とくに行政権が定立する命令に委任すること）の増大や行政機関の法案
提出権に見出すことができる。

　しかし、国政において行政機関が中心的役割を担うことは、行政権への過度
の権力集中を結果として招くことになり、権力相互の抑制と均衡によって国民
の権利・自由を保障しようとする権力分立の本来的機能を没却する危険性があ
ることが指摘される（自由主義への脅威）。また、行政機関は、主権者たる国民
によって直接選出された構成員をもって組織されてはおらず、民主的基盤を有
しないため、国民の意思と乖離した国家意思の形成が為される危険性が指摘さ
れる（民主主義への脅威）。

3　政党国家化

　近代立憲主義の下に開花した国民主権の原理からは、本来的に、国民は「委任」によって自らの主権を行使するのみであって、受任者たる議会の議員は国民の意思に拘束されないと解されてきた（純粋代表）。

　しかし、資本主義の進展に伴う社会矛盾の露呈による政治の民主化の要求は、選挙権の拡大、普通選挙の実施へと結実し、国民の代表機関たる議会は、民意を忠実に反映することを余儀なくされてくる（半代表）。ここに国民意思と議会意思の事実上の類似性を確保するための政党の役割が重要視されるようになってきた。その結果、議会の議員は、自由な討論と自由な意思形成が可能であったのが、党議拘束によって行動せざるをえなくなり、議会は政党間の確執と妥協の場となっていったのである。

　政党国家化の傾向は、議会における政党間の対立の先鋭化と、それに起因する議会の意思形成能力と統合能力の喪失化を招いている（国民の議会不信）。

4　司法国家化

　近代国家の幕開けの時代は、議会が自らをして憲法の擁護者をもって任じ、議会が制定する法律は人間性の発現であるとされた。しかし、資本主義の高度の発達に伴い、階級間の対立が激化したこと、およびそれに伴う政党制の機能が低下したことより、議会の地位が相対的に低下した。また、人類は、第二次世界大戦中のナチス・ドイツに代表される全体主義国家における立法機関による人権抑圧を経験した。

　そこで、「憲法的正義」の実現のために裁判所による憲法の規範力の維持、強化が求められる傾向が顕著となっていったのである（少数者の人権保障機能）。しかし、司法権による憲法的正義の実現は、同時に司法と民主主義の問題を誘引することになる（司法積極主義と司法消極主義の対立、司法の政治化の問題）。

第3章

日本の憲法史

第1節　明治憲法

　1889年2月11日、前文たる上諭と本文7章76ヶ条から成る「大日本帝国憲法」（明治憲法）が勅定され、翌1890年11月29日、施行された。明治憲法は、西欧の近代立憲主義の諸原則を採用しながらも、神勅主義の考え方に基づく絶対主義的天皇制を根本原則とするという二元的性格を備えた憲法であることにその特色を見出すことができる。

第2節　明治憲法の特色

1　天皇主権

　明治憲法の最も重要な原理は、いうまでもなく天皇主権の原理である。つまり、憲法制定権力の主体は、天皇であり、この原理がいわゆる「国体」と呼ばれた。明治憲法1条は、「大日本帝国ハ万世一系ノ天皇之ヲ統治ス」と規定し、これによって天皇の権力的地位を基礎づける正当性は、万世一系という世襲秩序の中にのみ発見されることが明文化され、しかも、この天皇の地位の根拠は、上諭で「国家統治ノ大権ハ朕カ之ヲ祖宗ニ承ケテ之ヲ子孫ニ伝フル所ナリ」とされ、「皇祖皇宗」である天皇の祖先神の意思に求められ、神勅思想と結合することによって、天皇主権の原理が明治憲法下のわが国の国家構造の基本原理とされた。

　さらに、かかる天皇主権の観念は、明治憲法4条前段で「天皇ハ国ノ元首ニシテ統治権ヲ総攬シ」と規定されることによって具体的に制度化されたのである。それ故に、明治憲法においては、立憲主義の原則によって分立された立法

権、行政権、司法権も、終局的には、あげて天皇の一身に集中され、かつ行使されるという絶対主義的傾向に転化され、ここに、明治憲法が「見せかけの立憲主義」憲法といわれるゆえんがある。

2　権利保障

　明治憲法は、近代立憲主義憲法の基本原則に習って国民の権利と自由を保障し、もって個人の尊重という民主的理念を具体化していた。しかし、第一に、憲法で保障された権利は、絶対的権威をもつ天皇の恩恵として臣民に付与されたもの（臣民権）として理解され、自然権思想を基礎とする人間が生まれながらにして享有する権利という観念はまったく欠落していた。第二に、明治憲法の権利保障は、あくまで行政権による侵害に対するものであって、権利の制約は法治主義の原則に基づいて議会の制定した法律によることを原則とするが、法律による制約に対しては、何らの保障手段も規定されず、ただ単に「法律の範囲内」（法律の留保）において保障されるにとどまっていた（外見的立憲主義）。

3　統治機構

（1）　議会制度

　帝国議会が設けられ、議会は、貴族院と衆議院の二院から成り、貴族院は勅任の、衆議院は民選の議員によって構成された（33条・34条・35条）。法律は、帝国議会の協賛をもって制定され（5条）、予算は、帝国議会の協賛を経ることとされ（64条1項）、さらに、行政は法律に基づいて行われるという法治主義も明治憲法で採用され、曲がりなりにも、従来の前近代的政治体制に取って代わる近代立憲主義的議会制度が確立され、民主主義的政治機構が構築された。

（2）　大臣助言制

　明治憲法55条は、大臣の天皇に対する関係について、「国務各大臣ハ天皇ヲ輔弼シ其ノ責ニ任ス」と規定し、天皇の国務上の行為は、すべて国務大臣の輔弼、すなわち、助言によるものとされ、立憲君主制下の大臣助言制を採用した。しかし、明治憲法下における大臣助言制にいう各国務大臣の責任は、天皇に対する責任であって、必ずしも帝国議会に対して責任を負うものではなく、民主

的統制に服すものではなかった。また、議会の政府に対するコントロール権も不完全なものであった。さらには、国務大臣のほかに憲法上の機関として天皇の諮詢に応え、重要な国務を審議する枢密院が置かれていたが（56条）、憲法上の機関ではなくして、議会のコントロールにまったく服さない地位にあって天皇に助言する機関として、内大臣、元老が存在し、大臣助言制を実質的に制約していたのであった。特筆すべきは、陸海軍の統帥権*が、軍の特殊機関である帷幄機関の輔弼により、栄典授与権は、宮廷機関である宮内大臣の輔弼によって行われたことである。

> *統帥権の独立　　陸海軍の統帥権（統帥とは、本来、軍の作戦用兵の権能を指す）は、軍の特殊機関である帷幄機関（陸軍では参謀総長、海軍では軍令部総長）の輔弼によって行われた。これをとくに「統帥権の独立」といい、軍事に対する文民統制は、明治憲法下においてはまったく存在しなかった。「統帥権の独立」は、後に、統帥が議会および国務大臣の権限から独立し、政府関与の埒外に置かれるという消極的なものから、むしろそれを根拠として、作戦用兵の域を超えて、軍政一般はいうまでもなく、広く国政全般にまで直接・間接に干渉し、ここに軍部が政治権力の実権を掌中に収め、立憲政治ならびに議会主義の存立発展を阻害絶滅するという軍国主義的絶対主義の支柱となり、軍部中心、軍部独走の政治体制を築き、最後には、あの悲惨極まりない第二次世界大戦の中に全国民を追いやる元凶となっていくのである。明治憲法体制の崩壊は、まさに軍部によるこの「統帥権の独立」、「統帥権の干犯」の濫用にあったといっても過言ではない。

（3）　司法権

　司法権の独立の原則は、1875年の大審院の設置をもって始まるが、明治憲法58条2項は、「裁判官ハ刑法ノ宣告又ハ懲戒ノ処分ニ由ル外其ノ職ヲ免セラルヽコトナシ」と規定し、裁判官の身分保障によってそれを制度的に確立した。しかし、司法行政は、司法大臣の監督下に置かれ、行政事件の処理については司法裁判所とは別組織の行政裁判所が設置され、出訴事項は法律でこれを定めるとし（61条）、これによって出訴事項が著しく限定され、違法の行政処分を裁判で争う途が閉ざされた結果、臣民の権利救済にはほど遠い制度となっていた。

第3節　日本国憲法の成立　●━━━━━━━━●

1　日本国憲法の成立過程

　日本政府は、1945年8月14日、同年7月26日にアメリカ合衆国・イギリス・中華民国が日本に対して降伏の条件を示した「ポツダム宣言」を受諾した。同年9月2日、米軍艦ミズーリ号上で日本代表、連合国最高司令官および各国代表の間で「降伏文書」が正式に署名・調印され、この日をもって明治憲法は、実質上その効力を失い、これに代わって、日本国政府は、ポツダム宣言ならびに8月11日の連合国の回答および降伏文書の拘束を受け、以下の実質的憲法状態が始まった。①日本の統治権は、連合国最高司令官の下に置かれ、日本は独立を失った。②日本の領土は、本州・北海道・九州および四国ならびに連合国が定めるべき諸小島に局限された。③平和主義によって軍隊は、武装解除され、戦争遂行能力は破壊されなくてはならず、政府は平和的傾向を有することを要求された。④言論、宗教および思想の自由ならびに基本的人権の尊重を確立すべき義務を負った。⑤日本の最終の政治形態は、ポツダム宣言にいうところに従い、「日本国国民ノ自由ニ表明セル意思ニ従ヒ」（国民主権の原理）決定されるべきこととなった。

　10月9日、幣原喜重郎内閣が成立するや、10月11日、マッカーサー元帥は幣原首相に対して憲法改正を検討すべき旨、指示を与えた。幣原内閣は、マッカーサー元帥の指示を受けるや国務大臣松本烝治を憲法問題の調査主任に指名し、10月25日、憲法問題調査委員会（松本委員会）を発足させた。しかし、改憲への熱意のほどは、それほどに積極的ではなかったといわれる。この間、アメリカ合衆国政府は、ポツダム宣言受諾の当然の帰結として日本の統治体制を変革する必要があるとして、10月ごろから憲法改正の項目に関するプランの作成にとりかかり、その結果として、SWNCC—228（国務・陸軍・海軍三省調整委員会文書228号）において憲法改正項目をあげ、1946年1月11日には、これをマッカーサー元帥に送付していた。

　松本委員会は、翌1946年初頭まで審議を重ね、甲乙2案を作成し、同年2月

８日、松本国務大臣の手になった「憲法改正要綱」（松本案）および説明書を総司令部に提出した。その骨子は、①天皇が統治権を総攬するとの原則には変更を加えない、②議会の権限を拡大し、その結果として天皇の大権事項をある程度削減する、③国務大臣の責任を国務の全般に及ぶものたらしめ、同時に国務大臣は議会に対して責任を負うべきものとする、④人民の自由・権利の保護を強化し、その侵害に対する救済方法を完全ならしめることにあった。

　しかし、これは、天皇の絶対主義的性格をそのまま温存し、天皇の下における民主主義という偽装を凝らすものにほかならなかった。松本案が提出されるに先立つ２月１日、松本案の内容は、すでに、マッカーサー元帥の知るところとなり、「改正草案は、明治憲法の字句の最も穏やかな修正にすぎず、日本国家の基本的な性格はそのまま変らずに残されている」とし、総司令部の全面的拒否を受けることになる。マッカーサー元帥は、２月１日、民生局長ホイットニー准将に対して松本案拒否の文書の作成を命じ、２日間の考慮の末、SWNCC—228に示された諸原則を具体化した憲法草案を総司令部自ら作成し、日本政府に教示することが最も有効な方法であると結論を下し、２月３日、ホイットニーに憲法草案の起草を命じ、いわゆる「マッカーサー三原則」（マッカーサー・ノート）（①天皇は国家の元首の地位にある。皇位の継承は、世襲である。②国家の主権的権利としての戦争を廃棄する。③日本の封建制度は、廃止される。）を入れるよう指示した。

　起草を命じられた民生局は、三原則およびSWNCC—228を指針として昼夜兼行で起草作業に従事し、２月10日には草案ができ上がり、２月12日、マッカーサー元帥の承認を得て最終案が確定、２月13日、日本政府の代表としての外務大臣吉田茂と国務大臣松本烝治に手交された。これが、いわゆる「マッカーサー草案」と呼ばれるものである。政府は、その内容がまったく意表をつくほどのものであったことに驚愕の念を禁じえなかったが、当時の国際情勢（２月26日には、極東委員会の発足が予定されていた）から時を急いだ総司令部の要請と内外の民主主義勢力の前に屈服し、２月22日、国民主権、象徴天皇制、戦争放棄などまったく新しい内容を含む「マッカーサー草案」を基礎として憲法改正を行うことを決定し、２月26日、正式に閣議決定を行った。かくして、細部

の修正を加え、マッカーサー草案をほとんどそのまま下敷きとした「憲法改正草案要綱」が作成され、3月6日には公表された。憲法改正草案要綱発表後、4月10日に衆議院議員の総選挙が施行され、ついで、政府は、要綱を平仮名まじりの口語体という形式で条文の形態に整備し、4月17日、「内閣憲法改正草案」として公表し、枢密院に諮詢されたが、同月22日に幣原内閣が総辞職したため、ひとたび撤回され、5月22日、第一次吉田内閣成立後、改めて枢密院に諮詢され、6月8日、多数をもって可決された。

　内閣憲法改正草案は、6月20日、明治憲法73条の定める改正手続に従い、勅書を付して第90帝国議会に付議され、改正草案は、6月25日、衆議院本会議に上程、28日には憲法改正特別委員会に付託された。同委員会で約2ヶ月の審議と若干の修正を経た後、8月24日の本会議で圧倒的多数で可決、直ちに貴族院に送付された。貴族院では、とくに学識議員を中心に活発な論議を展開し、約1ヶ月の審議を行い、若干の修正の後、10月6日、圧倒的多数で可決した。衆議院は、回付を受けた修正案を翌7日に可決した。かかる手続を経て議会を通過した改正草案は、10月12日、枢密院に諮詢され、2回の審査を経て、枢密院本会議に諮られ、天皇臨席の下に全会一致で可決、天皇の裁可を得て、11月3日、「日本国憲法」として、上諭を付して公布され、1947年5月3日、日本国憲法100条の規定により施行された。

2　日本国憲法成立の法理
　日本国憲法は、明治憲法73条が定める改正手続に則って制定された。かかる日本国憲法の制定を法的にいかに捉えるべきかが議論される。

　日本国憲法は、その文言において明治憲法とまったく異なっており、単に修正増補を受けたとか、若干の新しい条項が付加されたという程度のものではない。かかる「飛躍的全面改正」は、明治憲法73条の予想だにしなかったところであり、それ故に新憲法の制定とも見ることができるが、日本国憲法においては、明治憲法の根本的性格が変革されたという点に、新憲法の制定と捉えるべき一層根源的な理由が発見される。明治憲法の根本的性格は、君主主権の原則と「見せかけの立憲主義」にあったのに対して、日本国憲法は、それに代わっ

て国民主権の原則が明記され、立憲主義の原則が確立されたのであって、日本国憲法が明治憲法とまったく異なった原理原則に立つ以上、それがたとえ明治憲法の定める改正手続によって成立したとしても、もはや、かかる形式的な面を乗り越えて、実質的には新憲法の制定であると理解しなければならない。このように、日本国憲法は、まったくの新憲法たる民定憲法であると捉えた場合、明治憲法の改正手続に依拠して制定されたという法論理的矛盾をいかに解釈すべきか、換言すれば、「日本国憲法の正当性」をどう説明するのかが問題となる。この問題に対する説得力ある説明として、故宮沢俊義教授が説く「八月革命説*」をあげることができる。

八月革命説 1945年8月のポツダム宣言の日本政府の受諾により、主権が天皇から国民へと移行し、日本国憲法は、新たに主権者となった国民によって制定された民定憲法と考える学説である。国民主権を基本原理とする日本国憲法が天皇主権を基本原理とする明治憲法第73条の改正手続によって成立したという理論的な矛盾を説明するために、宮沢俊義によって唱えられた。すなわち、ポツダム宣言を受諾した段階で、明治憲法の天皇主権が否定されるとともに国民主権が成立したという「法的意味の一種の革命」が起きたと解するのである。その上で、明治憲法73条の改正手続をとることによって、明治憲法との形式的継続性をもたせることは、実際上、便宜で適切であったとされる。

押しつけ憲法論の是非 日本国憲法は、外国軍隊による占領下にあって国家主権が著しく制限された特殊環境下で、しかもポツダム宣言の定める降伏条件の枠内で制定されたものである。ここにおいてか、憲法制定からすでに75年以上も経過した今日においてさえ、成立の契機をもっぱら「外」に求め、もって「押しつけられた憲法」であるとか、「自主性欠如の憲法」であるとかの論が声高になされ、憲法改正を主張する陣営の大きな拠り所の一つとなっている（押しつけ憲法論）。はたして、では、憲法制定の「内」なる契機は見出されないであろうか。日本国憲法が、「敗戦」という歴史の断絶、「横からの革命」という外的衝撃によって制定されたことは、紛れもない事実である。しかし、日本政府が、マッカーサー元帥によって憲法改正を示唆された時点から、「天皇が統治権を総攬するとの原則には変更を加えない」というがごときものではなく、ポツダム宣言が示した諸原則を積極的に採用し、民主的平和憲法を指向し、草案作成の作業を行ったならば、総司令部の手を借りることも必要なかったのではなかろうか。憲法草案が、民生局の幕僚の手で短時日に起草されたこともまた、紛れもない事実である。しかし、起草にあたった民生局が範とした自由主義的、民主主義的なアメリカをはじめとするヨーロッパの諸憲法は、「人類の多年にわたる自由獲得の努力の成果」なのであって、草案をもって人類の長い歴史的体験の継承の所産として評価しうるのである。

第4節　日本国憲法の輪郭と基本原理 ●────●

1　日本国憲法の法源

　日本国憲法の法源とは、実質的に日本国の憲法を構成する諸種の形式の法を総称していう。成文法源と不文法源とに大別される。

（1）　成文法源

　形式的憲法としての成文法典である「日本国憲法」が、最重要の成文法源であることはいうまでもないが、そのほかに、実質的憲法を構成する諸種の形式の法、すなわち、「憲法附属法令」としての諸法律がある。また、憲法98条2項が、「条約及び確立された国際法規」の遵守を謳っているところからして、条約も、成文法源に属する＊。

> ＊**法源としての法律・条約**　　法律としては、「皇室典範」、「国籍法」、「国家賠償法」、「請願法」、「恩赦法」、「教育基本法」、「労働基準法」、「人身保護法」、「国会法」、「公職選挙法」、「内閣法」、「内閣府設置法」、「国家行政組織法」、「国家公務員法」、「裁判所法」、「検察庁法」、「財政法」、「会計法」、「地方自治法」、「地方公務員法」、「住民基本台帳法」などがある。条約としては、「国際連合憲章」、「国際人権規約A・B規約」、「女子差別撤廃条約」、「子どもの権利条約」、「日米安全保障条約」などがある。

（2）　不文法源

　憲法上、不文法源をもって、「法の適用に関する通則法」（平成18法78）3条を準用して、成文法源に対する補充的効力を認めることができる。たとえば、国会における議事慣行や内閣の事務取扱例などに法的確信が付着するとき、それらは、「憲法上の習律」として、不文法源を構成する。また、憲法解釈について、裁判判例の累積の中からも、憲法の法源が生まれる。判例は、成文法源に準ずる性格をもち、とくに最高裁判所の判例のもつ意味は、非常に重くかつ大であるといえよう。

2　日本国憲法の構造

　日本国憲法は、前文および本文11章103ヶ条から成る法典である。

（1）　前　文

　前文とは、憲法本文の前に序文としてつけられる文書を指していうが、明治憲法の告文と異なり、本文とともに憲法典の一部を構成する。前文は、憲法本文と同様の法規範性をもつか否かについて、通説は、前文に本文各条項の解釈基準としての法規範性は認めるが、裁判規範（当該規定を直接の根拠として裁判所に救済を求めることのできる法規範）性を認めることはできないとしている（「平和的生存権」の問題）。また、前文を改正するには、憲法96条に定める改正手続によらなければならず、憲法改正に限界があると解する以上、字句の表現はともかくとして、憲法の基本原則を示す箇所を改正することは、憲法改正権の限界を超えるものと解さなければならない。

（2）　本　文

　本文は、11章103ヶ条から成る。その構成は、第1章が、「天皇」で始まり、ついで第2章に「戦争の放棄」、第3章に基本的人権に関する「国民の権利及び義務」があり、第4章「国会」、第5章「内閣」、第6章「司法」と三権分立の原理に基づく統治組織および統治作用に関する基本的事項に関する規定が置かれている。第7章「財政」、第8章「地方自治」の規定は、国家の統治作用のうち、とくに重要な二つの事項に関する規定である。そして、それに続いて、第9章「改正」、第10章「最高法規」、第11章「補則」となっている。「戦争の放棄」、「地方自治」、そして「最高法規」の3章については、明治憲法はまったく触れることがなかった。ここにも、軍国主義に代わる平和主義、国家主義に代わる民主主義を標榜し、「人の支配」に代わる「法の支配」という、日本国憲法の意図を明らかに看て取ることができる。

3　日本国憲法の基本原理

　日本国憲法は、前文が示すように、「人類普遍の原理」に基づいて、近代立憲主義を徹底し、民主主義の確立と平和国家の樹立を指導理念として、国民主権、平和主義、基本的人権の尊重という三つの基本原理を採用している。

（1）　国民主権

　憲法前文1項は、「ここに主権が国民に存することを宣言し、この憲法を確

定する」と述べ、主権が国民にあること、すなわち、憲法制定権力の担い手が国民であることを宣言し、続いて、「そもそも国政は、国民の厳粛な信託によるものであつて、その権威は国民に由来し、その権力は国民の代表者がこれを行使し、その福利は国民がこれを享受する」と述べ、「国民の、国民による、国民のための政治」という民主主義原理を明らかにしている。国民主権は、民主主義の原理であり、憲法は、国民代表である国会に「国権の最高機関」（41条前段）たる地位を認め、国政における国会中心主義をとっている。

（2）　基本的人権の尊重

憲法前文1項は、「わが国全土にわたつて自由のもたらす恵沢を確保し」、「専制と隷従、圧迫と偏狭を地上から永遠に除去」することを指摘し、基本的人権の尊重を憲法の最も重要な原則としている。このことは、第10章「最高法規」の冒頭の条文である97条で人権の「永久不可侵性」、「普遍性」を、人権の総則規定である11条、12条ですでに定めているもかかわらず、再度宣言しているところからして、明らかであろう。つまり、日本国憲法の核心部分は、人権保障にあり、人権が「永久にして不可侵の権利」であることのうちに、憲法の最高法規であることの実質的根拠が示されている。

（3）　平和主義

憲法前文1項は、「政府の行為によつて再び戦争の惨禍が起こることのないやうにすることを決意し」と宣言し、前文2項で「平和を愛する諸国民の公正と信義に信頼して、われらの安全と生存を保持しようと決意した」と謳い、憲法の基本原則の一つが、平和主義と国際協調主義にあることを明記している。日本国憲法は、すでに述べてきたところから明らかなように、直接的には、第二次世界大戦の惨禍が国民にもたらした苦渋の体験、戦争への反省、そして平和構築への決意から生まれたといっても過言ではない。政府の行為によって再び戦争の惨禍が起こることのないようにするためには、政府をして真に国民の政府ならしめ、政府を国民意思に服せしめる制度の確立こそが必要とされる。それこそ、国民主権の確立であって、主権を有する国民の基本的人権の確保が図られなければならないのである。

第4章

国民主権と象徴天皇制

第1節　国民主権

1　主権の概念

　主権の観念は、多義的であるが、一般に次の三つの意味で用いられている。すなわち、第一に国家権力そのもの（国家の統治権）を意味し、1945年のポツダム宣言8項「日本国ノ主権ハ、本州、北海道、九州及四国並ニ吾等ノ決定スル諸小島ニ局限セラルベシ」にいう主権がこれにあたる。第二に、国家権力の属性としての最高独立性の意味に用いられ、日本国憲法前文3項にいう「自国の主権を維持し」の主権がこれに該当する。そして、第三に国家の意思が形成される場合にそれを最終的に決定する最高の力という意味に用いられることがある。君主主権、国民主権といわれる場合の主権がこの意味での主権である。日本国憲法前文1項の「主権が国民に存する」や1条の「主権の存する日本国民の総意」という場合の主権がこの意味に用いられる。

2　国民主権主義

　市民革命前の前近代の国家においては、国家権力を君主に所有させる君主主権が政治の根本原理であった。これに対して、近代国家における政治原理である国民主権主義とは、国民をもってあらゆる国家権力の究極の淵源とする原理であり*、君主主権に対立する観念であり、憲法制定権力の主体が国民であることを意味する。フランス人権宣言3条が、「あらゆる主権の原理は、本質的に国民に存する。いずれの団体、いずれの個人も、国民から明示的に発するものでない権威を行いえない」と宣言していることは、この原理を示すものである。国民主権主義は、民主主義にとっての最も重要な原理といわなければなら

ない。けだし、民主主義は個人の尊厳をもって最高の価値とする原理であり、
国家の統治組織の構成にあたって、治者と被治者の自同性を要求するからであ
る。

　ここに国民主権の原理には、二つの要素が含まれている。すなわち、国家権
力の正当性が国民にあるとする「正当性の契機」と国家権力は国民自身が行使
するという「権力性の契機」がそれである。前者は、国家権力の行使を正当づ
ける究極的な権威は国民に存すること、換言すれば国家権力の行使は最終的に
は国民に由来することを意味する。後者は、国家の政治のあり方を決定する権
力を国民自身が行使するということを意味し、国民がどのように国家権力を行
使するのかという問題と関連してくる＊＊。

　　＊有権者主体説と全国民主体説　　主権が国民に存するという場合の「国民」は、有権
　者の総体か（有権者主体説）、それとも全体としての国民か（全国民主体説）という問
　題がある。正当性の契機と権力性の契機をどう捉えるかに関連してくる問題であるが、
　主権者たる国民を有権者の総体（選挙人団）と捉え、主権の本質を憲法制定権力である
　としてもっぱら主権の権力的契機を強調した場合、それは独裁を許す危険性を伴うとと
　もに、国民を主権者たる国民とそうでない国民に二分することになり、上に述べた治者
　と被治者の自同性に反する結果を招来する。そこで、基本的には、主権者たる国民とは
　国家の構成員である一切の自然人の総体であると捉え、国民主権とは全国民が国家権力
　の源泉であり、国家権力の正当性を基礎づける究極の根拠であると解すべきである。こ
　のように、主権の保持者が全国民であると捉えるならば、主権は権力の正当性の究極の
　根拠を示す原理となるが、憲法改正権が国民にあることからすれば、有権者たる国民が
　国の政治のあり方を直接的に決定するという権力的契機も同時に密接不可分に結合して
　いると考えるべきであろう。この問題を考えるに際して、ドイツ連邦共和国基本法が20
　条２項で「すべての国家権力は、国民から発する」と定める（正当性の契機）と同時に、
　さらに続けて「それ〔国家権力〕は、国民により、選挙・投票によって、および立法・
　執行権および裁判の特別の機関によって行使される」と規定している（権力性の契機）
　ことに注目すべきであろう（正当性の契機と権力性の契機の融合）。
　　＊＊ナシオン主権とプープル主権　　フランスでは、国民主権原理について、ナシオン
　主権とプープル主権という概念の対立が存在する。ナシオン主権という場合、主権は抽
　象的・観念的統一体としての国民にあるとされ、国民は権力の唯一の源泉であるが、権
　力行使は授権によってのみ代表者が行使し、代表者の意思に先行する国民自身の意思は
　想定されていない。そして、代表は、全国民の利益を代表し、選出された選挙区の意思
　を代表するわけではないのであって、命令委任は否定される（正当性の契機、純粋代表、
　自由委任の原則）。これに対して、プープル主権の考え方によれば、主権の主体は政治

参加可能な年齢に達した市民（プープル）の総体であり、プープルは主権行使に参加する固有の権利をもち、直接民主制が政治の原則となる。また、代表制が採用される場合でも、プープルは代表を直接選挙する必要があるとされ、プープルの意思が議員を拘束するとされる（権力性の契機、半代表、命令委任の原則）。日本国憲法は、43条1項、51条のようにナシオン主権的な条文と15条1項、96条1項のようにプープル主権的な条文を置いている。

第2節　天　皇

1　天皇の地位と性格

（1）　天皇の地位

　日本国憲法は、その冒頭第1章を「天皇」と題し、明治憲法下のそれとはまったく異なった姿における天皇の地位・権能等について規定している。1条は、「天皇は、日本国の象徴であり日本国民統合の象徴であって、この地位は、主権の存する国民の総意に基づく」と定める。明治憲法が、天皇主権の憲法であったのに対して、日本国憲法は、国民主権の下で天皇の性格を根本的に改め、天皇の憲法上の地位を国家の「象徴」（symbol）であると規定した。ここに象徴とは、「抽象的・無形的・非感覚的なものを具体的・有形的・感覚的なものによって具象化する作用ないしその媒介物」をいう。

　日本国憲法における国民主権の確立は、明治憲法における天皇主権の否定と旧憲法体制の変革を意味することはいうまでもないところである。国民主権の論理をあくまで貫徹しようとすれば、当然に天皇制の廃絶にまで至らざるをえない。では、なにゆえ、天皇制が象徴天皇制として日本国憲法に存置されたのか。学説的には、①明治憲法的天皇制を排斥しつつも、歴史的存在としての「天皇」を存続せしめるものであると捉える天皇条項宣言的規定説と、②歴史的存在としての天皇を完全拒否した上で無から新たに「天皇」と称する存在を創設したものであると捉える天皇条項創設的規定説とが対立している。

　憲法1条後段は、「この地位は、主権の存する日本国民の総意に基づく」と規定する。明治憲法では、天皇の地位は皇祖たる天照大神の意思、つまり神勅に基づくとされていたが、日本国憲法は、国民主権主義を採用し、天皇が日本

国の象徴であるとの地位は日本国民の総意に基づくものとされる。

（2）　天皇の法的性格

　日本国憲法の下で、象徴としての天皇が君主としての性格をもつか否かが問題となるが、君主の概念規定のいかんによる。おおむね、伝統的に君主のメルクマールとされるものに、①世襲的に当該地位が継承される独任の機関であること、②統治権の重要な機能、少なくとも行政権の主体ないし調整権的機能を担任する存在であること、③対外的に国家を代表する権能を有すること、④象徴的機能を備えていることがあげられる。これに従えば、天皇には②ないし③の要素が欠落しているところからして、君主とはいえないことになろう。

　では天皇は、元首か。元首とは、元来、①統治権を総攬し、行政権の首長であると同時に、②対外的に国を代表する資格をもつ国家機関をいう。通常は、君主国にあっては君主が、共和国にあっては大統領がこれにあたる。日本国憲法の下では、天皇は統治権の総覧者でないことは勿論、行政権の首長でもない。したがって、天皇を元首と解することもまたできない。

2　皇位の継承

　憲法2条は、「皇位は、世襲のものである」と規定する。皇位の継承とは、一定の原因たる事実の発生によって、従来天皇の地位にあった者に代わって、一定の人が天皇の地位につくことをいう。特定の血統に属する者のみが特権を伴う地位につく世襲制は、本来、近代憲法の基本原理である民主主義の理念と平等原則に反するものである。日本国憲法は、天皇制を存続せしめるためには皇位を世襲制とする必要性があると考え、憲法自らが例外を定めたと解される。世襲天皇制という大きな例外を憲法が認めている以上、男系男子主義を採用している皇室典範1条も、憲法14条の平等原則の例外として憲法違反ではないと解される。

　　＊女性天皇問題　　皇室典範1条は、「皇位は、皇統に属する男系の男子が、これを継承する」と規定しており、女性天皇を認めていないが、現在の皇室には、男性の皇位継承資格をもつ者が少ないことから、皇位継承資格者の安定的な確保の観点から、女性にも皇位継承資格を認めようとの動きが生じている。実際に、2005年11月、小泉政権の下

で作成された「皇室典範に関する有識者会議」の報告書では、女性天皇および女系天皇を容認するとともに、配偶者の男性が皇族として皇室に入ることを認める皇室典範の改正が提案されていた。

3　天皇の権能

　象徴的地位は、必ずしも国家機関として法的効果を有する行為を行う権能をもつことを意味しないが、憲法4条1項は、「天皇は、この憲法の定める国事に関する行為のみを行ひ、国政に関する権能を有しない」と定め、国家機関としての天皇に、「国事に関する行為」（国事行為）を行うことを認めている。ここにいう国事行為とは、「国政に関する行為」に対比される概念であり、その個々の内容については、憲法6条ならびに7条に明記されている。一般的にいうならば、それは国家に関する事務、すなわち政治に関係なく国家意思の決定に実質的に影響をもたない形式的行為、換言すれば、すでに他の国家機関によって実質的に決定された国家意思を公証ないし表示するにすぎない名目的・形式的・儀礼的行為、あるいは栄誉的行為を意味するものと解される。

　さらに、権能行使の要件について、憲法3条は、「天皇の国事に関するすべての行為には、内閣の助言と承認を必要とし、内閣が、その責任を負ふ」と定め、国事行為といえども、内閣の統制と監督の下に置かれることを明らかにしている。「内閣が、その責任を負ふ」とは、内閣が天皇に代わって責任を負うという意味ではなく、内閣が自らの行為について国会に対して、ひいては国民に対して責任を負うという意味である（天皇無答責）。

　　＊権能の代行　　天皇の権能は、「天皇が成人に達しないとき」、「精神若しくは身体の重患又は重大な事故」により自ら国事行為を行うことができないとき、摂政がこれを代行する（憲法5条、皇室典範16条以下）。摂政を置くまでに至らない場合は、「国事行為の臨時代行に関する法律」により、臨時の代行がこれを行う（憲法4条2項）。
　　＊＊天皇の公的行為　　天皇は、国事行為のほか、私人として私的行為（例えば、学問研究）を行い、さらには国会開会式への参列、国内巡幸、外国元首の接受・接待、親書・親電の交換等の象徴としての地位に基づく公的行為を行う。かかる公的行為に関しては、国事行為に準じて内閣のコントロールが必要であると解されるところ、天皇の公的行為に関しては、公的行為を象徴としての地位に基づくものとして承認する説（象徴行為説）、天皇の公人としての地位に伴う社交的・儀礼的行為と解する説（公人行為説）、一定の公的行為（例えば、国会開会式や外国の国家儀式への参列、国内の各種大会への

出席）のみを憲法 7 条10号にいう「儀式を行ふ」に含めて解し、国事行為以外の公的行為は認められないと解する説（国事行為説）、国事行為に密接に関連する公的行為、例えば外国元首の社交的接受、社交的な外国訪問のみが認められると解する説（準国事行為説）が、それぞれ主張されている。象徴行為説が多数説である。

4　皇室経済

　明治憲法においては、憲法とは別に皇室典範（憲法との二元法体系）による皇室自律主義がとられ、皇室予算に対して帝国議会が関与することは許されなかった。これに対して、戦後改革の一環として皇室に関する財産ないし経済についての規制が実施され、ほとんどすべての皇室財産は国有財産に編入された。

　憲法 8 条は、「皇室に財産を譲り渡し、又は皇室が、財産を譲り受け、若しくは賜与することは、国会の議決に基かなければならない」と定める。この規定の趣旨は、①皇室の財産の授受をすべて国会の民主的なコントロールのもとに置くこと、②それにより皇室に大きな財産が集中すること、および③皇室が特定人と特殊な関係を形成して不当な支配力をもつことを防ぐにある。

　さらに、憲法88条は、「すべて皇室財産は、国に属する。すべて皇室の費用は、予算に計上して国会の議決を経なければならない」と定める。本条は、第一に憲法施行当時の天皇の財産および皇室の財産のうち、旧皇室財産令にいう内廷に属する財産、神器・宮中三殿など皇位とともに伝わるべき由緒ある物などの純然たる私有財産以外のものは、すべて国有財産に編入するという意味をもつ。第二に、今後においても国有財産以外の財産は、これを認めないことを意味する。もっとも、本条は、国有財産に編入された皇室財産について、皇室が必要とするものをその用に供することを禁ずる趣旨をも含むものではない（国有財産法 3 条参照）。

　皇室経済法 3 条は、予算に計上する皇室の費用はこれを①内廷費、②宮廷費、および③皇族費とすると定めている。内廷費とは、内廷にある皇族の日常の費用等に充てるものとし、宮内庁の経理に属する公金としない（御手元金、 4 条）。宮廷費とは、内廷諸費以外の宮廷諸費に充てるものをいう（ 5 条）。そして皇族費とは、皇族としての品位保持の資に充てるものをいう（ 6 条）。

第5章

平和主義

第1節 憲法9条の沿革

　敗戦後の1946年1月24日、幣原首相がマッカーサー元帥を訪ね、その席上、首相から元帥に戦争放棄に関する規定を新憲法に入れたき旨の提案がなされたことは、今日、公知の事実となっている。終局において、この会議が、憲法に戦争の放棄と非武装の規定を組み入れようとの構想につながり、いわゆるマッカーサー・ノートにおける第二原則へと結実していくのである*。

　そして、民生局のモデル案を受けて、日本政府は、若干の修正を加え、3月6日に「憲法改正草案要綱」を発表し、さらに、4月17日に「憲法改正草案」として、枢密院に諮詢した。草案9条1項は、「国の主権の発動たる戦争と、武力による威嚇又は武力の行使は、他国との間の紛争の解決の手段としては、永久にこれを放棄する」と定め、同条2項は、「陸海空軍其の他の戦力の保持は、許されない。国の交戦権は、認められない」と規定している。この草案が、第90帝国議会において、衆議院と貴族院の審議を経て、現行の9条となっていく。

　　＊マッカーサー・ノート　　第二原則は、「国家の主権的権利としての戦争を廃棄する。日本は、紛争解決のための手段としての戦争、および自己の安全を保持するための手段としてのそれをも放棄する。日本はその防衛と保護を、いまや世界を動かしつつある崇高な理念に委ねる。いかなる日本陸海空軍も決して許されないし、いかなる交戦者の権利も日本軍には決して与えられない」としている。この原則は、マッカーサー元帥が総司令部民政局に書かせたモデル案では、「8条　国家ノ一主権トシテノ戦争ハ之ヲ廃止ス他ノ国家トノ紛争解決ノ手段トシテノ武力ノ威嚇又ハ使用ハ永久ニ之ヲ廃棄ス（2）陸軍、海軍又ハ其ノ他ノ戦力ハ決シテ許諾セラルルコト無カルヘク又交戦状態ノ権利ハ決シテ国家ニ授与セラルルコト無カルヘシ」と規定されていた。

第2節　憲法9条の解釈

1　戦争の放棄

（1）　戦争の意味

　9条1項の冒頭にいう「日本国民は、正義と秩序を基調とする国際平和を誠実に希求し」との文言は、「日本は国際平和を希望して」の意であるが、戦争を放棄するに至った動機を一般的に表明したものであって、法的意味をもつものではない。ついで「国権の発動たる戦争」、「武力による威嚇」、「武力の行使」を放棄しているが、「国権の発動たる戦争」とは、戦争というのと同義であり、国際法上の手続きに従って行われるところの戦時国際法の適用を受ける、いわゆる「形式的意味の戦争」をいう。「武力による威嚇」とは、現実の武力の行使はないが、暗々裡に武力の行使を仄めかし、他国に対して自国の要求を受け入れさせようとする行為をいう。「武力の行使」とは、国際法上の戦争にまでは至らないが事実上の国家間の武力衝突をいい、いわゆる「実質的意味の戦争」を意味する。

（2）　9条1項の解釈

　ところで、続いて、これらは「国際紛争を解決する手段としては」永久に放棄するとあって、留保つき放棄の体裁をとっている。ここから、国際紛争を解決手段として放棄する戦争とは、いかなる戦争か、についての論争が派生する。第一説は、「国際紛争を解決する手段としての戦争」を従来の国際法上の用語例に従って解釈し、それは、「国家ノ政策ノ手段トシテノ戦争」（「不戦条約」1条）と同義であり、具体的には、侵略戦争を意味し、したがって、9条1項で放棄される戦争は侵略戦争のみであるとする。この解釈が、多数説である。これに対して、第二説は、戦争はすべて国際紛争解決のためのものであり、国際紛争を解決する手段としての戦争とそうでない戦争を区別する事は実質上困難であるとして、9条1項で自衛戦争を含む一切の戦争が放棄されていると解している（一項全面放棄説）。

　第一説は、2項解釈の違いから、さらに二つの説に分かれる。すなわち、9

条1項では、侵略戦争のみが放棄されているが、2項で戦力の不保持と交戦権の否認を規定しているから、結局、自衛戦争、制裁戦争も放棄されるとする説と、2項によっても自衛戦争、制裁戦争は放棄されないとする説がそれである。

2　自衛戦争の放棄——9条2項の解釈

　憲法9条2項前段は、「前項の目的を達するため、陸海空軍その他の戦力は、これを保持しない」と規定する。ここにいう「前項の目的を達するため」の解釈をめぐって、学説上争いがある。9条1項の解釈をめぐって、第一説の立場に立つ学説が、二つに分かれる。すなわち、A説は、「前項の目的」とは、1項の趣旨全体ないし1項に掲げられた目的、すなわち、「正義と秩序を基調とする国際平和を誠実に希求し」を指すとして、2項後段で一切の戦力の保持が禁止され、交戦権が否認されていることから、自衛のための戦力の保持も禁止していると解する（一・二項全面放棄説）。これが、通説である。政府もまた、従来、ほぼこの解釈の立場に立って解釈してきた。これに対して、B説は、「前項の目的」とは、「国際紛争を解決する手段として」の戦争を放棄することを指し、したがって、侵略戦争のためには戦力の保持は許されないが、自衛戦争のための保持は禁じられていないと解釈する（限定放棄説）*。

　　＊自衛戦争合憲論（限定放棄説）の問題点　　自衛戦争を合憲とする解釈には、以下の問題がある。①自衛のための戦力の保持を憲法が認めているとすれば、憲法自ら自衛戦争のための軍隊の設置・維持、装備・編成、宣戦布告等に関する規定を置くべきであるにもかかわらず、66条2項の文民規定を除いて、戦争ないし軍隊を予定した規定は、現行憲法には存在しない。②自衛戦争のための戦力と侵略戦争のための戦力の区別は、実際上不可能に近く、自衛戦争のための戦力の保持を認めることは、戦力一般の保持を結果として認めることになる。③自衛戦争を憲法が認めているとするならば、なにゆえ、2項後段で交戦権を否認したのかその説明がつかない。

3　戦力の不保持

（1）　個別的自衛権

　自衛権とは、外国からの急迫または現実の不法な侵害に対して、自国を防衛するために必要な一定の実力を行使する権利と説かれ、独立主権国家であるか

ぎり、当然に国家に認められた権利であって、かかる意味での自衛権をも9条は放棄しているのではない。そして、自衛権を発動するためには、①外国からの侵害が急迫不正であること（違法性の要件）、②侵害行為の排除のために実力行使以外にとるべき手段がなく、かかる手段をとることが必要やむをえないこと（必要性の要件）、③侵害行為排除のための実力行使が侵害行為と釣り合いがとれていなければならないこと（均衡性の要件）、という三要件を満たしていることが必要とされる。政府は、自衛権の概念から自衛力の保持の必要性を主張し、実質的に武力による自衛権（武力による自衛権論）の正当性を導き出している。

（2）　戦力の意味

　ところで、9条2項前段にいう「戦力」は何かが問題となる。戦力の語を広義に解し、戦争に対して何等かの意味において役立ちうる一切の人的・物的な力とするならば、いかなる形式の航空機も船舶も、それを作る工場も、それに関する学問研究も、戦力ということになり、あまりにも広きに失する。そこで、一般に、戦力とは、「外敵の攻撃に対して実力をもってこれに対抗し、国土を防衛する事を目的として設けられた人的・物的手段の組織体」をいうとしている。したがって、多数説に従えば、現在の自衛隊は、その人員・装備・編成等からして、9条2項にいう「戦力」に該当するといわざるをえない。

4　交戦権の否認

　9条2項後段は、「国の交戦権は、これを認めない」と規定する。ここにいう国の交戦権について、第一説は、国の交戦権を認めないとは、国が有する戦争を行う権利を否認すること、すなわち、すべての戦争を否認することを意味すると解する。一方、第二説は、国の交戦権をもって、国家が交戦国として国際法上認められている各種の権利、たとえば敵国兵力の殺傷、船舶の臨検・拿捕の権利、占領地行政に関する権利などの総体と解する。

　解釈の相違は、自衛戦争が放棄されているか否かの問題と関係するが、国際法上の用語に従えば、第二説をもって妥当とする。

第3節　戦後の政治過程と自衛隊の創設　●───────●

　1950年6月、朝鮮戦争の勃発を契機に、マッカーサー元帥の指示により、同年7月、7万5000名からなる警察予備隊が創設され、戦後早くも5年にして再軍備への第一歩が踏み出された。とはいえ、警察予備隊の任務は、「わが国の平和と秩序を維持し、公共の福祉を保障するのに必要な限度内で、国家地方警察及び自治体警察を補う」ものとされ（「警察予備隊令」1条）、いわゆる直接侵略に対応するためにではなく、たかだか間接侵略に対応するために設置されたものであった。また、その実力も警察力に勝るものとしても、戦争の遂行に効果的に役立ちうるものではなかった。

　1951年9月、サンフランシスコ講和会議で、「日本国との平和条約」ならびに「日本国とアメリカ合衆国との間の安全保障条約」（「旧安保条約」）が調印され、翌年4月、GHQの廃止とともに上記条約が発効した。これに伴い、同年10月、警察予備隊の改編が行われ、陸上部隊としての、保安隊、海上部隊としての警備隊が設置され、質的転換を遂げたのである。それは、旧安保条約がその前文において、アメリカが日本に対し「直接及び間接の侵略に対する自国の防衛のため漸増的に自ら責任を負うことを期待」したのに応えるための防衛力漸増であった。これら部隊は、「わが国の平和と秩序を維持し、人命及び財産を保護するため、特別の場合に行動する部隊」（「保安庁法」4条）であるとされ、単なる警察力の補充ではなく、将来において、直接侵略にも対処しうる防衛力漸増を目的とするものとして、装備なども飛躍的に強化された。

　さらに、1954年3月、「日本国とアメリカ合衆国との間の相互防衛援助協定」（「日米MSA協定」）が調印され、5月に発効するに及んで、同年7月、「防衛庁設置法」ならびに「自衛隊法」が制定され、ここに、公然と防衛のための軍隊が、憲法9条の下に存在することになった。自衛隊法3条は、「自衛隊は、わが国の平和と独立を守り、国の安全のため、直接侵略及び間接侵略に対しわが国を防衛することを主たる任務」とすると定めている。

　1960年1月、旧安保条約は、全面的に改定され、新たに「日本国とアメリカ

合衆国との間に相互協力及び安全保障条約」（「新安保条約」）が成立、わが国は、逐年、厖大な国費を投入し、防衛力の整備拡充を図って今日に至っている。

第4節　憲法9条と自衛隊　●━━━━━━━━●

　すでに述べたように、多数説は、現在の自衛隊を9条2項にいう「戦力」に該当し、違憲であるとする。これに対して、自衛隊を合憲とする学説も有力に主張されている。憲法9条2項によっても自衛戦争は放棄されないと説く学説のほかに、第一に本来自衛隊は違憲であったが、非武装が国際政治および国内政治の実現の上で不可能となり、かつ国民の規範意識が変化したことから憲法9条の意味に変遷があったとし（憲法変遷論）、自衛隊は合憲的存在なったとする説がある。しかし、この説には、国際政治の変化が日本の武装の必要性をもたらしたとする認識は不適切であり、また最高裁判所の判断を待たずに憲法の変遷があったとするのは不当ではないか等の疑問が指摘されている。第二に、憲法9条は、法規範性ないし裁判規範性を欠き、単なる政治的マニュフェスト、すなわち、政治的規範にすぎないとする見解がある。しかし、9条が理念的性格の強い規範であるとしても、その文言からして、9条の法規範性をまったく無視することはできないところであるといわざるえない。

　＊長沼ナイキ基地訴訟　自衛隊のミサイル基地建設をめぐる農林大臣の保安林指定解除処分の取消しを求めて争われた事件で、第一審札幌地裁判決は9条2項にいう「陸海空軍」とは、「『外敵に対する実力的な戦闘行動を目的とする人的、物的手段としての組織体』であるということができる。このゆえに、それは、国内治安を目的とする警察と区別される。『その他の戦力』は、陸海空軍以外の軍隊か、または、軍という名称をもたなくとも、これに準じ、または、これに匹敵する実力をもち、必要ある場合には、戦争目的に転化できる人的、物的手段としての組織体をいう」。「自衛隊の編成、規模、装備、能力からすると、自衛隊は明らかに……軍隊であり、それゆえに陸、海、空各自衛隊は、憲法第9条第2項によって保持を禁ぜられている『陸海空軍』という『戦力』に該当するものといわなければならない」と判示し、自衛隊は、9条に違反するとした（札幌地判昭48・9・7判時712号24頁）。最高裁は、自衛隊の合憲性についてはまったく触れず、訴えの利益なしとして、上告を棄却している（最判昭57・9・9民集36巻9号1679頁）。

第5節　集団的自衛権と自衛隊

1　集団的自衛権

　集団的自衛権とは、外国から武力攻撃を受けた国家と密接な関係がある国家が、自国が直接攻撃されていないにもかかわらず、共同して実力をもってこれを阻止する権利をいう。

　国際連合憲章51条も、独立主権国家の権利としてこれを認めている。しかし、日本国憲法は、自衛のための実力を保持することのみを認め、武力の行使を禁止していると解されるところ、わが国が現実に武力攻撃を受けていないにもかかわらず、集団的自衛権を行使することまでをも認めているとは解されない。政府もまた、集団的自衛権は憲法上認められていないと解釈してきた（1981年5月29日提出の答弁書）。

　しかし、近年における中国の軍備拡張、北朝鮮の核兵器や弾道ミサイルの開発など、日本を取り巻く安全保障環境の大きな変化の中で、2014年の閣議決定により、次の三つの要件を満たした場合には、集団的自衛権の発動が限定的に容認されることとなり、これに対応するため、2015年に自衛隊法等の関連法律が平和安全法制整備法の一部として改正された（集団的自衛権の限定的容認）。すなわち、わが国に対する武力攻撃が発生した場合（武力攻撃事態）のみならず、①わが国と密接な関係にある他国に対する武力攻撃が発生し、これによりわが国の存立が脅かされ、国民の生命、自由及び幸福追求の権利が根底から覆される明白な危険がある場合、②これを排除し、わが国の存立を全うし、国民を守るために他に適当な手段がないとき、③必要最小限度の実力の行使であること、の三要件である。このうち、①の「わが国と密接な関係にある他国に対する武力攻撃が発生し、これによりわが国の存立が脅かされ、国民の生命、自由および幸福追求の権利が根底から覆される明白な危険がある事態」と定義される「存立危機事態」における集団的自衛権の行使について、政府は日本防衛の範囲内であり、合憲であると主張している。

2　正規の国連軍への参加

　国際連合憲章43条に基づく正規の国連軍への自衛隊の参加は、それ自体武力行使をその任務とするものであって、たとえ自衛隊が合憲であると解しても、許されない。政府もまた、1980年10月30日の統一見解で、その旨を明らかにしている。

3　PKO、PKF への参加

　PKO 協力法＊は、国連の平和維持活動（Peace Keeping Operations, PKO）への自衛隊の参加の道を拓いた（3 条）。しかし、1998年の法改正で明らかになったように、海外における武力行使を容認することは、従来の政府解釈の立場に立ったとしても、違憲と言わざるをえない。憲法の改正なくして、現状の自衛隊が部隊として国際貢献の名の下に海外出動することは、認められないと考えられる。問題は、武力の行使を伴わないかたちで、PKO ないし平和維持軍（Peace Keeping Forces, PKF）に参加できるか否かである。武力行使を伴わない以上、論理的には、参加可能といえるであろうが、実際に派遣地域で武力の行使を伴わない活動のみに従事できるのか、微妙な問題である。

　　＊ PKO 協力法　　1990年 8 月の湾岸危機および翌1991年 1 月17日の湾岸戦争の勃発により、日本国憲法 9 条をめぐる問題状況は、予期せぬ方向に向かって加速化する結果を招来していった。すなわち、経済大国となった日本に対し、一国平和主義に終始しているのではないかとの批判の下、1992年 6 月19日、「PKO 協力法」が制定され、本来、自衛隊法が想定していなかった自衛隊の海外派遣の道を開くことになったのである。PKO 活動（Peace Keeping Operations: 平和維持活動）とは、停戦合意成立後の紛争防止などのために国連が行う、停戦や軍の撤退の監視、休戦の維持、および選挙監視を含む復興・復旧援助などの諸活動をいう。当時、政府は、憲法が「武力の行使」を禁止していることから、PKO 活動への参加が許容されるための原則として、①紛争当事者間の停戦合意の存在、② PKO の実施とそれへの自衛隊の参加に対する受入国・紛争当事者の同意の存在、③ PKO の中立性の維持、④以上の三条件が満たされなくなった場合の撤収、⑤要員の生命等の防護のために必要最小限の武器使用、の PKO 五原則を提示して、PKO 協力法を制定したのである。その後、2015年の平和安全法制整備法の一環として、改正 PKO 協力法が整備され、同法は、いわゆる「駆けつけ警護」を自衛隊の任務とした。この「駆けつけ警護」とは、自衛隊の近くで活動する、暴徒などに襲われた国連職員や NGO 職員の緊急の要請に基づく、それらの者の生命や身体の防護を行うことであ

り、そのための武器使用も認められた。これについては、現地における治安維持活動であり、国家に対する「武力の行使」ではないと考えられている。

4　周辺事態法・重要影響事態安全確保法、国際平和支援法

1997年の新しい「日米防衛協力のための指針」（新ガイドライン）を具体化するために、1999年に「周辺事態法」が制定された。

同法によれば、周辺事態（そのまま放置すればわが国に対する直接の武力攻撃に至るおそれのある事態等わが国周辺の地域におけるわが国の平和および安全に重要な影響を与える事態）が発生した場合、日本は積極的にアメリカ軍の後方地域支援、後方地域捜索救助活動、「周辺事態に際して実施する船舶検査活動に関する法律」に規定する船舶検査活動を行うこととされている（同法2条・3条）。後方地域支援の内容は、補給・輸送・修理および整備・医療・通信・空港および港湾業務・基地業務・宿泊・消毒（別表第一、別表第二）と多岐にわたり、「兵站業務」(logistics) そのものといいうる内容になっている。それは、まさに集団的自衛権の行使にほかならないのではないか、日米安保条約5条ならびに6条の実質的改正ではないのか、との批判がなされてきた。

同法は、2015年の平和安全法制関連法の一部として改正され、名称も「重要影響事態安全確保法」と改称された。この改正によって、放置すれば日本への武力攻撃に至るおそれのある重要影響事態に際して、自衛隊は、日米安全保障条約に基づいて活動するアメリカ軍や国連憲章の目的の達成に寄与する活動を行う外国の軍隊などに対して、補給、輸送などの後方支援活動や、捜索援助活動、船舶検査活動などが実施できるようになり、自衛隊の活動地域や活動対象がより拡大されることになった。

さらに、2001年の同時多発テロ後のアフガン戦争とイラク戦争に対する日本政府の対応として、アフガン戦争の「後方支援」とイラクの戦後復興支援を行うために、「テロ対策特別措置法」と「イラク支援特別措置法」*が制定された。いずれも時限法であって失効しており、将来の類似の事態に備える恒久法として、「国際平和支援法」が2015年の平和安全法制整備法の一環として制定された。同法は、「国際社会の平和及び安全を脅かす事態であって、その脅威を除

去するために国際社会が国連憲章の目的に従い共同して対処する活動を行い、かつ、わが国が国際社会の一員としてこれに主体的かつ積極的に寄与する必要があるもの」を「国際平和共同対処事態」と定義し、その際に活動する外国軍隊等に対して実施できる協力支援活動（物品や役務の提供など）等を定めている。同法の協力支援活動の実施には、事前の国連総会又は安全保障理事会の決議が必要とされているが、重要影響事態安全確保法と同様、武器の提供は行わないものの、弾薬の提供などが可能である点が指摘されている。ただ、同法は協力支援活動等の対応処置の実施に際して、例外なく国会の事前承認を求めるとともに、「武力の威嚇又は武力の行使に当たるものであってはならない」として歯止めをかけている。

＊イラク支援特別措置法に基づく自衛隊のイラク派遣の差止・違憲確認訴訟　　自衛隊のイラク派遣差止などを求める集団訴訟で、名古屋高裁は、2008年4月、原告側敗訴の判決を言い渡したが、傍論で航空自衛隊はアメリカの要請を受け、クウェートのアリ・アッサーレム空港からバグダッド空港へ武装した多国籍軍兵員を輸送している。かかる活動は、イラク特措法3条1項2号にいう「安全確保支援活動」の名目で行われ、それ自体は武力行使に該当しないとしても、少なくとも武装兵員を戦闘地域に空輸するものについては、他国による武力行使と一体化した行動であり、自らも武力の行使を行ったとの評価を受けざるをえない。よって、イラク特措法を合憲とした場合であっても、武力行使を禁止した同法2条2項と活動地域を非戦闘地域に限定した同法2条3項に違反し、かつ憲法9条1項に違反する活動を含んでいると認められるとの判断を示した（名古屋高判平成20・4・17判時2056号74頁）。

第6節　日米安全保障条約と憲法　　●━━━━━━━●

1　日米安全保障条約の内容と問題点

日米安保障条約の問題点は、その主たる内容が、第一に、日本国の施政下にある一方の当事国への攻撃に対して、共同して対処することを約していることである（5条）。第二に、日本国の安全に寄与し、ならびに極東における国際の平和および安全の維持のため、アメリカ軍の駐留を認め、その陸海空軍が日本において施設および区域を使用することを認めることである（6条）。安保条約をめぐっていくつかの疑問が指摘される。第一に、相互防衛は、上述のように

日本国の施政下にある一方の当事国への武力攻撃に対してとられることになるが、たとえば、日本の領海内にあるアメリカ艦船が武力攻撃された場合にとられる共同防衛行動をどのように説明するのか問題がある。政府は、かかる攻撃は日本に対する攻撃にほかならず、個別的自衛権の行使であると説明してきた。しかし、個別的自衛権の行使に必要とされる必要性、違法性、均衡性という三要素が常に充足されるかについて、日本政府が独自に判断できないのではないかとの問題が指摘されよう。

　第二に、アメリカ軍が日本に駐留する目的は、日本の安全に寄与することのほかに、極東の平和および安全を維持することにあるが、この場合、①極東の範囲が必ずしも明確になっていないこと、②駐留軍が日本の意思に関係なく極東の平和および安全のために日本の基地から軍事行動をとった場合、日本が自国と関係のない武力紛争に巻き込まれる危険があること、③重要影響事態安全確保法および国際平和支援法にいう後方支援（協力支援）活動をいかに解釈すべきかといった問題が指摘されている。

2　駐留軍の合憲性

　安保条約の合憲性について問題となるのが、駐留米軍が憲法9条2項にいう「戦力」に該当するか、についてである。学説は、①駐留軍は9条2項にいう「戦力」の保持に該当し違憲であるとする説、②駐留米軍には日本の指揮権、管理権は及ばないので「戦力」とはいえず、憲法違反ではないとする説、③駐留する外国軍隊が国連軍に準ずる性格のものであれば合憲であるとする説に分かれている。

　　＊砂川事件　　1957年7月、米軍立川飛行場周辺に基地拡張反対派の集団が結集し、集団の一部が、飛行場境界内に数メートルの深さで約1時間にわたり立ち入ったがため、23名が「旧日米安保条約3条に基づく行政協定に伴う刑事特別法」2条違反容疑で逮捕、うち7名が10月に起訴された。第一審東京地裁判決（伊達判決）は、「わが国が外部からの武力攻撃に対する自衛に使用する目的で合衆国軍隊の駐留を許容していることは、指揮権の有無、合衆国軍隊の出動義務の有無に拘わらず、日本国憲法9条2項前段によって禁止された陸海空軍その他の戦力の保持に該当するものといわざるを得ず、結局わが国内に駐留する合衆国軍隊は憲法上その存在を許すべからざるものといわざるを得な

い」と判示した（東京地判昭和34・3・30下刑集 1 巻 3 号776頁）。最高裁は、憲法 9 条
2 項が「その保持を禁止した戦力とは、わが国がその主体となってこれに指揮権、管理
権を行使し得る戦力をいうものであり、結局わが国自体の戦力を指し、外国の軍隊は、
たとえそれがわが国に駐留するとしても、ここにいう戦力には該当しないと解すべきで
ある」と判示している（最大判昭和34・12・16刑集13巻13号3225頁。第 3 部第 6 章第 2
節 3 参照）。

第 1 章

人権の原理

第 1 節　人権宣言の歴史 ●────────────●

1　身分的自由の宣言から普遍的な人権宣言へ

（1）　身分的自由の宣言

　人権宣言のルーツは、イギリスの1215年のマグナ・カルタ（Magna Carta、大憲章）にあるといわれる。このマグナ・カルタは、封建領主（バロン）達が彼らの古来の権利や自由をジョン王（John, 1167-1216）に認めさせた封建的契約文書であり、身分的自由の宣言にほかならなかった。しかし、それは、有名な「同輩による裁判と人身の自由」の規定（39条）などの権利保障規定とともに、その同意がなければ国王の課税は認められないとした一般評議会に関する規定（12条）を含んでおり、権利保障と国家権力の制限という立憲主義の萌芽をすでにもっていた。

　マグナ・カルタに近代の息吹を吹き込んだのが、チャールズ 1 世（CharlesⅠ, 1600-49）の戦費調達のための強制的な金銭徴収に対する抗議書である1628年の権利請願であり、名誉革命の宣言書である1689年の権利章典であった。しかし、そこで確認されていたのも、イギリス臣民の「古来の権利と自由」としての諸権利であったことに注意しなければならない。

（2）　社会契約説とアメリカ独立宣言

　こうした身分的自由やイギリス臣民の「古来の権利と自由」を人一般の権利＝人権と構成する上で大きな役割を果たしたのが、ホッブス（T. Hobbes, 1588-

1679) に始まる近代自然法思想・社会契約説の論客達であり、とりわけロック (J. Locke, 1632-1704) の『市民政府論』(1690年) が注目される。ロックによれば、国家が成立する以前の自然状態において、人間は自由かつ平等な存在として生命、自由、およびプロパティー (property、自分に固有＝proper な労働力によって生み出されたものであるからこそ不可侵とされる財産) に関する権利を中核とする自然権をもつ。しかし、自然状態には安全と権利の保障がないことから、人々は、社会契約を結んで国家を創り、権力の行使を委任した (この社会契約の締結は、歴史的事実ではなく理論的仮説であることに注意)。したがって、政府がもし権力を濫用して人民の自由や権利を不当に制限する場合には、人民に抵抗の権利 (ないし革命権) が生まれるとされた。

この『市民政府論』は、名誉革命を正当化するために書かれた書物であったが、これが示した社会契約思想は、イギリス本国政府に対するアメリカ独立戦争において理論上の武器となり、その勝利の結果、歴史上初めての人権宣言が、1776年のヴァージニア憲法として、また同年のアメリカ独立宣言として誕生した。この独立宣言は、「すべての人は平等に造られ、造物主によって一定の奪うことのできない権利を与えられ、その中には生命、自由および幸福の追求が含まれる」と宣言したのである。

（３） フランス人権宣言と人一般としての個人の解放

フランスでは、アメリカ独立戦争とルソー (J. J. Rousseau, 1712-78) の説いた社会契約思想の影響を受けて、ブルボン王朝を打倒するためにフランス革命が戦われた。1789年、この革命のさなかに憲法制定国民議会は、「人は、自由かつ権利において平等なものとして生まれ、生存する」(１条) から始まる人権宣言 (「人および市民の権利宣言」) を採択した。とくに新世界アメリカとは異なり、中世以来の身分制に基づく秩序が牢固として存在したフランスにおいては、それまでの身分制秩序を克服した集権的な国家を創り出すためにも、身分的な拘束から人一般としての個人を解放することが非常に重要であった。したがって、そこでは「あらゆる主権の淵源は、本来的に国民にある。いかなる団体も、いかなる個人も、国民から明示的に発しない権威を行使することはできない」との人権宣言の規定 (３条) にも表れているように、領主や貴族などの身分制

秩序と、身分制的自由の担い手であったギルド（同業者組合）や地方都市など
の中間団体を徹底して否定することが必要であった。

2　議会による「国民の権利」保障——人権宣言の外見化

　フランス人権宣言の影響力は大きく、その後、これをモデルとしてヨーロッ
パ諸国に人権宣言を含む立憲主義憲法が次々と誕生する。しかし、「議会の世
紀」といわれた19世紀から20世紀の前半にかけてのヨーロッパ諸国の憲法は、
自然権的な人権ではなく「国民としての権利」を保障するものであった。これ
を人権宣言の外見化という。この背景として、法学の対象を実定法に限定する
法実証主義の影響などが指摘されるが、その主たる原因は、モデルとなったフ
ランス人権宣言自体とフランス的な権力分立のあり方（議会＝立法権優位の権
力分立）にあった。すなわち、人権宣言は、その 6 条で「法律は一般意思の表
明である」と規定し、この至高とされた「一般意思の表明たる法律」を制定す
る国民議会の、統治組織における優位を大きな前提としていた。したがって、
後に述べる第二次大戦後の違憲審査制革命までは、人権宣言も議会が制定する
法律を通して国民の権利として具体化されるもの以上ではなく、それは文字通
り「宣言」であって実定法として議会を拘束するものではなかったからである。
　こうした19世紀のヨーロッパ大陸型憲法に分類される、プロシア憲法やドイ
ツ帝国憲法（1871年）に学んでつくられた明治憲法における権利保障規定も、
当然のことながら外見的な人権宣言であった。すなわち、そこで保障された権
利は「現人神」である天皇からその恩恵として認められた「日本臣民」の権利
にすぎなかっただけでなく、「法律ノ範囲内ニ於イテ」保障されるという限定
のついた権利であった。

3　社会権の登場——現代憲法における権利保障

　20世紀の憲法である現代憲法の権利保障の特徴は、権利の内容の拡大すなわ
ち、社会権が登場したことである。第 1 部ですでに述べたように、資本主義経
済の病理に対応することを直接の契機として、自由主義諸国は消極国家から積
極国家（福祉国家）へと国家の役割を変化させたが、そこに登場したのが生存

権、労働基本権をはじめとする社会権という一群の権利であった。社会権とは、国民が人間たるに値する生活を営むことを保障するものであり、そのために国家に対して一定の行為を要求することができる権利である。1919年のワイマール憲法は、世界に先駆けて「経済生活の秩序は、すべての者に人間に値する生活を保障することを目的とする正義の原則に適合しなければならない」（151条）として、経済的社会的弱者の保護のために国家が積極的に活動すべき義務を負うことを明示するとともに、「所有権は義務を伴う。その行使は、同時に公共の福祉に役立つべきである」（153条3項）として、もはや所有権は不可侵の権利ではなく、積極国家の実現のために大きな制約を受けることを明らかにした。ここでは、近代憲法の成立の段階において、個人の自由を抑圧するものとして中間団体を否定するために認められなかった結社の自由や労働組合の団体交渉権などの団体レベルの権利が新たに見直され、憲法上肯定的に位置づけられていることが注目される。

4　人権保障の国際化と違憲審査制革命

　第二次大戦後、人権の観念が復活したといわれる。それは、人権保障の国際化と「違憲審査制革命」（M. カペレッティ）という人権に関する二つの世界的な潮流として現れている。

（1）　人権保障の国際化

　第一の人権保障の国際化は、戦間期と第二次世界大戦中の経験、とりわけドイツや日本などのファシズム国家によるユダヤ人や中国人・韓半島の人々などに対する非常に残虐で大規模な人権侵害について有効な措置をとることができなかった歴史に対する国際社会の反省に基づいている。戦前においては、人権問題は国内問題であるとされ、国際連盟などの国際機関や他の国が、ある国の人権状況について調査を実施し、それに基づいて非難を行うことは、国際慣習法上の「内政不干渉原則」に違反するものとされた。しかし戦後、国際平和機構として連合国が中心となって創設した国際連合は、こうした歴史の反省と、国内において重大な人権侵害を行う国は他国に対して侵略戦争を起こす強い傾向を持つ（人権無視と侵略行動の相関性）との認識に基づいて、その目的の一つ

に、「人権及び基本的自由を尊重するように助長奨励すること」に関する国際協力の達成（国連憲章1条）を掲げた。そして国連は、実際に、世界人権宣言（1948年）やそれを包括的人権条約とした国際人権規約（1966年）の採択、さらにまた人種差別撤廃条約、女子差別撤廃条約、子どもの権利条約などの個別条約の採択を通して、人権保障の世界基準（グローバル・スタンダード）の設定とその実施のためのサポート・システム構築の両面において積極的な役割を担ってきた。ここで注意すべきことは、こうして戦後、国連が人権分野でリーダーシップを発揮してきた前提には、人権観念の復活があったという点である。すなわち、各国の議会がその内容を定める単なる「国民の権利」ではなく、全世界の人々に等しく保障されるべき普遍的な人権が存在することを改めて確認し、それを復活させることを前提として、国連を中心とする人権保障の国際化が大きく進展したのである。

（2）　違憲審査制革命

　第二の「違憲審査制革命」とは、戦後ヨーロッパ大陸法の国々でも違憲審査制度が一般化したことをいうが、これは、①ファシズム国家における人権侵害が授権法（Ermachtigungsgesetz）などの法律を通して行われた事実、および②多数決主義に基づく議会の人権保障機能には大きな限界があることの認識に基づいている。アメリカでは、すでに19世紀のはじめに司法裁判所が法律の合憲性を審査する違憲審査制度が判例（1803年のマーベリ対マディスン判決）によって確立したのに対して、議会に信頼を置いて立憲主義を発展させてきた大陸法の国々では、議会が制定した法律の合憲性を審査するという発想自体が存在しなかった。しかも19世紀を通じて、人権の外見化が進んでいた。すなわち、各国の憲法が保障する権利は自然権としての人権ではなく、議会の制定する法律により保障される国民権にすぎず、それは授権法の成立が象徴するように、法律による大幅な人権制限や人権侵害を許すものであった。そこで戦後、大陸法の国々でも人間の権利としての人権の観念を復活させるとともに、人権は法律によっても侵害されてはならないという、人権の法律からの保障が強調されるようになる（これは、大陸法の国々における議会中心の立憲主義の大きな転換を意味する）。そして、それを具体的に保障する機関として、ドイツでは1951年に

「連邦憲法裁判所」が、フランスでは第五共和制憲法（1958年）で「憲法院」が設けられた。いずれも現在、人権保障機関として重要な役割を果たしているが、両国ともそれらを通常の司法裁判所とは異なる特別の機関として位置づけている点が注目される。

第2節　人権の観念とは

1　「基本的人権」ないし「人権」と「憲法上の権利」

これまで、「基本的人権」ないし「人権」と「憲法上の権利」（あるいは「憲法の保障する権利」）とを、厳密に区別しないで論じてきたが、両者の相違を明らかにすることが、「人権」という観念を理解するために必要となる。

まず「基本的人権」と「人権」という二つの言葉の関係については、憲法の文言としては「基本的人権」なる言葉が使われている（憲法11条・97条）が、「人間としての権利」としての「人権」が語られるかぎり、それはすべて「基本的なもの」と考えられることから、「基本的人権」と「人権」は相互に互換的に使うことのできる観念であろう。

問題は、「憲法上の権利」と「人権」との関係である。「憲法上の権利」とは、いうまでもなく信教の自由や表現の自由など、憲法が具体的に列挙する実定憲法上の権利である。これに対して、「人権（human rights）」とは、「人間であることに基づいて当然に有すると考えられる権利」と定義されるものであり、この人権の観念は、その本籍地が実定法の反対概念である自然法にあることが示すように、自然権的な観念であり、いまだ実定憲法上の権利にはなっていない権利をも含んだ、現状変革的ないし実定法挑戦的な観念であるということができる。この現状変革的な観念であるという点は、三つのレベルに分けて考える必要がある。第一のレベルは、すでに実定憲法上の権利として名目的には承認されているものの、その内容や程度が実質的にみて人権の名に値しないような権利について、より十分な保障を求める場合であり、第二のレベルは、いまだ憲法上の権利として承認されていないもの、すなわち新しい人権について憲法上の承認を求める場合である。そして第三のレベルは、たとえば、近年わが国

でも有力になってきている「女性の人権」や被差別集団の人権の主張、あるいは国際人権法の分野での「第三世代の人権論（たとえば、発展途上国の国民全体の権利とされる「発展の権利」など）」の主張などにみられる「集団的な」人権の考え方が、本来人権の観念が想定してきた、個人の人権という枠組み自体の変革を迫るという意味で、現状変革的である場合である。

2　人権の観念

（1）「個人の尊厳」の理念

　人権観念の中核には、「個人の尊厳」ないし「人間の尊厳」の理念、すなわち、一人ひとりの個人こそがかけがえのない存在として国政において最も尊重されるべきであるという理念が存在する。この理念が国家と国民との関係について意味するところは、国民こそが、個人として、人間として尊厳なる存在であり、国家は、国民が幸福を追求し自己を実現していけるよう、この理念が要請する民主主義の制度を通して、その権利や自由を保障する、そのことのためにこそ存在するということである。

　憲法13条は、これを「すべて国民は、個人として尊重される」と表現している。この13条から導かれる行動規範が、①自己決定・人格的自律の尊重と②他者の尊厳性の承認の二つである。すなわち、国民は人格的に自律した存在として、自らの行った決定が国政の上で十分に尊重されるよう主張できると同時に、他の国民の尊厳性についても必要な配慮をすることが求められるのである。ここから、他者のことを顧みない利己主義の排除と「公共の福祉」による人権の制約（内在的制約）が導かれる。

　また、この理念は、国家や民族共同体といった個人を越えた「全体」こそが重要であり、個人は「全体」との関係で応分の配分を受けることで満足しなければならないという、明治憲法時代の考え方（現在の日本社会でも、これは「会社主義」として強力に生きている）の対極をなすものでもある。

　そして、歴史上、各国において、国民を抑圧する制度が廃止され、国家の統治のあり方が大きく変革されていくためには、それまで政治的に省みられることのなかった民衆が、この個人の尊厳、人間の尊厳の理念を自らのものとする

ことが必要であった。時代と社会のあり方に応じて、民衆が個人の尊厳を自らのものにしていくプロセスには、さまざまなものがあったが、アメリカ植民地人がトマス・ペイン（Thomas Pain, 1737-1809）の『コモン・センス』（1776年）に触発されてイギリス本国政府に対する独立戦争に立ち上がった事実や、ガンジー（M. K. Gāndhi, 1869-1948）がイギリス植民地インドで行った「真理の把握（Satyagraha）」の運動は、まさにその典型的なものであった。

（2）　三つの属性

ⓐ　**固有性**　　人権は、憲法や天皇から与えられるものではなく、人間であることのみに基づいて当然に認められる権利であることを人権の固有性という。この「人間であることに基づいて認められる権利」の内容は、当然のことながら歴史的に変化してきたし、また今後も時代とともに変容するものである。したがって、ここからプライヴァシー権などの「新しい人権」を憲法13条の「幸福追求権」を根拠として憲法上の権利として承認することができるだけでなく、すでに憲法で保障されている人権についても、時代とともにその内容や保障範囲についての見直しが求められることになる。

ⓑ　**不可侵性**　　憲法11条は、「基本的人権は、侵すことのできない永久の権利として、現在及び将来の国民に与えられる」と規定する。人権観念は、先に述べたように、理論的には社会契約論と結びついて展開され、歴史上、この人権の観念は、国王などによる国家権力の恣意的な行使に対抗する理論的な武器となった。その後、人権観念が憲法上実定化されることにより、国家の行政権だけでなく違憲審査制度を通して立法権によっても侵害することのできない権利と考えられるようになったことを人権の不可侵性という。

これを言い換えれば、人権観念は、不可侵である個人の権利と自由という観点から国家権力のあり方を相対化し、それを批判的に検討することを通して、人権保障のためにより望ましい制度改革を求めるという契機を含んでいる。すなわち、権力を相対化し変革を生み出す理念であることが人権観念の重要な特質なのである。

ⓒ　**普遍性**　　人権は、人種、性別、国籍などの区別とは無関係に保障されるべき権利であることを人権の普遍性という。すなわち、人権の観念は、国境

を越えていく理念的な力をもっているのである。ただ、主権国家が並存する国
際社会の現状では、人権保障の責任を担うのは基本的に各国政府であると考え
られており、その意味で人権保障の具体的なあり方は各人の帰属する国家の人
権状況に大きく左右される面があることは否めない。しかし、「人権宣言の歴
史」のところでふれたように、とくに第二次大戦後、人権保障の世界基準設定
とその実施のためのサポート・システム構築を国連が中心となって推進してき
ており、これが各国の人権状況の改善に大きなインパクトを与えていることも
事実である（たとえば、父系優先血統主義をとっていたわが国の国籍法も、1980年
の女子差別撤廃条約の署名を受けて、84年には両系血統主義に改正された）。

3　人権観念の光と影

（1）　オム（homme＝男性）の権利宣言としてのフランス人権宣言

　1789年のフランス人権宣言は、人間の自由と平等を高らかに宣言していた。
しかし一歩踏み込んでみてみると、これは、人間の権利の宣言といいながらも、
男性中心の当時のフランスの社会情勢を反映して、男性（フランス語で、
homme は人間とともに男性を意味する）の権利の宣言にすぎなかったといわれ
る。すなわち、女性（femme、ファム）の権利は、グージュ（Olympe de
Gouges, 1748-1793）の「女性および女性市民の権利宣言」（1791年）などの運動
（彼女は93年11月、「人民主権を侵害する」との咎で革命裁判所により死刑を宣告され、
処刑された）にもかかわらずほとんど無視されたままであった。たとえば、女
性の社会的進出の象徴ともいうべき参政権が西欧諸国で女性に認められるのは、
20世紀前半から第二次大戦後にかけてのことである（とくにスイスは遅く1971
年）。

　また、同じく1776年のアメリカ独立宣言も、人間の法的平等を高らかに謳っ
ていた。ところが、この人権の原理を具体化することになる、初期の近代憲法
の一つである1788年の合衆国憲法は、その 1 条 2 節 3 項で、州ごとの下院議員
の議席数を人口比により配分するとし、黒人奴隷については自由人の 5 分の 3
として計算することを定めていた。つまり、黒人奴隷については、自由人の60
％の価値しかもたないサブ・ヒューマン（subhuman）としていたのである。

奴隷制度は、南北戦争後の憲法第13修正（1865年成立）によって廃止され、黒人の選挙権も第15修正（1870年成立）によって保障されるが、その後も、とくに南部の諸州では黒人に対するさまざまなレベルでの法的、社会的差別が残存し、1950年代から60年代の公民権運動を通してようやく法的な差別については、ほぼ完全に撤廃された。

　人権観念の大きな特質は、すべての人間の権利と自由を宣言する、その普遍性に見出されるのであるが、こうして、その普遍性という光の背後には女性や黒人の人権に対する長年にわたる無関心ないし無視という、影の部分が存在していたのである。

（2）　植民地支配と人権

　人権観念の普遍性に関して、ぜひ指摘しておかねばならないもう一つの事柄は、19世紀から20世紀にかけて西欧諸国の国内における人権観念の制度化という光の部分を支えていたのは植民地の存在（＝影の部分）であったという歴史的事実である。言い換えれば、植民地人を人権の主体とは認めない、ヨハン・ガルトゥング（John Galtung, 1930-）のいう「構造的暴力」のシステムをそこにつくり上げ、植民地に対する経済的な収奪を行うことによって、本国は豊かな経済社会を築くことができたのであり、国民に対する人権の保障もそれによって可能になったという事実である。そして、1960年代に多くの植民地が独立するまで、「植民地は国内法上は外国であり、国際法上は自国内である」という、人権の観念とはとうてい相容れない法論理がまかり通っていたのである。

　しかし、（1）と（2）で紹介したこれらの影の部分の存在とその問題性を明らかにすることを通して、人権観念は、先に述べたような現状変革的な観念としての意味をもち続けてきたともいえるのである。

第3節　人権の分類

1　人権の分類

　憲法が保障する個別の人権の特徴を深く理解するために、憲法学では種々の分類が行われてきた。わが国で最も一般的な分類方法の基礎にある考え方が、

ドイツの公法学者イェリネック（G. Jellinek, 1851-1911）の提唱した、国家における国民の地位に注目して公法上の権利・義務を分類する方法である。彼は、国家における国民の地位を、①受動的地位（国家に従属する地位）、②消極的地位（国家から自由な地位）、③積極的地位（積極的に請求権を認められる地位）、そして④能動的地位（国家のために能動的に働くことを認められる地位）の四つに分類して、それぞれ国民の義務、自由権、国務請求権、参政権が対応すると説いた。この分類に対しては、消極的地位に基づく自由権とは単なる状態としての「自由」一般にすぎず、国家の自己制限の結果であって、それ自体国家権力に対抗する権利としての実質をもつものではないとか、「20世紀の人権」と呼ばれる社会権はどこに位置づけられるべきかなどの多くの批判も加えられたが、わが国ではこの考え方を基本として人権の分類が行われてきたのである。

　本書では、日本国憲法における人権を自由権、国務請求権、社会権（国務請求権とともに積極的地位に対応するものと位置づける）、そして参政権に分類するとともに、法秩序の基本原則であると同時に独自の内容をもつ権利として、包括的基本権（13条）と平等権（14条）を加えることにしたい。

2　三つの中心的な権利群

　四つに分類された権利群の中で、裁判を受ける権利（32条）などの国務請求権は、人権を実現するための手段としての性格を強くもつ手続的権利であるのに対して、自由権、社会権、および参政権は憲法上の実体的権利であると考えられる。

　この中で、まず自由権は、近代憲法の誕生以来、人権体系の中核の座をしめてきた権利であり、国家が個人の活動領域に権力的に介入することを排除して、個人の自由な意思決定と活動を保障する権利である（「国家からの自由」）。次に参政権とは、国民が選挙権（15条1項）や被選挙権（44条）の行使を通じて、国政のあり方の決定に参加する権利であり（「国家への自由」）、自由権と深い結びつきをもったものである。すなわち、自由権を確保するためには、国家権力に支配される側にいた国民が自ら能動的に統治過程に参加し、自由権を制度として実現することが不可欠であり、自由権の保障は、参政権の保障を伴って初め

て現実のものとなるのである。この関係は、フランス人権宣言の正式名称である「人および市民の諸権利の宣言」という表現の中にもはっきりと示されている。

　20世紀に入り、資本主義の高度化によって生じた失業、貧困、労働条件の悪化などの問題が深刻な国家的問題となる。社会権とは、こうした弊害から社会的経済的弱者を保護し、それらの者が「人間に値する生活」を送れるよう、国家に対して一定の積極的な施策を求めることができる権利であり（「国家による自由」）、その意味で「20世紀的人権」と呼ばれることが多い。

3　分類の相対性

　この人権の分類は、相対的なものであることに注意をする必要がある。たとえば、自由権に位置づけられてきた表現の自由（21条）を情報の受け手の側から捉え直した権利である「知る権利」は、国家によって情報の受領が妨げられないという自由権の性格をもつと同時に、積極的に国および地方公共団体の行政情報の公開を請求する権利（行政情報開示請求権）を含むものとして、社会権の性格も有している。逆に、社会権に分類されてきた教育を受ける権利（26条）についていえば、それは教育内容に対する国家の不当な介入を排除するという「教育の自由」の内容も含むものと考えられ、こうした自由権的側面もまた重要である（「家永教科書訴訟」参照）。また、自由権、社会権といった憲法上の実体的権利は、裁判を受ける権利などの手続的権利を前提として実際には意味をもつ権利であり、反面からいえば、これらの実体的権利自体が、それらの権利は適正な手続によらなければ奪われないという要請（手続的権利の要素）を含んでいるとも考えられる。

　以上のようなことから、それぞれの権利の性格を固定的に理解して厳格に分類することは適当ではなく、個々の事例や問題ごとに権利の性格を柔軟に考えることが必要なのである。

第4節　制度的保障

　人権規定の中には、個人の権利や自由を直接保障するだけでなく、その権利、自由と密接に結びついた一定の制度を保障していると解釈することのできる規定が存在する。たとえば、学問の自由を保障する憲法23条と大学の自治、財産権を保障する29条と私有財産制などがその例である。このような個人の権利と密接な関係にある一定の制度について、立法によってもその本質的部分を侵害することはできないとすることにより、当該制度を客観的に保障していると解される場合、わが国の憲法学では、それを一般に制度的保障と呼んでいる。

　この制度的保障（institutionelle Garantie）論は、ドイツの公法学者カール・シュミットに由来するが、シュミットが「真正な制度的保障」と呼ぶものは、ワイマール憲法という「法律の留保」を制度原理とする憲法の下で、職業官僚制、大学自治制、地方公共団体の自治権などの公法上の制度に関する諸規定は、立法権の広範な規制権限を認めた上で、それによる侵害から制度の核心部分を守ることを目的としており、権利を保障するものではないと説くものであった。その意味で、シュミットのいう公法上の制度に関する「制度的保障」は、何かを制度的に保障するというよりも制度それ自体を保障することを意味するものとして、本来、「制度保障」と訳されるべき概念であった。（これをより明確に「制度体保障」と訳す学説もある。石川健治『自由と特権の距離』（1999年））。

　しかも日本国憲法は、ワイマール憲法と異なり、伝統的な「法律の留保」の考え方を否定し、人権保障を最も基本的な原理としていることから、制度的保障論を採用するとしても、その意義と範囲はきわめて限られたものにならざるをえない。これまで、信教の自由、学問の自由、財産権などの人権について、政教分離*、大学の自治、私有財産制などの制度が制度的保障の例であると説かれてきたが、上記の理由から、①立法によっても奪うことのできない「制度の核心」の内容が明確であり、②制度と人権との関係が密接であるもの、すなわち制度の保障が人権保障に役立つものに限ってこれを論ずるべきだとされる（芦部信喜『憲法（7版)』）。

＊政教分離は制度的保障か　　　本文の観点からすると、判例（津地鎮祭事件判決、最大判昭和52・7・13民集31巻4号533頁）と一部学説が政教分離を制度的保障であるとしていることに大きな疑問が生ずる。なぜなら、第一に、制度的保障論は、ある事項に関して立法権が広範な規制権限をもつことを前提として、その立法権によっても侵害されない制度の核心を守ることを目的とするものであるが、政教分離規定は立法権を含めて国家が宗教的活動を行うこと等を禁ずる規定であり、前提が大きく異なるからである。第二に、津地鎮祭事件判決は、政教分離規定を制度的保障であるとすることによって、信教の自由を保障する憲法20条1項前段および2項（権利保障規定）と峻別し、国に禁止される「宗教的活動」を著しく限定して、政教分離原則を相対化している。したがって、この解釈は、信教の自由の保障を強化するものではなく、むしろその保障を弱めることになる。第三に、政教分離という制度の核心部分は、とうてい明確とはいえないからである（たとえば、愛媛玉串料事件では、一審判決から最高裁判決まで、同じ基準を使って結論が二度逆転したことを想起せよ）。したがって、政教分離規定は制度的保障と解すべきではなく、国家による宗教的活動の禁止、宗教団体への特権付与の禁止、および宗教団体による国家権力行使の禁止を、制度として定めた規定と解すべきであろう（禁止制度説）。

第2章

人権の主体

憲法第3章の標題は、「国民の権利及び義務」であり、憲法は文言上、憲法が保障する権利の主体を国民に限定している（11条・12条）。ここから、世襲制に基づく特殊な地位である天皇・皇族について、国民一般と同様に人権の主体と考えてよいのかという問題や、外国人には人権は保障されないのかという問題、さらに現代の社会にあって重要な活動主体となっている法人（団体）には、自然人に保障されるべき人権を認めることはできないのかなどの問題が生じる。

第1節 国 民 ●━━━━━━━━━━━━━━━━━━━━●

1 「国民」とは何か

国民とは、人種や民族的な相違にかかわらず、国家の構成員としての資格である国籍をもつ者をいう。国籍取得の方式をどう定めるかは、国際法上各国に委ねられており（国籍法抵触条約1条）、憲法10条は、「日本国民たる要件は、法律でこれを定める」として、国籍法律主義を明確にしている。国際的に認められた国籍立法上の理想としては、国籍の取得と喪失を可能なかぎり個人の自由意思によるべきものとする国籍自由の原則（後述第7章第3節3参照）と、二重国籍や無国籍を認めるべきではないとする国籍唯一の原則とがあるが、両者は矛盾する場合もある。現行国籍法（昭和25法147、改正昭和59法45）は、出生による国籍取得について父母両系血統主義を原則とし（国籍法2条1号・2号）、例外的に土地主義の要素を取り入れている（3号）。出生以外では、帰化による国籍取得（同4条〜10条）が重要であるが、国籍法が定める条件を充たす者も当然に日本国籍取得の権利をもつのではなく、法務大臣は、それらの者に帰化を許可することについて広い裁量権を有する。

2 天皇・皇族

　問題となるのは、天皇や皇族も、憲法第 3 章の「国民」に含まれるかどうかという点である。天皇および皇族が、国家の構成員であるという意味での「国民」であることはいうまでもないが、人権の主体としての「国民」であるかどうかについては、肯定説と否定説との対立がある。

　憲法は、象徴天皇制をとる（とくに天皇は「国政に関する権能を有しない」とする。4 条）とともに、皇位の継承を世襲のものとしており、その関係で、天皇および皇族には、参政権は認められず参政権的な機能をもつ表現の自由や結社の自由も大幅に制限され、さらに、信教の自由、婚姻の自由（皇室典範10条）、財産権（憲法 8 条・88条）および海外移住の自由などの権利も認められないか、あるいは大きく制限されると考えられる。また現行法上、天皇および皇族には、男系男子の皇位継承（皇室典範 1 条）、国庫から内廷費・皇族費の支出を受けること（皇室経済法 4 条・ 6 条）、天皇の刑事責任の不問責など多くの特例が認められている。これらを天皇および皇族の人権主体性との関係で、どう理解するかという問題である。

　従来の有力説である肯定説は、天皇および皇族も国籍を有する国民であることから、人権の主体である。ただ、皇位の世襲と職務の特殊性から必要最小限度の特例は認められるとする。これに対して否定説は、日本国憲法は世襲天皇制という、近代人権思想の中核をなす個人の尊厳ないし平等の理念とはまったく異質な身分制的な制度を認めたのであり、これを憲法14条の合理的差別として説明することはできない。むしろ歴史的に（同時に理念的にも）身分制度が否定されて初めて人間としての権利である人権の観念が誕生することができたという関係を明確にするためにも、天皇および皇族は人権の主体としての「国民」に含めるべきではないとする。

　日本国憲法の認める象徴天皇制が憲法の基本原理との関係できわめて特殊な制度であることを明確にする点で、否定説が優れていると思われるが、両説とも、政治的に無色であるべき象徴天皇制を維持するために必要最小限度の特別な扱いのみを認めるものであり、両者の実際上の差異はほとんどないといってよいであろう。

3　未成年者

　未成年者（20歳未満の者）は、心身ともに未成熟であるとはいえ、日本国民であり、当然に人権の享有主体である。しかし従来、わが国では、未成年者はその未発達性の故に、「成年制度」（民法4条）を前提として、主に権利の主体ではなく保護の対象と考えられてきた（児童酷使の禁止（憲法27条）、児童買春・児童ポルノ処罰法、児童虐待防止法など）。この点で注目されるのが、「児童の権利に関する条約」（1989年国連総会採択、94年日本政府批准。同条約の児童は18歳未満の者）である。この条約は、何よりも内戦と貧困に苦しむ第三世界の子ども達を保護するという国際的な要請に応えるものとして採択されたが、とくに「自己の意見を形成する能力のある児童がその児童に影響を及ぼすすべての事項について自由に自己の意見を表明する権利（意見表明権）」を認めた12条をはじめとして、未成年者が人権の享有主体であることを正面から認めている点が、日本国憲法の解釈にとって重要な意味をもっている。

　現行法上、未成年者がいまだ成長段階にあることから、選挙権の制限（憲法15条3項、公職選挙法9条・10条）、婚姻年齢の制限（民法731条）、職業選択の自由の制限（たとえば、公証人、弁護士、公認会計士、医師、薬剤師）など、その能力等についての制限がなされているとともに、未成年者の保護のために公権力による権利の制限が認められている。未成年者の保護のための公権力による介入については、有力な学説から、人権一般の制約根拠である「公共の福祉」とは区別される「限定されたパターナリスティックな制約」として位置づけるべきだと主張される*。これによれば、未成年者の権利の実現は、その自立と成長の過程で必要な条件を整備し、阻害要因を除去することによってなされるべきであり、公権力の介入は「未成年者が成熟した判断を欠く結果、長期的にみて未成年者自身の目的達成能力を重大かつ永続的に弱化せしめる場合に限られる」ことになる（佐藤幸治「人権の観念と主体」公法研究61号）。公権力による介入が問題になる事例として、青少年保護育成条例が自動販売機による「有害図書」の購入制限等をする場合やいわゆる「淫行条例」が青少年の行動の自由を制限する場合などがあり、とくに有害図書規制については、青少年および成年者の知る自由の制約となる危険があるため、必要最小限の措置といえるかどう

かが問われている（第6章第4節2参照）。また、学校教育の現場では、校則等による髪型の自由などの自己決定権の大幅な制限が行われており（第4章第3節参照）、児童の権利条約との関係を含めて多くの問題がある。

　　＊パターナリスティックな制約　　一般にパターナリズム（paternalism、父権主義）とは、ある個人の行動が、他人の権利や法益はなんら侵害しないが、行為者自身の利益を害する場合に、国家が介入して、個人の行動の自由を制約することであり（例としてシートベルトの着用義務付け(道交法71条の3の1項)、冬山登山の制限、自殺の防止など）、人権一般の制約根拠である「公共の福祉」を基礎づける原理である「他者加害原理」とは別の制約原理に基づく人権の制約である。この「他者加害原理(harm to others principle)」とは、国家が禁止・制限することが許されるのは、他人に危害を加える行為だけであるとする原理であり、フランス人権宣言4条「自由とは、他人を害しないすべてのことをなしうることにある」にその考え方が示されている。

第2節　外国人

1　外国人の権利主体性

（1）　外国人とは

　外国人の権利主体性の問題は、21世紀の国際化ないしグローバル化の時代にあって、ますます重要な憲法問題となってきている。法律上、外国人とは日本国籍をもたない者をいうが、ただ一口に外国人といっても、日本社会との関係からさまざまな者がおり、当然ながらそれらを一律に扱うことはできず、憲法上の権利主体性の観点から、具体的な検討がなされなければならない。外国人は、一般に大きく①定住外国人、②一般外国人、③広義の難民に分けることができる＊が、とくに①に分類される在日韓国・朝鮮・台湾人（在日外国人）については、歴史的な経緯および日本に生活の本拠を置くなど生活実態において国民と異ならないことから、その法的処遇の問題が、わが国の外国人の人権問題の中心課題となってきた。

　　＊外国人の類型　　①の定住外国人とは、生活の基盤が日本にある者をいい、ⓐ永住資格を有する永住者とⓑ永住資格はもたないが一定期間の在留資格を有する在留者に区別される。前者の永住者には、さらに出入国管理法上の永住者と在日韓国・朝鮮人のよう

な平和条約国籍離脱者等入管特例法上の特別永住者とがある。②の一般外国人とは、商用、観光、留学、研修などの目的で一時的にわが国に滞在する者であり、ⓒ上記のⓐⓑを除いた90日以上の登録外国人とⓓ90日未満の一時滞在者が含まれる。③のⓔ難民とは、出入国管理及び難民認定法の下で難民と認定された者をいう。難民（refugee）とは、一般に、人種、宗教、国籍もしくは特定の社会集団の構成員であることまたは政治的意見を理由に迫害を受けるという十分に理由のある恐怖のために、国籍国の外にいる者であって、その国籍国の保護を受けられない者または受けることを望まない者をいい、亡命者ともいわれる。インドシナ難民などのいわゆる経済難民は、流民（displaced person）と呼ばれ、難民認定法にいう難民ではないが、その人権を論ずる場合には、広義の難民概念の中に含めて検討すべきであろう。

（2）　権利主体性の根拠

憲法は文言上、憲法の保障する権利の主体を国民に限定していること（11条・12条）から、外国人には保障されないようにも思われる。しかし、まず理念的には先に述べたように、人権の観念のもつ固有性および普遍性から、外国人にもその保障が一定程度及ぶと考えられる。また、憲法98条2項は、「条約および確立された国際法規」の誠実な遵守の必要を規定している。第二次大戦後、国連が中心となって、国際人権規約をはじめとする多くの人権条約が採択されてきており、これらの条約では、すべての個人について、「国民的出身（national origin）」にかかわらず、条約の規定する権利が保障されるとしている（たとえば国際人権B規約2条1項）。わが国も人権条約の主要なものについては加入しており、憲法98条2項の国際協調主義の要請からも、外国人に一定の範囲内で憲法上の権利の保障が認められるのである。

2　外国人に保障されない憲法上の権利

それでは、いかなる権利が外国人にも保障されると考えるべきであろうか。これについては、憲法が「何人も」と規定する権利（16条・17条など）については外国人にも保障が及ぶとする学説（文言説）もあるが、たとえば同説によれば、国籍離脱の自由を定めた22条により、日本国憲法が外国人に国籍離脱の自由を認める結果になることや、憲法制定過程において「何人も」と「国民は」とは厳密に区別されていないことなどから支持されていない。通説・判例（マ

クリーン事件、最大判昭和53・10・4民集32巻7号1223頁）は、上記の1の（2）で述べた理由から「権利の性質上、日本国民のみをその対象としていると解されるものを除」いて、憲法上の権利の保障は外国人にも等しく及ぶ（権利性質説）とした上で、権利の性質上、①入国の自由、②社会権、そして③参政権については外国人には保障されないとしてきた。

（1）　入国の自由

入国の自由が外国人に保障されないのは、国家が対外的独立性を重大な標識とする主権をもつことから、国際慣習法上当然であるというのが、通説および判例の立場である（最大判昭和32・6・19刑集11巻6号1663頁）。これによれば、国家が自国の安全と福祉に危害を及ぼすおそれのある人物の入国を拒否することは、当該国家の主権的権利に属しており、入国を許可するか否かの判断は、その国家の自由裁量によるとされる。ただこの場合の国家の自由裁量とは、国会が外国人の入国手続や条件を自由に法律で定めうることを意味するにすぎず、執行機関である法務大臣はそれを実施するのであり、法務大臣の裁量権の範囲が広いか狭いかは、国会の定める法律によって決定されるべき事柄である。しかも、その法律に違反して入国した不法入国者であっても、適正手続の保障（31条）などの人身の自由は保障されなければならない（たとえば、退去強制手続についても、告知（notice）と聴聞（hearing）の手続が保障されねばならない）。また、入国の自由が保障されないことから、憲法上の権利としては、在留の権利も保障されないと解される（最大判昭和53・10・4民集32巻7号1223頁）。ただ、在日外国人については、入国の自由自体がそもそも問題にならないことから、在留の権利も当然認められると解される。

これとの関連で問題になるのが再入国の自由であり、この点について最高裁は、外国人登録法に基づく指紋押捺を拒否したことを理由として再入国の許可が認められなかった森川キャサリーン事件＊において、在留外国人に海外渡航の自由を否定した先例を引用して、外国人の再入国の自由は憲法22条によって保障されないとした（最判平成4・11・16集民166号575頁）。入国の自由が憲法上の権利でないことから、再入国の自由を憲法上の権利と解することは困難であるが、学説では、わが国に生活の本拠をもつ、いわゆる定住外国人の再入国につ

いては、新規入国と同一視することはできず、法務大臣の再入国申請に対する
裁量の範囲は狭いものになるとする説が有力である（これに関連して、国際人権
B規約12条4項の「自国に戻る権利」の「自国」は「国籍国」だけなく「定住国」も
含むと解して、条約上の権利として、定住外国人に再入国の自由を認める見解が注
目される）。

> **＊森川キャサリーン事件**　米国人で日本人と婚姻して、わが国に居住する原告は、過
> 去に3度海外渡航のための再入国の許可を得ていたが、1982年に韓国に旅行する計画を
> たて、再入国の許可申請をしたが、法務大臣が指紋押捺拒否を理由としてこれを不許可
> とした。そこで、原告は不許可処分取消と国家賠償を求めて出訴したが、最高裁は「我
> が国に在留する外国人は、憲法上、外国へ一時旅行する自由を保障されているものでな
> いことは」、先例の「趣旨に徴して明らかであ」るとして、請求を棄却した原審判断を
> 維持した。

（2）　社会権

　社会権も、各人の所属する国によって保障されるべき権利であり、外国人に
はその保障が及ばないと考えられてきた（否定説）。しかし判例は、「限られた
財源の下で福祉的給付を行うに当たり、自国民を在留外国人より優先的に扱う
ことも、許され……障害福祉年金の支給対象者から在留外国人を除外すること
は、立法府の裁量の範囲に属する」として違憲ではないという、立法裁量を重
視する立場をとる（塩見訴訟＊）。確かに、入国の自由と異なり、社会権は原理
的な意味で外国人に認められないものではない。財政上の支障がないかぎり、
法律によって外国人に社会権の保障を認めることは、憲法上何ら問題がないだ
けでなく、むしろ望ましいと考えられるのである（立法可能説、通説）。

　これに対し、最近の有力説は、社会権は人が社会の一員として労働し、生活
を営むことに基づく権利であることから、歴史的経緯からとくに国民同様の扱
いが要請される在日外国人を含めて、日本社会に居住し、国民と同一の法的・
社会的負担を担っている定住外国人にも保障されるべきであるとする。この説
は、社会権を法的意味における国民、すなわち国籍保持者のみに認められる権
利とは考えず、社会学的な現実としての日本社会の構成員（社会学的意味にお
ける国民）であれば、当然社会権の保障を受けるという考え方である（肯定説、

大沼保昭「『外国人の人権』論再構成の試み」法協百周年（2）（1983年）参照）。

　実際には、通説の考え方にしたがって、健康保険、厚生年金保険、雇用保険などの被用者保険には、従来から国籍要件はなく、さらに難民条約の批准に伴う1981年の社会保障関係法令の改正によって、国民年金、福祉年金、児童扶養手当、福祉手当、児童手当、および特別児童手当についても、資格要件としての国籍条項が撤廃された。

　また、生活保護法は、1954年の厚生省社会局長通知によって、「（生活保護法1条により）外国人は法の適用対象とならないのであるが、当分の間、生活に困窮する外国人に対しては一般国民に対する生活保護の決定実施の取扱に準じて」必要な保護を行ってきた。ただ、これに関連して、永住者としての在留資格をもつ外国人が生活保護申請却下処分の取消を求めた訴訟で、最高裁は「外国人は、行政庁の通達等に基づく行政措置により事実上の保護の対象となり得るにとどまり、生活保護法に基づく保護の対象となるものではなく、同法に基づく受給権を有しない」との判断を示している（最判平成26・7・18判例地方自治386号78頁）。

　　＊塩見訴訟　　全盲の在日朝鮮人である原告が、帰化により日本国籍を取得した後に、障害福祉年金の裁定を請求したが、大阪府知事（被告）は障害の認定日に国民でない者には同年金を支給しない旨を定める国民年金法の規定に基づいて請求を却下したので、その取消しを求めた訴訟（最判平成元・3・2訟月35巻9号1754頁）。

（3）　参政権

ⓐ　**参政権の性質**　　参政権は、国民主権原理の権力的契機を具体化するものとして、国民が自己の属する国家の政治に参加する権利であり、性質上その国家の国民にのみ認められる権利であると考えられてきた。この考え方に基づいて、現行公職選挙法は、国政選挙、地方公共団体の選挙のいずれについても、選挙権および被選挙権を国民にだけ認めている（公選法9条・10条）。

ⓑ　**地方選挙権の問題**　　しかし近年、地方公共団体の選挙については、地方自治が住民の日常生活に密着しており、住民の自治的決定を尊重することが憲法上も要請されている（憲法92条の「地方自治の本旨」とは、団体自治と住民自

治を意味すると解される）ことから、住民としての一定の要件を備える外国人をその選挙から排除することは、憲法の趣旨とはいえないのではないかとの主張が有力となってきている。また、多くの地方議会が、在日朝鮮・韓国人にも地方参政権を認めるべきであるという国に対する公選法改正要請決議や意見書の採択を行ってきていることも注目される。この点に関する、従来の判例および通説の考え方は、憲法93条2項の「住民」も日本国籍を有する国民であることが前提であり、憲法は地方参政権といえども、国民以外の者にそれを認めることを禁止しているというもの（禁止説）であった。しかし、定住外国人選挙権訴訟*において、最高裁は、永住者などに地方参政権を認めることを憲法は禁止しておらず、それは立法府である国会が決定すべきことであるという考え方（許容説）を採用した。

　　＊定住外国人選挙権訴訟　　永住資格を有する在日韓国人である原告らが、定住外国人は憲法93条2項の「住民」にあたり、憲法上地方選挙権を保障されているとして（要請説の立場）、大阪市選挙管理委員会に対して選挙人名簿への登録を求める異議の申出をしたが、これが却下されたので、その取消を求めた訴訟である。最高裁は、原告らの訴え自体は認めなかったが、判決の中で「永住者等であってその居住する区域の地方公共団体と特段に密接な関係を持つに至ったと認められるものについて、その意思を日常生活に密接な関連を有する地方公共団体の公共的事務の処理に反映させるべく、法律をもって、地方公共団体の長、その議会の議員等に対する選挙権を付与する措置を講ずることは、憲法上禁止されているものではないと解するのが相当である」と述べた（最判平成7・2・28民集49巻2号639頁）。

ⓒ　**公務就任権の問題**　　公務就任権は、従来広義の参政権の一種と捉えられてきたが、特別職のうち選挙で選ばれるものと異なり、それ以外の公務員への公務就任権については、実質的には、職業選択の自由（憲法22条1項）の問題と考えられることから、外国人に認められないわけではない。しかし、実務上「公権力の行使または公の意思の形成に参画する公務員」は日本国民に限るとする政府見解（いわゆる「当然の法理」、1953年3月25日の内閣法制局高辻正己部長回答）が、これまで外国人の公務就任権実現の大きな壁となってきた。たとえば、この見解の拡大解釈により、外国人は国公立大学の教員になることができなかったが、1982年に特別法が制定され、外国人の国公立大学教員就任の道

が開かれた。また政府見解との関係で、地方公務員のうち、その管理職となることは不可能であると考えられてきた*。しかし実際に、地方自治体の中には一般事務職の資格要件から国籍条項を撤廃する動きもあり、選挙で選ばれる以外の公務員への公務就任権は、職業選択の自由の問題であることを前提に、広汎で抽象的すぎる上記の政府見解を限定して解釈し、外国人の公務就任権を広く認めるべきであると解される。

　　＊東京都管理職試験資格訴訟　　原告は、保健婦として東京都に勤務する在日韓国人二世の女性で、さらに都の保健・健康事業の企画立案に携わることを希望して、都の実施する課長級への管理職試験を受験しようとしたが、外国人であることから受験資格がないものとして受験できなかった。そこで、受験資格の確認を求めるとともに、都が管理職試験の受験を拒否したことは不法行為にあたるとして、国家賠償法に基づき慰謝料の支払いを求めた訴訟である。二審判決（東京高判平成9・11・26判時1639号30頁）は、公務員を①国の統治権力を直接に行使する公務員、②間接的に国の統治作用に関わる公務員、③補佐的・補助的な事務等に従事する公務員に大別し、②の管理職の国籍要件については、その職務内容や統治作用との関わり方等を具体的に検討することによって、国民主権の原理に照らし、外国人の就任を認めるかどうかを決定すべきであるとし、さらに特別永住者等の地方公務員就任については、国の公務員への就任の場合と較べて就任しうる職務の種類は広くなるとして、当該管理職選考の受験機会を奪うことは、管理職昇任の途を閉ざすものであり、憲法22条1項、14条1項に違反すると判断した。これに対して最高裁は、原判決を破棄し自判した。判決によれば、都の管理職には「公権力行使等地方公務員の職」（上記①に対応）と「これに昇任するのに必要な職務経験を積むために経るべき職」（上記②に対応）とがあり、都が両職を一体的なものとする管理職任用制度を構築することも許され、その結果、日本国民である職員にかぎり管理職に昇任できる措置をとることは、合理的な理由に基づいており、憲法14条に違反しないとされた（最大判平成17・1・26民集59巻1号128頁）。この判決は、一般職公務員への公務就任権が職業選択の自由の問題として、憲法22条で保障されるのか否かについて全く触れていない。その点が二審判決との最も大きな違いである。外国人にも職業選択の自由として公務就任権が認められるのであれば、外国人の就任できない管理職の種類を限定することが憲法上求められることになる。

3　権利保障の程度

　以上述べた権利以外の権利については、原則として外国人にも保障が及ぶと考えられるが、このことは国民と同程度の保障がなされるという意味ではない。
　第一に、在留資格制度との関係である。法務大臣による「永住許可」は、容

易には得られず、多くの外国人が在留期間と在留資格（たとえば「留学」「研修」など、出入国管理難民認定法2条の2・19条）を定められた一時的な滞在者（原則3年未満）であることから、その活動には一定の制限が加えられることになる。この関係で、居住・移転の自由に関しては、外国人登録法による規制がなされている。同法に基づく規制の中でも、外国人登録原票などへの指紋押捺の義務づけ（外国人登録法旧14条）は、外国人を犯罪者と同一視するものとして、これに対する数多くの訴訟が提起され、大きな論議を呼んできた*。そこで、国会は1987年同法を改正して、1年以上滞在する16歳以上の外国人は原則として登録申請の際に1回押捺すればよいこととし、さらに99年の改正で指紋押捺を廃止して署名と写真提出のみの制度に改めた（なお、「9・11同時テロ」後のテロ対策の一環として、2006年に出入国管理及び難民認定法が改正され、特別永住者などを除き外国人が入国する際には指紋や顔写真などの個人識別情報を提供しなければならないこととなった）。

　第二に、とくに経済的自由権については、権利の性質に基づいて外国人には多くの制約が加えられている（公証人法12条、電波法5条、鉱業法17条・89条、船舶法3条、外国人土地法1条など）。

　第三に、精神的自由権については、外国人にも広く国民と同様の保障が認められるべきであるが、参政権的な機能をもつ政治活動の自由については、選挙権等が否定されている関係で国民よりも大きな制限を受けると解される。判例は、外国人の政治活動の自由について「わが国の政治的意思決定又はその実施に影響を及ぼす活動等外国人の地位にかんがみこれを認めることが相当でないと解されるものを除き、その保障が及ぶ」としている**。しかし、およそ政治活動が政治的意思決定やその実施に影響を及ぼすことを目的とするものであるとすれば、この基準は過度に広汎で不明確といわざるえず、より限定的で明確な基準が示されるべきである。この点に関して、国民主権の実現を歪める行為、具体的にはわが国の政治に直接介入することを目的とする政治結社の組織や政府打倒の運動などは禁止することができるという学説（芦部『憲法（7版)』）が有力である。

＊**指紋押捺拒否事件**　　指紋押捺拒否に関する事件としては、①押捺義務違反に対する刑事事件、②押捺拒否に基づく再入国不許可等の取消訴訟事件、③指紋押捺拒否に基づく不利益処分や強制採取に対する国家賠償請求事件があるが、最高裁が初めて憲法判断を示した事件（最判平成7・12・15刑集49巻10号842頁）は、米国国籍の被告人が新規の外国人登録を申請した際の押捺拒否について当時の外国人登録法14条1項違反で起訴された刑事事件である。この事件で最高裁は、まず憲法13条が保障する「個人の私生活上の自由の一つとして、何人もみだりに指紋の押なつを強制されない自由を有」し、この自由の「保障は我が国に在留する外国人にも等しく及ぶ」とする。その上で、この自由も「公共の福祉のため必要がある場合には相当の制限を受ける」として、「その立法目的には十分な合理性があり」、「方法としても、一般的に許容される限度を超えない相当のものであった」として合憲判断を下した。

＊＊**マクリーン事件**　　日本で英語教育に従事しながら琴と琵琶の勉強をするために在留期間1年の上陸許可を得て在留していた米国人マクリーンが、在留期間の更新を申請したところ、法務大臣は在留期間中における原告の政治活動（反戦平和デモや出入国管理法案粉砕闘争などに参加）などを理由としてこれを不許可としたので、この処分の取消を求める訴訟を提起した事件。最高裁は、基本的人権の保障は権利の性質上可能なかぎり外国人にも及び、政治活動の自由についても本文で示したような限度で認められるとした。しかし、外国人に対する基本的人権の保障は、在留制度のわく内で認められるにすぎず、在留期間中の憲法の保障を受ける行為を在留期間更新の際に消極的な事情としてしんしゃくできるとして、法務大臣に裁量権の逸脱や濫用はなかったとした（最大判昭和53・10・4民集32巻7号1223頁）。本判決には、本文で指摘した政治活動の自由の保障範囲に関する批判のほかに、在留期間中の憲法の保障を受ける行為を法務大臣が更新時にマイナスの要素として考慮できるとすれば、正当な表現行為などを控えざるをえなくなるという「萎縮効果（chilling effects）」が生ずることから、これを認めるべきではないとの批判がある。

第3節　法　人

1　法人の権利主体性

現代は、「組織の時代」といわれる。人権は、本来自然人について認められるものであるが、こうした時代の要請に基づいて法人やその他の団体の重要性が高まる中で、法人にも一定種類の人権規定の適用が認められるようになってきた。たとえば、ドイツ連邦共和国基本法は「基本権は、その性質上内国法人にも適用されうる限り、これにも適用される」（19条3項）と規定する。

　わが国の通説・判例とも、人権規定は性質上可能なかぎり法人（あるいは団体*、以下同じ）にも適用されることを認めている（八幡製鉄政治献金事件、最大判昭和45・6・24民集24巻6号625頁）。通説がその論拠としてあげるのは、①法人の活動は自然人を通じて行われ、その効果は究極的に自然人に帰属すること、および②法人が現代社会において一個の社会的実体として重要な活動を行っていること、の二つである。

　しかし、人権は、本来自然人についてのみ認められるものであることから、安易に法人が人権の享有主体であることを承認すべきではなく、個々の憲法上の権利について、それが法人にも適用されるべき権利であるか否かを、当該権利の性質や法人の目的と性格に照らして、厳格に検討すべきであると解される（辻村みよ子『憲法（7版）』参照）。

　なお、法人の構成員たる個人について法人からの人権をどう確保するかという点に関わるのが「人権の私人間効力」（第3章第3節参照）の問題であり、一方、法人の国家権力からの自律性を重視する議論が「部分社会」論（第3部第3章第1節4参照）である。

　*法人あるいは団体　法人の社会的実在性を重視する立場に立てば、人権規定の適用可能性は、形式上の法人格の有無に関わらないことになる。判例は、表現行為による名誉侵害に関する「人格権としての個人の名誉の保護（憲法13条）と表現の自由の保障（同21条）」との調整問題について、「被害者が個人である場合と法人ないし権利能力のない社団、財団である場合とによって特に差異を設けるべきものではないと考えられる」としている（サンケイ新聞事件、最判昭和62・4・24民集41巻3号490頁）。

2　法人に適用されうる権利規定

　上記のような理解に立って考えるとすれば、まず第一に、選挙権・被選挙権などの参政権、生存権（憲法25条）、奴隷的拘束や苦役からの自由（18条）などのように、権利の「性質上」そもそも法人に適用することが想定できない権利規定が存在することはいうまでもない。第二に、法の下の平等（14条）、財産権（29条）や営業の自由（22条）などの経済的自由権、国家賠償請求権（17条）や裁判を受ける権利（32条）などの国務請求権、適正手続の保障をはじめとする一

定の刑事手続上の権利（31条・35条・37条・39条）など、権利の性質に照らして、法人一般にもその適用を認めることのできる、あるいは認めるべき権利規定が存在する。また第三に、宗教団体の信教の自由（20条）、報道機関の報道の自由（21条、博多駅テレビフィルム提出命令事件決定（最大決昭和44・11・26刑集23巻11号1490頁）で最高裁は放送会社の報道の自由の主張について、とくにその適格性を判断せずに実体判断を下している）あるいは学校法人の学問の自由（23条）などのように、法人の目的と性格から当該法人に適用の認められる権利規定もある。

3　権利保障の限界

　個別の権利規定がそれに相応しい法人に適用されるとしても、その権利保障の程度は、自然人の場合とはおのずから異なることはいうまでもない。とくに法人の経済的自由権については、社会権の実質的保障を実現するために、自然人の場合よりも広汎な積極的規制を加えることが許されるのである。これについては、憲法上の権利の性質、および法人の目的と性格に照らして個別的に検討すべきであるが、原理的には、法人による権利の行使が自然人のそれを不当に制限するものであってはならないという限界が存在すると考えられる。具体的には、①法人とその外部の個人との関係における限界と、②法人とその構成員たる個人との関係における限界がある。①は、企業・団体による政治献金の問題など、法人の巨大な経済的、社会的実力の行使が一般国民の政治的自由を不当に制限する効果をもたらす場合などについての、法人の権利保障の限界である。

　とくに②に関連して、法人の表現の自由や政治活動の自由とその構成員のそれとの矛盾・衝突が問題となってきた。八幡製鉄政治献金事件*において最高裁は「会社は、自然人たる国民と同様……政治的行為をなす自由を有するのである。政治資金の寄附もまさにその自由の一環であり、……これを自然人たる国民による寄附と別異に扱うべき憲法上の要請があるものではない」（最大判昭和45・6・24）と述べ、株主（＝法人の構成員）の政治活動の自由に対する考慮をまったく欠いたまま、法人の政治献金の自由を全面的に認めており、この点が多くの学説から厳しく批判された。

　この問題に対する判断枠組みとしては、法人を営利企業のような任意加入のものと弁護士会のような強制加入のものとに分け、後者の法人に認められる憲法上の権利行使は、それに至る意思形成過程が公正であることを前提として、その法人の社会的機能に関連するものに、具体的には法人の「目的の範囲内」の行為に厳格に限定されるという枠組みであると解される。

　南九州税理士会事件**において、最高裁は、税理士会は税務行政や税理士の制度等について権限ある官公署に建議し、その諮問に答申することを認められている（税理士法49条の12第 1 項）が、これと政治資金規正法上の政治団体に寄付を行うこととは同視できないとし、税理士に関わる法令の改正に関する要求を実現するためであっても、その思想・信条の自由を考慮することなく会員から特別会費を徴収し、その活動が税理士法改正運動に限定されない政治資金規正法上の政治団体である税理士政治連盟への寄付を行うことは、税理士法所定の税理士会の目的の範囲外の行為であるとして、本件決議を無効とした（最判平成 8・3・19民集50巻 3 号615頁）。税理士会が強制加入団体であることを前提として、本件寄付に関する決議が、その目的の範囲内のものかどうかを厳格に審査した判決として評価できよう。とくに、この判決が、政治資金規正法上の団体への政治献金について、「選挙における投票の自由と表裏を成すもの」とした点が重要である***。

　また、労働組合の政治活動と組合員の政治的自由との関係が争点となった国労広島地方本部事件において、最高裁は「（労働者の）組合脱退の自由も事実上大きな制約を受けていることを考えると、労働組合の活動として許されたものであるというだけで、そのことから直ちにこれに対する組合員の協力義務を無条件で肯定することは、相当でない」として、「具体的な組合活動の内容・性質、これについて組合員に求められる協力の内容・程度・態様等を比較考量し、多数決原理に基づく組合活動の実効性と組合員個人の基本的利益の調和という観点から、組合の統制力とその反面としての組合員の協力義務の範囲に合理的な限定を加えることが必要である」との判断基準を示している。そして、労働組合が組織として支持政党や統一候補を決定し、その選挙運動を推進すること自体は自由であるが、選挙運動支援金として臨時組合費を組合員から強制

的に徴収することはできないとした（最判昭和50・11・28民集29巻10号1698頁）。この判決は、本件の労働組合が実質的に強制加入団体となっていた現実を重視し、組合員の協力義務を合理的範囲に限定したものであると解される。

　　＊八幡製鉄政治献金事件　　八幡製鉄（現在の新日鉄）の代表取締役が会社の名において自由民主党に350万円の政治献金を行った責任を追及し、同社の株主が代表訴訟を提起した事件。最高裁は、一見定款所定の目的に関係のない行為でも、災害救援資金の寄付や地域社会への財産上の奉仕など会社に社会通念上期待ないし要請される行為を会社はなしうるとして、議会制民主主義の不可欠の要素である政党の健全な発展のためになされる政治資金の寄付も同様に、会社の社会的役割を果たすためになされたものと認められるかぎり、定款所定の目的の範囲内の行為であるとする。その上で、「憲法第三章に定める国民の権利および義務の各条項は、性質上可能なかぎり、内国の法人にも適用されるものと解すべきである」として、本文で述べたように会社に政治的行為をなす自由を広く承認し、それに憲法上の特別な制約を認めなかった。

　　＊＊南九州税理士会事件　　南九州税理士会は、総会で、税理士法を業界に有利な方向に改正するための運動資金として、南九州各県税理士政治連盟に寄付することを明示して、会員から特別会費5000円を徴収する旨の決議を行った。これに反対した会員が特別会費の納入を拒否したところ、役員選挙に際して選挙権・被選挙権を停止された。そこで会員が特別会費の納入義務の不存在確認と慰謝料を求める訴えを提起した事件。最高裁は、税理士会が「強制加入の団体であり、その会員である税理士に実質的には脱退の自由が保障されていないことからすると、その目的の範囲を判断するに当たっては、会員の思想・信条の自由との関係で……会員に要請される協力義務にも、おのずから限界がある」ことを考慮しなければならないと述べた上で、本文に示した理由により本件決議を無効とした。

　　＊＊＊群馬司法書士会事件　　強制加入団体である群馬司法書士会が、阪神・淡路大震災により被災した兵庫県司法書士会の復興支援のために、3千万円の拠出金を寄付することとし、会員から登録申請事件1件当たり50円を徴収する旨の総会決議を行った。これに対し、会員がこの決議は会員の思想・信条等を侵害し、公序良俗に反し無効であるとする訴えを起こした事件。最高裁は、司法書士会が「その目的を遂行する上で直接又は間接に必要な範囲で、他の司法書士会との間で業務その他について提携、協力、援助等をすることもその活動範囲に含まれる」ことを認め、司法書士会が「強制加入団体である」ことを考慮しても、本件負担金の徴収は、「会員の政治的又は宗教的立場や思想信条の自由」を害するものではないとした（最判平成14・4・25判時1785号31頁）。

第3章

人権の限界

第1節 「公共の福祉」と違憲審査基準 ●————●

1 人権の限界と「公共の福祉」

(1) 「公共の福祉」の意義

すでに見たように、人権は、その永久不可侵性をその本質としており、近代立憲主義憲法の嫡流に位置する日本国憲法は、基本的人権を「侵すことのできない永久の権利として」保障する (11条および97条)。しかし、このことは人権が絶対無制約であることを意味するものではない。それは、すべての個人に保障されるものであることから、社会生活を営む中で他者との関係で一定の制約を受けることはいうまでもないからである。

問題は、人権の制約がいかなる根拠に基づき、いかなる範囲や程度において認められるかである。日本国憲法施行の初期から、この問題は「公共の福祉」をめぐって活発に論じられてきた。すなわち、憲法は、一般的な形で、12条で国民は「常に公共の福祉のためにこれを利用する責任を負う」とし、13条で「生命、自由及び幸福追求に対する権利については、公共の福祉に反しない限り、立法その他の国政の上で、最大の尊重を必要とする」と定めるとともに、とくに経済的自由権については、個別的に22条1項と29条2項で「公共の福祉」による人権の制約を明示しているからである。

(2) 学 説

ⓐ **一元的外在制約説** 初期の最高裁は、人権の限界が争点となった事件で、人権はすべてその外側にある「公共の福祉」によって制約されるという学説（一元的外在制約説）の立場をとっていたと解される（たとえば、食糧緊急措置令11条の「煽動」処罰規定の合憲性に関して、最高裁は、憲法12条に言及した上で、

「新憲法下における言論の自由といえども、国民の無制約な恣意のままに許されるものではなく、常に公共の福祉によって調整されなければならぬ」と判示した（最大判昭24・5・18刑集3巻6号839頁））。この外在制約説では、憲法12条、13条の「公共の福祉」が人権の一般的制約根拠とされる結果、22条と29条2項の「公共の福祉」は他の人権規定と比較して制約を受けやすいという注意的な意味しかもたないこととなる。この説に対しては、「公共の福祉」を「公益」や「国家的利益」と捉え、それを抽象的な最高概念として、法律による人権の制約を容易に認めるものであり、明治憲法における「法律の留保」と何ら変わらないものとして厳しく批判された。

　ⓑ　**内在外在二元的制約説**　　これに対して、学説の多くは、外在的な制約原理である「公共の福祉」によって制約を受けるのは、それを個別的に明示している22条と29条の場合と国家の積極的な施策を求める社会権に限られるのであり、それ以外の人権については、権利が社会的なものであることに内在する制約が認められるだけであると主張した（内在外在二元的制約説）。この説については、①自由権と社会権を画然と区別できるのか、②この説では12条と13条が法的意味をもたない訓示規定とされるが、そうすると13条を「新しい人権」の根拠規定と解することができない等の問題が指摘された。

　ⓒ　**一元的内在制約説**　　現在の通説は、「一元的内在制約説」と呼ばれるものである（宮沢俊義『憲法Ⅱ（新版）』参照）。これは、「公共の福祉」を人権相互の矛盾・衝突を調整するための実質的公平の原理であり、この意味の「公共の福祉」は、すべての人権に論理必然的に内在するものであると説く。そしてこの原理は、自由権を各人に公平に保障するためにそれを制約する場合には、必要最小限度の規制のみを認め（自由国家的公共の福祉）、社会権を実質的に保障するために自由権を制約するときには必要な限度の規制を認めるとする（社会国家的公共の福祉）。通説にも、いくつか批判がある。一つは、内在的制約の意味が明確でないという批判である。これについては、憲法12条・13条の「公共の福祉」を内在的制約、22条・29条の「公共の福祉」を政策的制約（社会権の実現ないし経済的・社会的弱者の保護という観点からの制約）と二元的に捉えた上で、内在的制約とは「①他人の生命・健康を害してはならない、②他人の人間

としての尊厳を傷つけてはならない、③他人の人権と衝突する場合の相互調整
の必要、という観点から帰結される限界である」とする見解が有力である（浦
部法穂『憲法学教室（3版)』)。通説の意味をより明確にする見解として注目され
る。通説の「自由国家的公共の福祉」と「社会国家的公共の福祉」は、それぞ
れこの説の「内在的制約」と「政策的制約」に対応すると解される。そして、
この説のいう「内在的制約」は先に述べた「他者加害原理」に基づく制約であ
り、「政策的制約」は社会国家理念に基づく制約であって、財産権などの自由
権に内在する制約であると考えられる。もう一つの批判は、通説は、「必要最
小限度の規制」や「必要な限度の規制」といった抽象的な判断基準を示すのみ
で、具体的な事例において、人権を制約する法律の合憲性を判断する明確な基
準を示していないという批判である。

2　比較衡量論と「二重の基準」論

（1）　比較衡量論（個別的比較衡量論）

　具体的な事例ごとに人権制限の合憲性を判断する一つの方法が、比較衡量論
（個別的比較衡量論）である。これは、人権を制限する利益とそれを制限せずに
維持する利益とを比較して、前者の価値が高いと判断される場合には権利制限
を合憲とする、違憲審査の方法である。この審査方法では、制約される権利の
性質、内容、および規制の目的、必要性、内容だけでなく、代わりうる他の規
制手段や規制の程度なども衡量される。最高裁は、1960年代後半、「公共の福
祉」というマジック・ワードによって人権を安易に制約するというそれまでの
立場を改めて、この比較衡量論を採用した。公務員の労働基本権の制約のあり
方が争点となった全逓東京中郵事件（第10章第5節4参照）では、最高裁は
「労働基本権を尊重確保する必要と国民生活全体の利益を推進増進する必要と
を比較衡量」して、その制限は「合理性の認められる必要最小限度のものに」
限られるとし（最大判昭和41・10・26刑集20巻8号901頁)、また取材の自由の限界が
争点となった博多駅事件（第6章第4節3参照）でも、公正な刑事裁判の実現
と報道機関の取材の自由とを比較衡量して、取材フィルムの提出によって報道
機関が受ける不利益が必要な限度をこえない配慮が必要であるとした（最大決

昭和44・11・26刑集23巻11号1490頁）。最高裁は、その後の多くの判決でもこの手法を用いている。

　個別の具体的状況を踏まえて、対立する利益の衡量を行い妥当な結論を導くものとして評価されるが、①比較の基準が不明確で、比較対象の選択が恣意的になるおそれがあり、②多くの場合、国家的利益と個々の国民の権利とが比較されることから、秤はどうしても前者の方に傾く（安易に立法裁量を認める）などの問題点がある。しかし、この手法は、たとえば表現の自由とプライバシーの権利などのように、同じ程度に重要な権利の調整を行う際には有効な審査方法である。

（2）　「二重の基準」論

　このような比較衡量論の問題点を克服し、一元的内在制約説の趣旨を具体的な違憲審査基準として準則化する上で重要な理論が、アメリカの判例法に基づく「二重の基準（double standard）」論である。

　この理論は、精神的自由が立憲民主政の政治過程にとって不可欠な権利であることを主たる理由として、経済的自由に比べて「優越的な地位」を占めるとし（その論拠については第6章第1節参照）、精神的自由を制約する法律の違憲審査基準は、経済的自由の制限立法について用いられる「合理性の基準」（立法目的と達成手段について一般人を基準として合理性が認められるかを審査するもので、合憲性の推定が働く）ではなく、より厳格な審査基準が用いられるべきであるとする理論である。

　その根拠としては、①民主的政治過程論と②裁判所の審査能力の限界があげられる。すなわち、第一に、経済的自由の制約立法の場合は、民主的な政治過程が正常に機能しているかぎり、それを通して問題の法律が是正されることが期待でき、裁判所は強く関与しないことが許される。一方、精神的自由とくに表現の自由を制約する立法は、投票箱を通じての民意の反映という政治過程それ自体を傷つけることから、政治過程を通じての是正はきわめて困難になる。そこで、裁判所が積極的に介入せざるをえないのである。第二に、経済的自由の規制は、経済政策や社会政策といった政策判断と結びついており、これらの当否について審査する能力に乏しい裁判所としては、とくに明白に違憲と認め

られないかぎり、民意を反映すると考えられる国会の判断を尊重することが望ましいという根拠である。

　学説は一般に、二重の基準論の考え方を支持している＊。最高裁も、経済的自由に関する事件において「職業の自由は、それ以外の憲法の保障する自由、殊にいわゆる精神的自由に比較して公権力による規制の要請」が強いと述べるなど（薬事法事件、最大判昭和50・4・30民集29巻4号572頁）、一般論としては、二重の基準論の考え方を認めるような表現も用いている。しかし、現在までのところ、最高裁が精神的自由を制約する法律を違憲と判断したことはなく、精神的自由ついて、より厳格な審査基準を十分な形で示してきているとはいえない（猿払事件、最大判昭和49・11・6刑集28巻9号393頁参照）。ただ最高裁は、経済的自由については、この考え方を具体化する審査基準を形成してきている（第7章第1節2参照）。

　　＊違憲審査基準論と三段階審査論　　学説（芦部説）は、この二重の基準論に基づいて、精神的自由と経済的自由の階層化に止まらず、経済的自由の消極目的規制、生存権立法、労働基本権の制限、プライヴァシー権・自己決定権の制約、性別・社会的身分による差別など広い人権領域について、「厳格な合理性の基準」が妥当することを主張し、「厳格審査基準」「厳格な合理性の基準」「合理性の基準」という3つの違憲審査基準の適用のあり方を論じ、学界に大きな影響を与えてきた（違憲審査基準論）。この学説の立場からすると、判例は違憲審査基準を明確にすることなく個別的比較衡量を多用しており、大きな問題を抱えていることになる。

　　これに対して、近年ドイツの憲法裁判所の判例を研究している複数の研究者から、わが国の判例を理解するためには、アメリカの判例理論に基づく違憲審査基準論よりもドイツの憲法裁判所が生み出してきた三段階審査論の方が適しているのではないかという指摘がなされてきた。三段階審査論では、①第一段階として、問題となっている行為・自由が基本権（防御権＝自由権）の保護領域にあるかどうか、保護領域にあれば、②第二段階として、国家行為が基本権を制限しているかどうか、そして③第三段階として、その基本権制限が例外的に正当化できるかどうかが検討される。この正当化の段階においては、(ⅰ)形式的な正当化要件と(ⅱ)実質的な正当化要件を満たすかどうかが問題とされる。(ⅰ)では、(a)法律の留保原則（基本権制限が法律上の根拠に基づくものか）と(b)規範の明確性の要件を満たすかが審査される。次に(ⅱ)では、(c)規制目的の正当性を前提とした上で、(d)広義の比例原則を満たさなければならない。この比例原則の審査においては、(α)規制手段が目的を達成するために適合的であること（適合性）、(β)規制手段が目的を達成するために必要であること（必要性）、(γ)規制により得

られる利益と失われる基本権利益が均衡していること（狭義の比例原則）が検討される。

　　この三段階審査論には、保護領域、基本権（自由権）制限、制限の正当化という三段階を踏むべきことを明確に意識させることによって、違憲審査のあり方を明確化させるものとして評価できる面がある。他方、違憲審査基準論との主な違いは、(d) 広義の比例原則による審査の箇所であるが、違憲審査基準論が裁判官による憲法解釈・憲法判断が主観的な性格を免れないことを前提に、それを厳格度の異なる 3 つの審査基準を立てることによって統制することを狙うものであるのに対し、比例原則による審査は、裁判官が事案の具体的な諸事情を考慮して柔軟に合憲性を判断できる枠組みとなっている。こうした柔軟な枠組みがわが国の裁判官に好まれるものであることは間違いないとしても、そこでは、問題となっている憲法上の権利の性格や制限の態様等を考慮して審査の密度が決められており、「比例原則はスライディング・スケールとなっている」と批判される面も持っている。今後、三段階審査論が、わが国の違憲審査制の運用に関する優れた理論枠組みとなるためには、比例原則適用の指針や適用に際しての考慮事由（比例原則の厳格度の決定要因）を明確にすることがぜひとも必要であると考えられる（市川正人「最近の『三段階審査』論をめぐって」法律時報83巻 5 号（2011年）、芦部『憲法（7 版）』参照）。

第 2 節　「公法上の特別な法律関係」

1　特別権力関係の理論とその問題点

　以上述べてきたのは、一般国民についての、人権の限界の問題であったが、国民の中には、特別な法律上の原因に基づいて国家と特別な法律関係に入る者もある。こうした原因には、公務員となり、国公立大学に入学するなど、本人の意思に基づくものと、刑事施設被収容（在監）者や伝染病の強制入院患者などの場合のように法律の規定に基づくものとがあり、そこでは、一般国民と異なる特別な権利の制限が許されると考えられてきた。こうした特別な権利制限を説明するために、明治憲法の時代から主張されてきたのが、「特別権力関係」の理論である。

　この「特別権力関係」の理論によれば、①こうした関係にあっては法治主義の原則が斥けられ、公権力は命令権、懲戒権などの包括的な支配権をもち、②この関係に服する者に対して、一般国民として保障される権利や自由を法律の

根拠なく制限でき、さらに③この関係内部の行為には原則として司法審査が及ばないものとされた。

　しかし、日本国憲法は、徹底した「法の支配」の原理に基づいて、国会を「唯一の立法機関」（41条）とし、すべての国家行為に裁判所による司法審査が及ぶこと（81条）を明示しており、この理論が日本国憲法の下で妥当しないことは、いうまでもない。また、この理論に対しては、公務員関係や刑事施設被収容（在監）関係など、性格の大きく異なる法律関係にある者を、「国家権力と特別な法律関係にある」というきわめて形式的なカテゴリーでとらえて、大幅な権利制限を安易に認めている点についても厳しく批判された。最高裁も、在監者の権利制限が争点となった事件で、「特別権力関係」という観念を使っていない（よど号ハイジャック記事抹消事件、最大判昭和58・6・22民集37巻5号793頁）。

　そこで、国家と特別な法律関係にある者について、一般国民とは異なる特別な権利制限を認めるとしても、それぞれの法律関係について、いかなる人権が、どんな制限根拠によって制約されるのか、その範囲と程度が具体的に検討されなければならない。公務員関係と刑事施設被収容（在監）関係についてみてみよう。

2　公務員

　明治憲法の下で「天皇の使用人」とされた官吏について適切な理論であった伝統的な「特別権力関係」の理論が、国民主権の原則の下で公務員を「全体の奉仕者」と規定し（15条）、その関係を法律事項とする（73条4号）現行憲法にあっては、もはや妥当しないことは明らかである。公務員の人権制限について、現在の通説は、憲法が公務員関係の存在と自律性を憲法秩序の構成要素として認めていること（15条・73条4号）にその根拠を求める（芦部『憲法（7版）』参照）。その場合でも、制限は必要最小限度のものでなければならない。

　公務員の人権制限の問題としては、これまでとくに①労働基本権と②政治活動の自由の制限の問題が論じられてきた。

　公務員の労働基本権は、各種の法律によって厳しく制限されているが、戦後の労働運動の中で、公務員関係の労働組合が大きな役割と影響力をもってきたことから、その労働基本権の制限の問題は単に法律上の問題としてだけではな

く、社会的にも大きな注目を集めてきた問題である。これについては、後述の労働基本権のところ（第10章第 5 節）で詳しく検討することとする。

　政治活動の自由の制限については、国家公務員法102条とその委任を受けた人事院規則14- 7 が国家公務員の政治活動を全面的に禁止しており、さらにその違反に対しては懲戒罰だけではなく刑事罰を科していること（国家公務員法110条 1 項19号）が問題となる（地方公務員については地方公務員法36条が、その他の公務員については裁判所法52条 1 号、警察法10条 3 項などが、それぞれ厳しい制限規定を設けている）。

　政党政治の下では、行政の政治的中立性が保たれて初めて、公務員関係の自律性が確保され行政の継続性と安定性が維持されるのであり、そのために公務員の政治活動の自由が一定の制限を受けることは憲法が予定するところである。しかし、一方で公務員も職務を離れれば一市民であることから、その制限は、行政の政治的中立性の確保という目的にとって必要最小限度のものでなければならない。公務員が公権力と特別な関係にある者であることを考慮すると、違憲審査基準としては、「より制限的でない他の選びうる手段（LRA）」の基準が妥当であると解される（第 6 章第 4 節 2 （ 4 ）参照）。こうした理解に立てば、現行法上の規制は政治活動の一律全面禁止であり（その意味で表現の内容規制である）、懲戒罰だけでなく刑事罰も科していることから、違憲の疑いが強い。にもかかわらず、国家公務員法のこの規定の合憲性が争われた猿払事件＊において、最高裁は、同規定による国家公務員の政治活動の一律全面禁止を「単に行動の禁止」にすぎないとし、禁止によって生ずる不利益をその「限度での（意見表明の自由に対する）間接的、付随的な制約」にすぎないと判断して、立法目的と規制手段との間に抽象的・観念的な関連性があればよいとする、いわゆる「合理的関連性」の基準を初めて示して、これを合憲とした（最大判昭和49・11・ 6 刑集28巻 9 号393頁）。この判決は、学説から厳しく批判された。

　　＊**猿払事件**　　北海道猿払村の現業の郵便局員が、勤務時間外に所属する組合の支持する政党の候補者の選挙用ポスターを公営掲示板に掲示し、掲示のために他の者に配布した行為が、国家公務員法に違反するとして起訴された事件。一審判決は、LRA の基準を用いて、本件のような行為に適用される限度において、同法の規定は行為に対する制

裁として合理的な限度をこえるものであり、憲法21条、31条に違反する（適用違憲）とし、被告人を無罪とした（旭川地判昭和43・3・25下刑集10巻3号293頁）。二審もこれを支持したが、最高裁は、①立法目的の正当性、②立法目的と規制手段との間の合理的関連性、③禁止によって得られる利益と失われる利益との均衡の3点から検討すべきであるとして、①「行政の中立的運営とこれに対する国民の信頼の確保」という立法目的は正当であり、②この目的と「政治的行為」の禁止との間には「合理的な関連性がある」とともに、③その「禁止により得られる利益」は「失われる利益に比してさらに重要」であるとして、合憲判断を下した。最高裁は、その後、管理職的地位にない社会保険庁職員が政党機関紙の号外等を配布した事件（堀越事件）で、国家公務員法102条1項が禁止する「政治的行為」を「公務員の職務の遂行の政治的中立性を損なうおそれが、観念的なものにとどまらず、現実的に起こり得るものとして実質的に認められるもの」に限定する解釈を示して、本件の行為はこの構成要件に該当しないと判断し被告人を無罪としており、注目される（最判平成24・12・7刑集66巻12号1337頁）。

3　刑事施設被収容（在監）者

　従来、刑事法の規定を原因とする受刑者や未決拘留者に関する法律関係は、より強度で一方的な支配服従関係がみられるため、とくに特別権力関係の理論になじみやすい性質のものとして、公務員の場合以上に大きな権利制限が認められると考えられてきた。しかし、現在の通説は、制限の根拠を公務員の場合と同じく、憲法が刑事施設被収容（在監）関係とその自律性を憲法的秩序の構成要素として認めていること（18条・31条）に求めるべきであり、その制限は、逃亡や罪証隠滅などの防止、紀律維持、および受刑者の矯正教化という在監目的を達成するために必要最小限度にとどまるものでなければならないとする。

　これに対して判例は、刑務所の喫煙禁止規制に関する事件で「（喫煙禁止の）制限が必要かつ合理的なものであるかどうかは、制限の必要性の程度と制限される基本的人権の内容、これに加えられる具体的制限の態様との較量のうえに立って決せられるべき」であるとし（最大判昭和45・9・16民集24巻10号1410頁）、比較的緩やかな審査基準を示していたが、1983年のよど号ハイジャック記事抹消事件*で最高裁は、新聞閲読の自由が憲法上保障されるものであることを初めて認め、監獄長による閲読制限が許される判断基準について、具体的事情の下で、監獄内の紀律および秩序の維持にとって放置できない障害が生ずる「相当の蓋然性」が必要であるとして、より厳格な審査基準を示した。しかし、

「相当の蓋然性」の存否の判断については、監獄長の裁量的判断に合理性があるかぎり適法であるとした（最大判昭和58・6・22民集37巻5号793頁）。

＊よど号ハイジャック記事抹消事件　東京拘置所に未決勾留されていた原告らは新聞を定期購読していたが、同拘置所長は「よど号」ハイジャック事件に関する記事を旧監獄法令にいう「犯罪の手段、方法等を詳細に伝えたもの」にあたるとして、墨で塗りつぶして原告に配布した。これに対し、原告らは本件処分の根拠とされた旧監獄法令は、憲法19条、21条に違反することから同処分は違法であるとして、国家賠償を求めた事件。最高裁は、本文で述べた判断を示して原告らの上告を棄却した。

第3節　私人間の人権保障　●━━━━━━━━━●

1　社会的権力による権利侵害と憲法

　従来、人権規定は、国家権力との関係で、国民の権利や自由を保障するものであると理解されてきた。たしかに、近代のある時期までは、市民の権利や自由に対する最大の脅威は国家であり、したがって、国家からの侵害に対する権利保障システムを作り上げれば、それで十分である。私人間の関係は、私的自治に委ねればよいと考えられたのである。ところが、20世紀に入って私的自治は、実質的な不自由と不平等を生み出すことが広く認識されることとなり、企業、労働組合、マス・メディアなどの強大な社会的権力による権利侵害から個人を救済する課題が強く意識されるようになった。

　現代憲法が社会国家の要請に応えて生み出した労働基本権は、企業という社会的権力との関係で労働者の生存権を保障しようとするものであり、出発点において、私人（私法上の団体）に向けられた憲法上の権利である。また、自由権や平等の保障規定についても、社会的権力による思想・信条の自由の侵害、プライヴァシーの侵害あるいは性差別などの問題を通して、社会的権力＝私人に対する適用の必要性が高まっている。

　こうした課題に応えるために、憲法解釈論上、どのような法的な構成をとるべきであるかという問題が、私人間における人権の保障の問題である。

2　三つのアプローチ

　この問題に対しては、三つの解釈論がある。これらを説明する前に、留意すべきことがある。それは、具体的で個別的な立法措置が講じられ、人権規定が、すでに社会的権力に対する関係で十分な実効性をもっている場合には、こうした議論は不必要であり、ここで問題にしているのはそれ以外の場合のことであるという点である（たとえば、男女雇用機会均等法が憲法14条の性差別の禁止規定を雇用関係において具体化している例など）。

　第一は、上記の問題意識をストレートに憲法の解釈論として構成しようとするものであり、直接適用説といわれる。この立場は、人権条項は、公法、私法を問わず全法領域の基本原則であることから、私人に対しても直接的に人権条項の適用を主張できるとする。第二に、無適用説（無効力説）がある。伝統的な考え方から、直接適用説を批判するものであり、憲法上の人権規定は本来、国家に向けられたものであるから、私人間の問題には適用されないとする。第三は、間接適用説と呼ばれるものであり、憲法条項はそもそも国家に向けられたものであるという無適用説の前提をとりながら、直接適用説の問題意識を実現しようとする解釈論である。すなわち、人権規定は直接には私人には適用されないのであるが、法律の概括的条項、とくに私法の一般条項（たとえば、公序良俗に反する法律行為は無効であると定める民法90条など）を人権規定の趣旨を取り込んで解釈適用することによって、間接的に私人の行為を規律しようとする見解である。

　通説・判例とも、第三の間接適用説をとっている。通説は、直接適用説には、次のような問題点があるとして、間接適用説を擁護する。すなわち、①人権条項の直接適用を認めると、現代においても市民社会の基本原則として重要な私的自治の原則が広く害されること、②人権にとって最も恐るべき侵害者は、現在でもなお国家であり、すべての人権規定に直接適用を認めることは、国家権力に対抗する人権の本質を変質ないし希薄化するという結果を招くおそれがあること、そして③自由権と社会権の区別が相対化している中で、複合的な性格をもつ権利について直接適用を認めると、自由権が制限されるおそれが生ずること（たとえば「知る権利」を報道機関と市民の間に直接適用すると、報道機関に

対する国家権力の介入を認める契機となり、報道の自由が侵害されるおそれが出て
くる）、である。また、直接適用説も、人権規定が私人間に適用される場合に
は、その効力が相対化することを認めるのであれば、実際上は間接適用説とほ
とんど異ならないことになるとする（芦部『憲法（7版）』参照）。ただ、間接適用
説の論者も、憲法15条4項、18条、24条1項、27条3項、28条などのように、
権利条項の趣旨や目的から判断して、私人間に直接適用される憲法上の権利が
あることを認めている。

　なお、①私人間における超実定法的な権利である「自然権」の調整は、自然
権の実定法化を可能にしている法律の役割であり、具体的には、民法2条は個
人の尊厳が民法の解釈を導くべき基本的価値であることを確認しており、民法
90条や709条などの活用によってそれはなし得ること、および②憲法上の権利
は、あくまでも国家を名宛人とするものであるにも関わらず、間接適用説によ
れば私人も憲法の名宛人になってしまい、立憲主義の憲法観の大幅な修正をも
たらすことを理由として、改めて無適用説を主張する学説もある（新無適用説、
高橋和之『立憲主義と日本国憲法（5版）』参照）。

3　間接適用説の適用

　最高裁は、三菱樹脂事件判決*において間接適用説の枠組みをとることを明
らかにした。この判決の中で、最高裁は、憲法の自由権や平等を保障する規定
は、「もっぱら国または公共団体と個人との関係を規律するものであり、私人
相互間の関係を直接規律することを予定」していないとした上で、民法1条、
90条あるいは不法行為に関する諸規定の運用によって、私的自治と自由権・平
等との間の適切な調整を図ることができるとした（最大判昭和48・12・12民集27巻
11号1536頁）。ところがこの枠組みの下で、最高裁は、原告の主張する思想・信
条の自由や平等よりも、企業の経済活動の自由を重くみて調整を行っており、
二重の基準論を逆向きに適用するものと批判された。

　学則に違反する政治活動を行ったことを理由に退学処分を受けた学生がその
処分は憲法19条、21条に違反し無効であると主張した昭和女子大事件**にお
いて、最高裁は、三菱樹脂判決を引用して人権規定の直接適用を否定し、私立

大学の独自性を強調して、処分は学長のもつ懲戒権の裁量の範囲内のものであるとした（最判昭和49・7・19民集28巻 5 号790頁）。

　こうした中で、間接適用説の枠組みを生かした日産自動車事件判決***が注目される。本件で、最高裁は、憲法14条 1 項をあげながら、男女別定年制は「性別のみによる不合理な差別を定めたものとして民法90条の規定により無効である」とした（最判昭和56・3・24民集35巻 2 号300頁）。間接適用説も、この判決のように、権利侵害を受けている側の人権を重視して「調整」を行えば、社会的権力による権利侵害を規律するために活用しうると考えられる。

> **＊三菱樹脂事件**　　東北大学卒業後、三菱樹脂株式会社に雇用された原告は、入社試験の際に在学中の学生運動歴などを隠していたことを理由として、3 ヶ月の試用期間満了間際になって、本採用を拒否された。そこで、原告が本採用拒否の効力を争って出訴した事件である。最高裁は、本文で指摘したような形で、思想・信条の自由や法の下の平等と、企業の経済活動の自由との調整を行うとともに、企業が労働者の採用にあたってその思想、信条を調査し、そのためにそれを申告させても違法ではないとした。
> **＊＊昭和女子大事件**　　原告両名が、大学当局に無届あるいはその許可を受けずに「政暴法」反対の署名運動を行い、学外の政治団体に加入してその政治活動に参加したことが、学則の細則である「生活要録」に違反するとして自宅謹慎を申し渡された。原告らはその後も大学側の取調べの様子をラジオ放送などを通じて公表し、大学側と対立する行動をとったことから、大学は両名を退学処分とした。そこで原告らが「生活要録」は憲法19条、21条に違反するとして、学生たる身分の確認を求めて出訴した事件。
> **＊＊＊日産自動車事件**　　男子55歳、女子50歳の定年制を定めた就業規則により退職を命じられた日産自動車の女子従業員が、この規定の不合理性を理由として、雇用契約存続の確認を求めた訴訟事件。

4　事実行為による人権侵害

　事実行為によって人権が侵害される場合には、法律行為に基づく侵害（たとえば、日産自動車事件のケース）の場合とは異なり、前述の三菱樹脂事件判決が説示する通り、その救済のために、民法709条等の不法行為に関する規定を通じて人権規定を間接適用することが検討されることになる。その場合に、こうした事実行為の違法性を裏づけ、強化するものとして、アメリカの判例理論である「国家行為（state action）」の理論の活用の可能性を考えることができる。

　この理論は、人権規定が公権力に向けられたものであることを前提とした上

で、①私人の行為自体が国家の行為に準ずるような高度に公的な性格をもつ場
合（会社の所有し運用する会社町が街頭での宗教的文書の頒布を禁止する場合など）
と、②私人の私的行為に国家がきわめて重要な程度まで関わった場合（公共施
設の内部で食堂を経営している私人が黒人差別を行った場合など）には、その私人
の行為を国家行為と同視して、憲法を適用するという理論である。

5　私人間効力が認められる場合の類型化

　それでは、通説の間接適用説を前提として、どんな場合に人権規定が私人間
においても適用されることになるであろうか。第一の類型は、私人の行為が憲
法の明文上または解釈上、私人をも拘束すると考えられる規定である「公の秩
序（公序）」的な規定に違反した場合である。まず、憲法の人権規定の中には、
明文上、国家に対してだけでなく、私人にも直接向けられている規定がある。
具体的には、15条4項の「選挙人は、その選択に関し公的にも私的にも責任を
問われない」や27条の「児童は、これを酷使してはならない」などである。ま
た、解釈によって、社会の「公序」を形成していると考えられる規定がある。
14条1項の禁止する差別の中でも、人種差別や女性差別のような生まれによる
差別を禁止する規定は、封建制を否定した近代社会の基本的な法秩序の一つで
あると考えられ、私人にも当然適用される。

　第二の類型は、人権を侵害する側の私人（侵害主体）が国家に類似するよう
な存在として、「権力」的要素を持っている場合である。具体的には、当該私
人が国家と特別な関係にあり、国の代理人的な地位にある場合であり、たとえ
ば、電気、ガスなどの公益事業を営む企業が、ある種の個人に対して、反社会
的な団体の構成員だという理由で、不当な供給拒否をする場合などがこの類型
に当たることになろう。これは先に述べたアメリカの「国家行為」の理論の考
え方に基づくものであり、この場合には当該私人の活動が国家の活動の一部と
みなしうるからである。（浦部『憲法学教室（3版）』参照）。

第4章

包括的基本権

第1節　包括的基本権としての幸福追求権 ●────●

1　憲法13条──「新しい権利」の揺籃

　憲法上の権利保障規定は、歴史的に国家権力によって侵害されることの多かった重要な権利や自由を列挙したものであり、必ずしも網羅的なものではない。人権の固有性のところ（第1章第2節2）で述べたように、その内容は時代とともに変容するものであり、新しい人権が憲法解釈を通じて、憲法上の権利となることが当然想定されている。アメリカ合衆国憲法第9修正が「この憲法に一定の権利を列挙したことをもって、人民の保有する他の諸権利を否定しまたは軽視したものと解釈してはならない」と規定しているのは、この点を明記したものである。

　こうした社会の変動に伴って、新しい人権が憲法上の権利となる際の根拠となる一般的かつ包括的な権利が、憲法13条前段の「個人の尊重」原理を受けた、同条後段の「生命、自由及び幸福追求権」（幸福追求権）である。その意味で、憲法13条は、まさに「新しい権利」の揺籃というべきである。そして、この幸福追求権によって基礎づけられる個々の権利は、裁判上の救済を受けることのできる具体的権利であると解されている。最高裁も、同様に具体的権利性を認めている（京都府学連事件、最大判昭和44・12・24刑集23巻12号1625頁）。

2　幸福追求権の意義

　それでは、幸福追求権とはどのような意義をもつ権利であり、また、憲法に列挙された個々の人権とはどのような関係に立つのであろうか。

　まず、幸福追求権の意味内容については、①一般的行為自由説と②人格的利

益説という二つの学説が対立している。①によれば幸福追求権は個別の人権を包括する基本権であり、その内容は、服装、髪型、自動車やバイクの運転の自由など、あらゆる生活領域に関する行為の自由（一般的行為自由）を含むものであるとする。一方、②は、幸福追求権の内容を限定し、個人の人格的生存に不可欠な利益を内容とする権利の総体と解する*。通説は、①の一般的行為自由説には、次の二つの問題点があることを指摘して、人格的利益説をとる。すなわち、第一に、一般的行為の自由が憲法上保護されるとすると、殺人や脅迫も憲法が保障する行為になり、範囲限定をせざるをえない。この限定を「公共の福祉」に反しないかぎりという形で行うと、裁判官の主観的判断の働く領域が大きくなりすぎるという問題が生じ、もしこの限定を「他者を害しないかぎり」という「他者加害原理」の観点で行うと自殺の自由を憲法が保護することになる。第二の問題点は、この説によると憲法上の権利のインフレ化を招くという点である。憲法上の権利というからには、憲法が列挙している個別の人権と同程度の質をもつことが期待されるのであるが、散歩の自由、ダイエットの自由が憲法上の権利ということになれば、人権観念自体の価値が低下せざるをえないという問題である。

　次に、憲法に列挙された個別の人権との関係については、包括的基本権としての幸福追求権は個別の諸権利を補完するものとして、一般法（幸福追求権）と特別法（個別の人権保障規定）の関係に立つものと理解される。

　このことは、二つの意味をもつ。一つは、個別の人権規定によってカヴァーされない新しい権利の根拠として幸福追求権が援用されるということであり、もう一つは、たとえば、従来は単なる経済的自由として理解されてきた職業選択の自由について、幸福追求権と関連させることによって、人格的自律の要素が付け加えられるという、補充的な意味である。

　　＊ハンセン病訴訟　　「らい予防法」（1953年制定の新法）に基づき国立療養所に入所していたハンセン病患者らが、厚生大臣により遂行された隔離政策の違法性、国会議員が新法を制定した立法行為および新法を1996年まで廃止しなかった立法不作為の違法性などを主張して、国に損害賠償を求めた訴訟事件。熊本地方裁判所は、新法の隔離規定が「居住・移転の自由を包括的に制限するものである」と述べた上で、「人として当然に持

っているはずの人生のありとあらゆる発展可能性〔を〕大きく損な」うような「人権制限の実態は、単に居住・移転の自由の制限ということで正当には評価し尽くせず、より広く憲法13条に根拠を有する人格権そのものに対するものととらえるのが相当である」として、損害賠償を認めた（熊本地判平成13・5・11判時1748号30頁）。国は控訴を断念したため、本判決が確定し、「ハンセン病療養所入所者等に対する補償金の支給等に関する法律」（平成13法63）が制定された。

第2節　プライヴァシーの権利 ●━━━━━━━━━━━━━●

1　わが国におけるプライヴァシーの権利の承認と展開

　プライヴァシー（privacy）の権利は、アメリカ判例法の影響を受けて、60年代の中頃以降に、わが国でも憲法13条の幸福追求権を根拠として裁判上の承認を受けた比較的新しい権利である。

　アメリカで、それはまずイェロー・ジャーナリズムの被害者となった個人を救済することを目的とした「ひとりで放っておいてもらう権利（＝ right to be let alone)」として、①個人の私生活に関する情報を公表されない自由と、②私事に属する領域に他人の侵入を受けない自由を意味する不法行為法上の権利として裁判所の承認を受け、その後、憲法上の権利として合衆国最高裁の承認を受けることになる（Griswold v. Connecticut, 381 U.S. 479（1965))。

　わが国でも、プライヴァシーの権利は、まず1964年の「宴のあと」事件*一審判決で、「私生活をみだりに公開されない法的保障ないし権利」と定義される、私法上の権利（人格権）の一つとして承認された（東京地判昭和39・9・28下民集15巻9号2317頁）。その後、最高裁は京都府学連事件**において、警察権等の国家権力の行使に対しても、「個人の私生活上の自由の一つとして、何人も、その承諾なしにみだりにその容ほう、姿態を撮影されない自由を有する」として、これを憲法13条を根拠とする憲法上の権利として認めた（最大判昭和44・12・24刑集23巻12号1625号）。さらに、前科照会事件***で、最高裁は「前科及び犯罪経歴は、人の名誉、信用に直接関わる事項であり、これをみだりに公開されないという法律上の保護に値する利益」があることを認め、「漫然と弁護士会の照会に応じ、前科等のすべてを報告することは、公権力の違法な行使にあ

たる」とした（最判昭和56・4・14民集35巻3号620頁）。こうして、プライヴァシーの権利は、判例上承認されてきたと考えられるのである。

　ところでなぜ、このような権利が認められる必要があるのだろうか。私達は、自己の尊厳性とアイデンティティ（自分が自分であること）を維持しつつ、他者とさまざまな関係を形成しながら生活している。その際、関係性に応じて他者を自己の私的領域にどの程度招き入れ、自己の私的事柄をどの程度伝えるかについて、自ら判断することができなければ、とうてい自らの尊厳性と自分らしさを保持しながら、自己を十分に発展させることはできない。このことは、まずもって他者が無断で私達の私的領域に立ち入ることを排除する権利（私的領域への干渉の排除）として現れるが、それは視点を変えて情報という視点でみれば、私達が自己に関する情報を他者にどの程度伝えるかについて自らコントロールする権利をもつということにほかならない。このように、当初、私的領域への干渉の排除という消極的な形で権利性を認められたプライヴァシーの権利は、より積極的な自己情報についてのコントロール権（情報プライヴァシー権）として捉え直されていく原理的な必然性をもっているといえる。

　しかし同時に、私的領域への干渉の排除という消極的意味でのプライヴァシーの権利には、情報という観点では捉えきれない、①後に述べる「自己決定権」に関わる要素、および②住居に侵入されない権利、みだりに採尿検査や所持品検査を受けない自由などの物理的・空間的な意味での私的領域への干渉の排除の要素（この多くは、従来、憲法31条以下の人身の自由に関する個別条項によって保護されてきたものであり、プライヴァシーの権利による保護は、それらによって保護されない部分についての補充的なものである）をもっていることに注意をしなければならない。

　　＊「宴のあと」事件　　元外務大臣で東京都知事選に立候補して落選した原告が、三島由紀夫の小説『宴のあと』によって自らのプライヴァシーが侵害されたとして、三島とこれを出版した新潮社を相手取り、謝罪広告と損害賠償を請求した事件。東京地裁は、プライヴァシーの権利性の根拠を憲法13条の個人の尊厳に求め、プライヴァシー権の侵害が不法行為を構成するための成立要件を示した上で、本件についてその侵害を認め、被告に80万円の損害賠償の支払いを命じた。
　　＊＊京都府学連事件　　京都府公安条例に基づくデモ行進の許可条件違反等の視察、採

証にあたっていた警察官がデモ隊の写真を無断で撮影したことの適法性が争われた事件。最高裁は、本文で述べたように、憲法上の権利として「承諾なしに、みだりにその容ぼう、姿態を撮影されない自由」を認め、「これを肖像権と称するかどうかは別として、少なくとも、警察官が、正当な理由もないのに、個人の容ぼう等を撮影することは、憲法13条の趣旨に反し、許されない」とした。

＊＊＊前科照会事件　　原告の解雇をめぐり、原告と係争中であった会社側の弁護士は、弁護士法32条に基づき京都市区役所に原告の前科等について照会し、区役所からそれに関する回答を得た。そこで、原告がプライヴァシー等に関係する「自己の前科や犯歴を知られたくない権利」を侵害されたとして、京都市に対して損害賠償を求めた事件。

2　自己情報コントロール権（情報プライヴァシー権）

　「自己情報コントロール権」とは、「自己に関する情報を、いつ、どのように、どの程度まで他者に伝達するかを自ら決定する権利」であり、国家や他者に対抗する自由権の側面（「個人に関する情報をみだりに、収集されないあるいは第三者に開示、公表されない自由」）だけでなく、それらが扱う自己情報について、積極的に、閲覧、訂正、削除、そして目的外の利用禁止などを求める請求権の側面を合せもっている。この権利が主張されるようになった背景には、先に述べた原理的な要請に加えて、国家や民間の企業などがコンピュータ・テクノロジーを使って個人情報を収集、蓄積、利用し、私達のまったく知らないところで私達のイメージを勝手に形成しており、誤った個人情報や個人イメージが伝播、流通することもまれではないという現代的な状況がある。

　最高裁も、江沢民講演会名簿提出事件＊において、私人間の問題についてであるが、学籍番号、氏名、住所、電話番号という個人情報に関して「本人が、自己が欲しない他者にはみだりにこれを開示したくないと考えることは自然なことであり、そのことへの期待は保護されるべきものであるから、本件個人情報は、原告らのプライヴァシーに係る情報として法的保護の対象になる」との判断を示し（最判平成15・9・12民集57巻8号973頁）、住基ネット訴訟＊＊においては、国家との関係で、憲法13条により「個人の私生活上の自由の一つとして、個人に関する情報をみだりに第三者に開示又は公表されない自由」が保障されているとして、この自己情報コントロール権の自由権の側面について、その権利性を認めている（ただ、住基ネットによって管理・利用等される6項目の本人確認情

報は、「個人の内面に関わるような秘匿性の高い情報とはいえない」とした）（最判平成20・3・6民集62巻3号665頁）。

　もっとも、この自己情報コントロール権は、請求権の側面を大きくもつことからそれを広く具体化するためには法令の根拠が必要である。地方公共団体では早い段階から数多くの自治体で個人情報保護条例が制定され、1988年には国のレベルでも「行政機関の保有する電子計算機処理に係る個人情報の保護に関する法律」（昭和63法95）が成立した。しかし、同法に対しては、対象となる情報が行政機関の保有する電子計算機処理情報に限定され、訂正請求権が認められないなど、多くの問題点が指摘された。住民基本台帳のネットワーク化を図る住民基本台帳法の改正にあたって、それと個人情報保護との関係が論議され、2003年に民間事業者も対象とする個人情報保護の一般法として、「個人情報保護法」（平成15法57）が制定された。これと同時に、上記の法律を改正し、罰則を強化し、訂正請求権を承認する「行政機関個人情報保護法」（平成15法58）が制定され、わが国でもようやく個人情報保護に関する法制度が整った。

　　＊江沢民講演会名簿提出事件　　早稲田大学が中国の江沢民主席の講演会を開催するに際して、参加学生の名簿の写しを警察の要請を受けて学生に無断で提出したことが、プライヴァシー侵害にあたるかが争われた事件。この事件で、最高裁は、本文で述べたような判断を示して、原告学生のプライヴァシー侵害を認め損害賠償の請求を認容した。
　　＊＊住基ネット訴訟　　住民基本台帳法は1999年に改正され、住民基本台帳ネットワークシステム（住基ネット）が導入された。これは、市町村が保有する本人確認情報（氏名、生年月日、性別、住所、住民票コード、変更情報）を都道府県のサーバに送信し、都道府県はそれを全国サーバに送信して、そこに保存された情報を、行政機関が本人確認のために利用することを可能にするシステムである。住民である原告らは、市町村が本人確認情報を住基ネットに提供することは、データ・マッチングや名寄せによりプライヴァシーが侵害される具体的な危険を発生させるとして、情報提供の差止や国家賠償などを求めた。これに対し、最高裁は、本文で述べた通り判示し、その上で、①住基ネットのシステム上の欠陥により外部からのアクセスなどを通して、情報が漏えいする具体的な危険はないこと、②情報の目的外利用や秘密の漏洩は、懲戒処分または刑罰により禁止されていること、③データ・マッチングは、それ自体が目的外利用に当たることなどから、プライヴァシー侵害の具体的な危険が生じているとは言えないとして、合憲の判断を下した。

第 3 節　自己決定権　●━━━━━━━━━━━━●

　個人が、人格的自律に関わる一定の私的事柄について、公権力から干渉されることなく自ら決定することができる権利を自己決定権という。代表的な学説は、これに①子どもを持つかどうかなど家族のあり方を決める自由（断種、アボーション、氏の選択など）、②髪型や服装などライフスタイルを決める自由、③医療拒否、とくに尊厳死など自己の生命の処分を決める自由などが含まれるとする。

　アメリカ法では、憲法上のプライヴァシーの権利は、①の避妊やアボーションの自由などを中心として論じられてきており、自己決定権は、プライヴァシーの権利とまったく別個の権利と考えるべきではなく、それと並んで、広義のプライヴァシーの権利を構成するものと考えるべきであろう。

　②のカテゴリーに含まれる喫煙の自由やオートバイに乗る自由などについては、一般的行為自由説ではなく人格的利益説をとるかぎり、それらの自由をそれ自体として憲法上の権利と解することは困難である。もちろん、その自由を制限する手段が、目的との合理的関連性を欠いていたり、差別的である場合には、憲法13条や14条に違反することになろう*。

　これまでに、最高裁が自己決定権を正面から認めた判例はないが、下級審の裁判例には、髪型の自由を「個人の人格価値に直結する」ものであり、「個人が一定の重要な私的事柄について、公権力から干渉されることなく自ら決定することができる権利の一内容として憲法13条により保障され」るとしたものがある（修徳高校パーマ退学事件、東京地判平成 3・6・21判時1388号 3 頁）。ただこの判決の場合にも、パーマ禁止の校則について、その目的は高校生にふさわしい髪型を維持し、非行を防止することにあると認定して、同校則は髪型の自由を不当に制限するものとはいえないとした。一般に裁判所は、学校について、教育目的の達成のために生徒を規律する包括的な権能をもつとしており、それによって生徒の権利や自由が制限される場合でも、その内容が社会通念に照らして合理的なものであるかぎり、問題の制限を合憲としてきている（修徳高校パー

マ退学事件で最高裁も、「(パーマ禁止の) 本件校則は社会通念上、不合理なものとはいえ」ないとして、上告を斥けた (最判平成8・7・18集民179号629頁))。

　また、③の領域における、信仰上の理由から輸血を拒否した「エホバの証人」の信者がその意思に反して輸血を伴う手術を施されたことを争った事件**において、原審は医師の説明義務違反の違法性を認定する前提として、患者には「自己の人生のあり方を自ら決定することができる自己決定権」があり、輸血拒否もそれに含まれるとした (東京高判平成10・2・9高民集51巻1号1頁) が、最高裁は、自己決定権には言及せず、宗教上の信念に基づいて輸血拒否という意思決定をする権利は、「人格権の一内容として尊重されなければならない」とした (最判平成12・2・29民集54巻2号582頁)。

　　どぶろく裁判　　酒税法は、酒類に酒税を課し、酒類を製造しようとする者は税務署長による免許を受けねばならないとして、無免許で酒類を製造した者には刑事罰を科している (酒税法54条1項)。無免許で清酒等を自家製造した容疑で起訴された被告人が、自己消費目的の酒類製造に酒税法の規定が適用されるとすれば、それは幸福追求権のなかの人格的自律権 (憲法13条) 等を侵害すると争った裁判。最高裁は、自己消費目的の酒類製造であっても「これを放任するときは酒税収入の減少など……の事態が予想されることから」、酒税収入を確保するために規制が設けられたのであり、「そのような規制が立法府の裁量権を逸脱し、著しく不合理であることが明白であるとはいえず」、憲法13条に違反しないとして、上告を棄却した (最判平成元・12・14刑集43巻13号841頁)。しかし、どぶろく作りの自由が憲法上の権利ではないとしても、本文で述べたように、その制限の手段と目的との間には、合理的関連性がなければならない。本件の場合、酒税の収入確保と自己消費目的の酒類製造の禁止との間の合理的関連性は薄く、その点が学説から批判されている。

　　エホバの証人輸血拒否事件　　原告は宗教上の信念から、いかなる場合にも輸血を拒否するという固い意思をもっていたが、医師が救命手段としてやむをえず輸血を伴う手術を施したため、自己決定権および信教上の良心を侵害されたとして損害賠償を請求した。最高裁は、「患者が、輸血を受けることは自己の宗教上の信念に反するとして、輸血を伴う医療行為を拒否するとの明確な意思を有している場合、このような意思決定をする権利は、人格権の一内容として尊重されなければならない」とした上で、医師は原告に対し、輸血以外に救命手段がない事態が生じた場合は輸血をするという方針を説明し、「本件手術を受けるか否かをX自身の意思決定にゆだねるべきであった」として損害賠償請求を一部認容した原審判決を維持した。

第5章

法の下の平等

第1節　法的平等とは何か

　フランス人権宣言1条が「人は、自由、かつ権利において平等なものとして生まれ、生存する」と述べていたように、人権観念の中核的価値である「個人の尊厳」の理念は、当然のこととして個人の「法の下の平等」＝法的平等を要請する。このことから、憲法14条1項は、具体的な憲法上の権利としての平等権を保障する条項であるとともに、憲法上の包括的な原則＝平等原則を提供するものと理解される。これは、憲法14条1項が、具体的な事柄に即して法的平等を定める規定（14条2項・3項・15条3項・24条・26条・44条）の原則規定であるばかりでなく、他の憲法上の権利規定にとっての原則規定であることも意味する。

　しかし現実に生活する私達は、顔形、体形、年齢などの外形的な事柄にとどまらず、性格、能力、経済的・社会的地位、趣味などを含めて、千差万別の差異をもっている。そうした中で、法の下の平等＝法的平等とは、何を意味するのであろうか。この問題を考える上での重大な手がかりは、「等しいものは等しく扱うべし」という古くからの法の一般原則に見出される。たとえば、日産自動車事件で最高裁は、労働者として本来は、「等しいもの」とされねばならない男子従業員と女子従業員について、就業規則が定年年齢に5歳の差異を設けていたのを、「性別のみによる不合理な差別」であるとして民法90条により無効と判示したのであった（前述第3章第3節3参照）。ただ、何をもって「等しいもの」と決定するかは決して簡単な問題ではなく、この点が法的平等を考える際のキー・ポイントとなる。

第2節 不合理な差別の禁止

1 「平等」の意味

　憲法14条 1 項は「すべて国民は、法の下に平等であって、人種、信条、性別、社会的身分又は門地により、政治的、経済的、又は社会的関係において、差別されない」と規定する。この条項が保障する「平等」の意味については、いくつかの論ずべき問題がある。

（1）　「法適用の平等」と「法内容の平等」

　まず、この平等は、法を執行し適用する行政権と司法権のみを拘束する「法適用の平等」にすぎないのか、適用されるべき法を制定する立法権も拘束する「法内容の平等」を意味するのかという問題である。戦前のドイツやフランスなどの大陸法の国では、「立法権優位」の思想を背景として法適用平等説（立法者非拘束説）が通説の地位を占めていたことから、戦後初期の段階では、憲法14条の解釈としてもそれが有力であった。しかし、法の内容自体が不平等なものであれば、それをいかに平等に適用したとしても、結果は「個人の尊厳」の理念からかけ離れたものにならざるをえないのであり、現在の通説・判例は法内容平等説（立法者拘束説）をとっている。

（2）　「機会の平等」と「結果の平等」

　次に、憲法14条の保障する平等は、「機会の平等」にとどまるのか、あるいは「結果の平等」までを意味するのかという問題である。当初、平等の理念は、公権力による差別的取扱いを禁止するという意味で、スタートラインにおける平等＝「機会の平等（形式的平等）」を意味するものと考えられた。しかしすでに述べたように、20世紀の社会国家においては、形式的平等だけでなく自由な競争の結果もたらされた事実上の不平等を是正し実質的平等を実現する、すなわち経済的・社会的弱者に対してより手厚い保護を与えることによって、他の国民と同等の自由と生存を保障することが求められる。これを「機会の平等」に対して「結果の平等（実質的平等）」といい、その実現は社会権の具体化立法を通して行われる。次に述べる「相対的平等」を考える場合には、この「結果

の平等」の要素を十分考慮する必要がある。ただ、14条は理念として「結果の平等」の実現を要請するにとどまり、それが実現されていない事実をもって直ちに14条違反とすることはできない。

　長年にわたる「差別的な慣行」によって社会的なハンディキャップを負った人々について、「結果の平等」を実現するために公権力が形式的には「差別」的な取扱いを行い、場合によっては私人にもそれを求めることを「積極的差別是正措置（affirmative action）」という。これはアメリカにおいて黒人差別や女性差別を是正するために展開される施策であるが、「逆差別」といわれる事態を招くおそれもあり、そこでも何が「差別」なのかが慎重に検討されなければならない。

　なお、わが国における、男女雇用機会均等法のポジティブ・アクションの規定（後述、本節3（3）参照）や障害者雇用促進法の一定割合以上の障害者の雇用を義務づける規定（同法37条以下）がこの差別是正措置の例である。

　　＊バッキー事件（1978年）　カリフォルニア州立大学のメディカル・スクールの入学試験で不合格となった白人の原告が、少数民族系アメリカ人のための特別枠を設けることは平等保護条項に違反するとして争った事件。合衆国最高裁は、民族的に多様な学生集団を確保することを目的とした、人種を考慮要素の一つとする制度とは異なり、特別枠の制度は違憲との判断を示した。

（3）「絶対的平等」と「相対的平等」

　さらに、憲法14条が保障する平等は、事実上の差異をまったく考慮しない「絶対的平等（機械的平等）」ではなく、それらの差異を考慮に入れて法上の取扱いを区別することを認める「相対的平等」であるという問題がある（たとえば、産前産後の休暇（労基65条）など労働条件についての女性優遇規定や各人の資力に応じて税率に区別を設ける累進課税制度など）。先に、法的平等とは、「等しいものを等しく扱うこと」だと述べたが、こうした「相対的平等」の視点からいえば、法的平等とは、種々の事実上の差異を前提とした上で、権利の面でも義務の面でも、同一の事情と条件の下（＝等しいもの）では均等に取扱う（＝等しく扱う）ことを意味することになる。この判定は、さまざまな事実上の差異の中で、何をもって「同一の事情と条件」と解するかという判断を含み、必ず

しも容易なものではない。

　最高裁は、この判定基準に関して、憲法14条1項は、事柄の性質に照らして「差別すべき合理的な理由なくして差別することを禁止している趣旨と解すべきである」（最大判昭和39・5・27民集18巻4号676頁）として、問題の差別的取扱いが、事柄の性質上「合理的根拠に基づく合理的な差別」かどうかという、比較的わかりやすい基準を一貫して示している。つまり、最高裁の判例によれば、憲法14条1項が禁止する差別は、「相対的平等」の立場から理解される「不合理な差別」であるということになる。

2　違憲審査基準

（1）　憲法14条1項前段と後段の関係

　しかし、憲法14条1項違反が争われる差別的取扱い（その多くは差別的立法）は、差別を受ける権利・自由の面でも差別理由の面でもさまざまなレベルのものがある。それを「合理的根拠に基づく合理的差別」かどうかという単純な基準で審査するとすれば、「合理性がある」とした立法府の判断を安易に是認してしまうおそれは否定できない（広い立法裁量）。そこで、憲法上重要な平等価値を実現するために、この条項に関する厳格な違憲審査基準が求められることになる。それを考える上で重要な問題が、「平等権の一般的規定」と考えられる憲法14条1項前段と、それを受けて具体的な事由による差別を禁止する条項である後段との関係をどう理解するかという問題である。

（2）　例示説と特別意味説

　従来の多数説は、後段列挙の事由は前段の「平等権の一般的規定」の内容を限定的にではなく、例示的に列挙したものにすぎないとする（例示説）。これによれば、後段にあげられていない財産、学歴、年齢などによる差別的取扱いも、当然憲法14条1項違反の問題を生ずることになる。最高裁も、「列挙された事由は例示的なもの」（地方公務員待命処分事件、最大判昭和39・5・27民集18巻4号676頁）としている。

　これに対して、有力説は、後段列挙の事由が例示的なものであることを前提として、それらの事由による差別的取扱いは原則として禁止され、違憲の推定

を受けることから、合憲を主張する公権力の側がそれを論証する責任を負うとする（特別意味説）。そこであげられているのは、人種、性別、門地などの、生まれによって決定され個人の意思によって変更できない事由と、信条という個人が自らの意思によって選び取った人格的自律の核心に直接結びつく事由であり、それらに基づく公権力による差別的取扱いは「個人の尊厳」の理念に反し原則として不合理なものであるからである。

（3）　三つの違憲審査基準

　憲法14条1項に関する違憲審査基準を厳格なものにするためには、特別意味説がより適合的であろう。これによれば、後段列挙の事由による差別的取扱いが争われた場合には、①立法目的が「必要不可欠（compelling）」であり、立法手段が是非とも必要な最小限度のものであることを求める「厳格審査基準」か、あるいは②立法目的が重要なものであり、立法手段との間に実質的な合理的関連性があることを要求する「厳格な合理性の基準」が適用される。個別的には、人種、信条、門地による差別については、前者の基準が、性別、社会的身分に基づく差別については、後者の基準が適用されることになる。

　また、これによれば、後段列挙の事項以外による差別的取扱いについても、二重の基準の考え方に基づいて、精神的自由やそれに関連する権利（たとえば選挙権）について憲法14条違反が問題となる場合には、「厳格審査基準」が適用され、経済的自由が問題となるときには、立法目的が正当なものであり、立法手段との間に合理的な関連性があればよいとする「合理性の基準」が適用されるとする（ただし、経済的自由の消極目的規制については、「厳格な合理性の基準」が適用される。消極目的規制と積極目的規制との区別については第7章第1節2参照のこと。最高裁は、社会経済政策の要素の強い租税制度に関連する事件について、合理性の基準を適用している*）。

　　＊サラリーマン税金訴訟　　大学教授である原告は昭和39年分所得税について確定申告をしなかったので、被告税務署長より無申告加算税の課税処分を受けた。しかし原告は、課税処分の根拠である旧所得税法が次の点で、事業所得者に比べて給与所得者に著しく不公平な所得税を課しており、憲法14条1項に違反すると主張して、本件課税処分の取消しを求めて出訴した。すなわち、必要経費の実額控除が認められず、給与所得控除の

額は必要経費を大幅に下回る場合も多いこと、源泉徴収制度により給与所得の捕捉率は他の所得に比べて著しく高くなっていることなどである。最高裁は、本件について「租税法の分野における所得の性質の違い等を理由とする取扱いの区別は、その立法目的が正当なものであり、かつ当該立法において採用された区別の態様が右目的との関連で著しく不合理であることが明らかでない限り、その合理性を否定することができず、これを憲法14条１項」に違反するものとはいえないとし、また所得捕捉率の不均衡の問題についても、「較差が正義衡平の観念に反する程に著しく、かつそれが長年にわたり恒常的に存在して租税法制自体に基因していると認められる」場合でないかぎり、憲法14条１項違反にはならないとした（最大判昭和60・３・27民集39巻２号247頁）。

3 憲法14条１項後段の列挙事項

例示説ではなく特別意味説の考え方を前提として憲法14条１項を理解しようとすれば、その後段に列挙された事項の意味を明らかにすることが重要になる。

（1） 人　種

人種とは、皮膚の色や頭髪など人間の生物学的な特徴による区分単位であるが、人種による差別は、「個人の尊厳」の理念に正面から衝突するものであり、「厳格審査基準」による審査が求められる（もとより、積極的差別是正措置は差別的慣行の是正が目的であり、その意味で「厳格な合理性の基準」が適用される）。国連総会が1965年に採択した人種差別撤廃条約は、狭い意味の「人種」による差別だけでなく、言語・宗教などの文化的伝統を共有する社会集団である民族などによる差別も広く禁止しており（人種差別撤廃条約１条）、本条も同様に解すべきであろう。

わが国における民族問題としては、在日韓国・朝鮮人に対する差別問題とアイヌ民族問題が重要である。後者に関して1899年に制定された「北海道旧土人保護法」は、アイヌの人々の保護を名目としながらも、「旧土人」という蔑称を用い、土地売買・譲渡の私権制限を残した法律として、違憲の疑いの強いものであったが、ようやく1997年、国会はこれを廃止して、アイヌ文化の振興とその伝統に関する国民的な啓蒙を目的とする「アイヌ文化の振興並びにアイヌの伝統等に関する知識の普及及び啓発に関する法律（アイヌ新法）」を制定した。

（2）　信　条

　信条とは、本来宗教上の信仰を意味するが、通説は、それにとどまらず、広く思想上ないし政治上の主義も含まれるとしている。したがって、一部の傾向企業（特定のイデオロギーを存立の条件とし、労働者にもその承認と支持を要求する企業）を除いて、共産主義などの特定の政治上の主義をもつことを理由として労働者を解雇することは許されない（しかし最高裁は、「企業者が特定の思想、信条を有する者をそのゆえをもって雇い入れることを拒んでも」当然に違法ではないと判示している（三菱樹脂事件判決、最大判昭和48・12・12民集27巻11号1536頁））。

（3）　性　別

　戦前においては、女性は法律上も従属的な地位に置かれ、平等原則も男女の同権を意味するものではなかった。選挙権は、男性のみに与えられ、「家」制度を中核とする民法上、妻は権利無能力者とされ、刑法上も妻の姦通だけが処罰された。本条は、家庭生活における両性の平等を規定する憲法24条とともに、こうした女性差別の法制度を撤廃する意義をもった。

　しかし、戦後においても、さまざまな問題領域で女性差別は根強く残っており*、とくに雇用の場における女性差別が問題視されてきた。この問題については、女子結婚退職制の無効判決（これを公序良俗違反であり無効とした住友セメント事件第一審判決（東京地判昭41・12・20労民集17巻6号1407頁））や女子若年定年制の無効判決（日産自動車事件、最判昭和56・3・24民集35巻2号300頁）などの前進がみられる中で、1985年に女子差別撤廃条約が批准され、同年これを具体化する男女雇用機会均等法が制定されたことが注目される。この男女雇用機会均等法に対しても、基本的に事業主の努力義務を定めたものにすぎず、実効性がないとの批判が多かったため、1997年、努力義務規定を禁止規定に改めるとともに、男女格差の解消ために企業が行う女性優遇措置（ポジティブ・アクション）を違法でないとする規定（同法8条）とセクシュアル・ハラスメントに関する規定（同11条）を盛り込む大幅改正がなされた。

　また、2018年には、とくに女性の進出が遅れている政治分野における女性の活躍を促すことを目的とした、「政治分野における男女共同参画の推進に関する法律（候補者男女均等法)」が制定された。同法は、政党や政治団体に対して、

国会および地方議会選挙の際に、男女の候補者数を可能な限り均等にすることを求める法律であるが、理念法的色彩が強いものであって罰則規定などはないことから、実効性に乏しく、今後の改正によって実効性の大幅な強化が必要である。

　　＊女子再婚禁止期間事件　　民法733条１項は女性について６か月の再婚禁止期間を定めていた。この期間中に再婚できなかったことにより精神的損害を被ったとして、本件規定が憲法14条１項および24条２項に違反すると主張し、これを改廃しなかった立法不作為の違法を理由に、国に損害賠償を求めた事件。最高裁は、本件規定の立法目的は「父性の推定の重複を回避し、もって父子関係をめぐる紛争の発生を未然に防ぐことにあ」り、この立法目的には合理性が認められるが、手段としては推定の重複を避けるためには離婚後100日間再婚を禁止すれば足りることから、それを超える部分は違憲であるとした。法律改正によってこれを是正しなかった立法不作為については、国家賠償法上の違法とまではいえないとして賠償請求は認めていない（最大判平成27・12・16民集69巻８号2427頁）。ただ、現在では、ＤＮＡ鑑定により父子関係の判定は簡易かつ低額で正確に行えることから、再婚禁止期間自体の必要性を疑問とする見解もある。
　　＊＊夫婦同氏強制違憲訴訟　　民法750条は「夫婦は、婚姻の際に定めるところに従い、夫又は妻の氏を称する」と規定する。婚姻にあたって夫か妻のいずれの氏を選んでもよい趣旨であるが、実際には96％の夫婦が夫の氏を称する実態があり、旧姓の維持を望む女性が事実婚を選ぶ例もある。本件訴訟は、この同氏強制が憲法13条、14条１項、24条に違反し、これを放置してきた国の立法不作為の違法を理由に国家賠償を求めたものである。最高裁は、「氏名は、……人が個人として尊重される基礎であり、その個人の人格の象徴であって、人格権の一内容を構成する」ことを認めながらも、婚姻および家族に関する法制度は「法律がその具体的な内容を規律しているもの」なので、「『氏の変更を強制されない自由』が憲法上の権利として保障される人格権の一内容であるとはいえ」ず、本件規定は憲法13条に違反しないとした（最大判平成27・12・16民集69巻８号2586頁）。また、1996年に法制審議会民法部会が改正案の要綱で示したものであり、近年、国民の中に賛成派が多数を占めてきている「選択的夫婦別氏制」について、判決は「この種の制度の在り方は、国会で論ぜられ、判断されるべき事柄」であるとした。最高裁は、2021年６月にも、民法750条および戸籍法74条１号を合憲とする決定を下している（最大決令和３・６・23裁時1770号３頁）。

（4）　社会的身分または門地

　社会的身分については、これを「出生によって決定される社会的地位または身分」と解する狭義説、「人が社会において一時的でなく占めている地位で、自分の力ではそれから脱却できず、それについて事実上ある種の社会的評価が

伴っているもの」と解する中間説、および「人が社会において継続的に占める
地位」と解する広義説・判例の立場（最大判昭和39・5・27民集18巻 4 号676頁）と
が対立している。すでに述べたように、判例は憲法14条 1 項後段について例示
説をとるとともに、社会的身分を広く解しているが、特別意味説をとるとすれ
ば、これを狭義説か中間説のように狭く理解することが必要である。この点、
被差別部落出身者とか帰化人もしくはその子孫などとともに、親の婚姻や認知
の有無によって決定される非嫡出子の地位*や親であり子であるという地位も、
社会的身分と解することのできる中間説が妥当であろう**。また、門地とは、
多かれ少なかれ特権的ニュアンスを含んだ家柄や家格をいい、人種などととも
に生まれによる差別の典型的のものであり、「厳格審査基準」が適用される。
なお、戦前の華族の制度は、憲法14条 2 項で明示的に廃止された。

　　*非嫡出子相続分規定事件　　家裁に遺産分割を申し立てた申立人は、非嫡出子の相続
　　分を嫡出子の 2 分の 1 と定めた民法900条 4 号但書前段の規定が憲法14条 1 項に違反す
　　るとして、平等な割合による分割を求めたが、家裁はこれを認めなかったので、申立人
　　が高裁に抗告し（棄却）、さらに最高裁に特別抗告した事件である。最高裁の多数意見
　　（10裁判官）は、現行民法は法律婚主義を採用していることから、本件規定が「法律婚
　　の尊重と非嫡出子の保護の調整を図ったものと解される」、その立法理由との関連にお
　　いて著しく不合理であり、立法府の合理的な裁量判断の限界を超えたものとはいえず、
　　合憲であるとした（特別抗告棄却、最大決平成 7 ・ 7 ・ 5 民集49巻 7 号1789頁）。これ
　　に対して、反対意見（ 5 裁判官）は「出生について……何の責任もなく、その身分は自
　　らの意思や努力によって変えること〔ができない〕非嫡出子を、そのことを理由に法律
　　上差別することは、婚姻の尊重・保護という立法目的の枠を超えるものであり、立法目
　　的と手段との実質的関連性は認められず合理的であるということはできない」としてお
　　り、「厳格な合理性の基準」をとる反対意見が妥当であろう。その後、最高裁は、婚姻
　　や家族の在り方に対する国民意識の変化などに伴い、子を個人として尊重すべきである
　　という考えが確立したことを強調して、同規定を違憲とした（最大決平成25・9・4民集
　　67巻 6 号1320頁）。
　　**国籍法違憲判決　　婚姻関係にない日本人の父とフィリピン人の母との間に、日本
　　で生まれた原告らが、出生後に父から認知を受けたことを理由として国籍取得届を提出
　　したが、国籍法 3 条 1 項の定める国籍取得の条件を備えていないとされたことから、こ
　　の規定が憲法14条 1 項に違反するとして日本国籍を有することの確認を求めた事件。国
　　籍法 2 条 1 号は、父母両系血統主義の原則に基づいて、「出生の時に父又は母が日本国
　　民であるとき」には子が日本国籍を取得するとしており、これによれば、日本人の父か

ら胎児認知を受けた非嫡出子は、国籍を取得することになる。ところが、改正前の同法3条1項は、日本人の父から生後認知を受けた非嫡出子について、認知に加え父母の婚姻による嫡出子の身分の取得（準正）を国籍取得の要件としていたことから、生後認知を受けたのみの非嫡出子との間に差別が生じており、この規定の合憲性が争われた。最高裁の多数意見（10裁判官）は、「日本国民との法律上の親子関係の存在に加え我が国との密接な結び付きの」ある者にかぎって日本国籍の取得を認めるという、3条1項の「立法目的自体に合理的な根拠は認められるものの、（同項が認知に加え父母の婚姻を国籍取得の要件としたことの）立法目的との間における合理的関連性は、我が国の内外における社会的環境の変化等によって失われており」、遅くとも原告が国籍取得届を提出した2003年の時点で、この規定は、憲法14条1項に違反するものであったと判示した。次に、本件差別による違憲状態を前提として原告に日本国籍を認めることの可否について、多数意見は、「本件区別による違憲状態を解消するために同項の規定自体を全部無効として、準正子の届出による日本の国籍取得をもすべて否定することは、……立法者の合理的意思として想定し難いものであって、採り得ない解釈である」として、日本人の父から生後認知を受けた非嫡出子は、「父母の婚姻により嫡出子たる身分を取得したという部分を除いた国籍法3条1項所定の要件が満たされるときは、同項に基づいて日本国籍を取得することが認められる」とした。

第3節　具体的事例の検討

　これまで、最高裁が法律の規定を違憲とした判決例は、きわめて少ないが、その多くが法的平等の領域で下されている。

1　尊属殺重罰規定

　旧刑法200条（1995年の刑法改正で削除）は、「自己又ハ配偶者ノ直系尊属ヲ殺シタル者ハ死刑又ハ無期懲役ニ処ス」と規定し、普通殺人（199条）の刑罰（死刑または無期もしくは3年以上（改正前）の懲役）に比べて著しく重い法定刑を定めていた。この尊属殺重罰規定が、社会的身分による差別として憲法14条1項に違反しないかの問題は、以前から争われていた。

　この問題は、①一連の尊属犯罪重罰規定は、日本国憲法の民主主義的人間観に反する封建的家族主義の思想に基づくものではないのか、②親に対する尊重報恩という道徳思想を刑罰で強制することは法律の限界を超えるものではない

のか、③「死刑又ハ無期懲役」という法定刑は、刑罰加重として重過ぎるのではないかという三つの観点から検討されるべきである。

　最高裁は、尊属傷害致死罪（旧刑法205条2項）の合憲性が問われた事件で、この規定が封建的、反民主主義的思想に基づくものではなく、「夫婦、親子、兄弟等の関係を支配する道徳は、人倫の大本、古今東西を問わず承認せられているところの人類普遍の道徳原理、……いわゆる自然法に属する」として、これを合憲とし（最大判昭和25・10・11刑集4巻10号2037頁）、尊属殺人罪に関する事件でも、同様の理由からこれを合憲とした（最大判昭和25・10・25刑集4巻10号2126頁）。

　しかし、これらの判決に対しては、多数の学説から厳しい批判が続いた。1973年に至って、最高裁は先例を変更し、旧刑法200条は憲法14条1項に違反するとの注目すべき判決を下した*。最高裁の多数意見（8人の裁判官による）は、尊属に対する尊重報恩という立法目的を是認した上で、立法手段について、「加重の程度が極端であって、前示のごとき立法目的達成の手段として甚だしく均衡を失し、これを正当化しうべき根拠を見出しえないときは、その差別は著しく不合理なもの」として違憲になるとの判断を示して、同条を違憲無効とした。しかし、この多数意見に対しても、学説の多くは、立法目的自体を違憲とすべきであったとして批判的である。

　　＊尊属殺重罰規定事件　　被告人は実父に10年以上夫婦同様の生活を強いられており、このような忌まわしい境遇から逃れるため実父を絞殺し自首した。最高裁は、本文で述べた理由から旧刑法200条を違憲無効とし、普通殺人罪を適用して被告人を懲役2年6月執行猶予3年とした（最大判昭和48・4・4刑集27巻3号265頁）。これには、6名の裁判官の少数意見があり、これを代表する田中二郎裁判官は、尊属殺人罪の特別規定を設けることは「一種の身分制道徳の見地に立つものというべきであり、前叙の旧家族制度的倫理観に立脚するものであって、個人の尊厳と人格価値の平等を基本的な立脚点とする民主主義の理念と抵触する」疑いがきわめて濃厚であると述べ、立法目的自体を違憲とすべきであると主張した。

2　議員定数不均衡

　最高裁は、公職選挙法別表の定める衆議院議員定数配分規定について、二つの違憲判決を下している（最大判昭和51・4・14民集30巻3号223頁、最大判昭和60・

7・17民集39巻5号1100頁)。

　憲法は、選挙権について、14条1項の平等原則のほかに、15条3項で「普通選挙」を保障し、44条では、「両議院の議員及びその選挙人の資格は、法律でこれを定める」とした上で、「人種、信条、性別、社会的身分、門地、教育、財産又は収入によって差別してはならない」と規定する。これらの規定は、選挙権に関する平等を強く要請するものであるが、憲法47条に基づき立法を通して選挙制度のあり方を具体的に決定する権限を有する国会の裁量権にこれらの規定は、どんな制約を課しているのであろうか。

　歴史的には、選挙権の平等は、まず選挙資格が財産などによって制限されてはならないとする「普通選挙」の実現をもたらし、それはまた複数選挙や等級選挙を否定して一人一票（one person one vote）を意味する「平等選挙」を実現してきた。戦後、都市への人口集中と農村の過疎化の進行に伴い、議員定数の不均衡が大きな政治問題となる中で、この「平等選挙」は、選挙権の数的平等を越えて、投票価値の平等までも意味するのかが問われるようになった。

　最高裁は、まず1964年に、参議院地方区について議員一人当たりの有権者数の最小選挙区と最大選挙区との較差（＝最大較差）が1対4であった事例に関して、人口数に比例した議員定数配分は法の下の平等という憲法原則から望ましいが、他の要素を考慮することも許され、結局、それは「立法府である国会の権限に属する立法政策の問題であ」るとして、合憲判断を下した（最大判昭和39・2・5民集18巻2号270頁）。

　しかし、最初に紹介した1976年と1985年の二つの判決は、有権者比以外の要素を重視して国会の裁量の範囲を広く認めた上で、最大較差がそれぞれ1対4.99、1対4.40となっていた衆議院議員定数配分規定について、憲法の選挙権平等の要求に違反し、かつ憲法上要求される合理的期間＊内における是正がなされなかったとして、違憲の判断を下したものである。とくに1976年判決は、「憲法14条1項に定める法の下の平等は、選挙権に関しては、国民はすべて政治的価値において平等であるべきであるとする徹底した平等化を志向するものである」として、「各選挙人の投票価値の平等もまた、憲法の要求するところである」と述べて、「平等選挙」の原則は、「投票価値の平等」も含むものであ

ることを最高裁として初めて認めた点が注目される。

　ただ、いずれの判決も投票価値の平等に関する数量的な基準は示していない。学説の多数は、合理的な理由（行政上の区画のできるかぎりの尊重など）がある場合でも、一票の重みが選挙区間で2倍以上の較差をもつことは、平等選挙（一人一票の原則）の本質を破壊することになるとして、最大較差が2倍以上の場合には違憲とする。選挙権の民主主義システムにおける重要性を考慮した妥当な見解であろう。

　これに関連して、2011年に最高裁は、2009年に実施された、最大較差が1対2.304であった衆議院議員選挙について、選挙区割規定が違憲状態にあるとの判断を下した（最大判平成23・3・23民集65巻2号755頁）が、この判決は、現行小選挙区比例代表並立制の下での小選挙区の区割り基準について、「（区画審設置法3条）1項は、選挙区の改定案の作成につき、選挙区間の人口の最大較差が2倍未満になるように区割りをすることを基本とすべきものとしており、これは、投票価値の平等に配慮した合理的な基準を定めたものということができる」と述べており、最高裁として初めて投票価値の平等に関する数量的基準を示した判決として注目される。

　また、両判決は、1972年と83年に実施された衆議院議員選挙の選挙無効訴訟に対するものであるが、当該選挙の違憲違法を宣言するのみでそれを無効とはしない、事情判決（行政事件訴訟法31条）の法理を適用する手法をとっている点も、違憲審査の運用に関する問題の一つとして、今後の検討が必要である。

　参議院の議員定数不均衡事件について、最高裁は、先に述べた1964年の合憲判決以来、合憲判決を続けてきたが、衆議院についての1976年違憲判決以降、最大較差1対5.26といわゆる「逆転現象（有権者の多い選挙区の議員定数が有権者の少ない選挙区の定数よりも少なくなっている現象）」が問題となった1983年判決（最大判昭和58・4・27民集37巻3号345頁）では、理由づけが詳細になっており、参議院旧地方区の地域代表的性格および半数交代制（憲法46条）という参議院の特殊性を強調して、合憲の結論を導いている。こうした参議院の特殊性を勘案したとしても、投票価値の平等という憲法の要請の下で、5倍以上の較差や逆転現象を正当とすることは不可能であると解される。

　実際に、最高裁も1996年に、最大較差が1対6.59であった1992年参議院議員選挙について、「違憲の問題を生ずる程度の著しい不平等状態が生じていた」として初めて違憲状態判決を下した（最大判平成8・9・11民集50巻8号2283頁）。さらに、2012年には、最大較差が1対5.00であった2010年参議院議員選挙について、最高裁は1996年判決同様に違憲状態にあったとし、都道府県を「参議院議員の選挙区の単位としなければならないという憲法上の要請はなく」、その固定化により不平等状態が長期間継続している場合には、「仕組み自体を見直すことが必要になる」とする注目すべき判断を示した（最大判平成24・10・17民集66巻10号3357頁）。

　　＊合理的期間論　　公職選挙法の議員定数配分規定について、憲法の選挙権の平等に違反する状態が認められても、直ちにそれを違憲と判断せず、国会がそれを解消するための合理的期間を経過してもなお是正しないときにはじめて違憲とする憲法判断の方法。合理的期間が経過していない場合には、裁判所は違憲状態判決を下すことになる。

第6章

精神的自由

　憲法の保障する自由権は、大きく精神的自由、経済的自由、人身の自由の三つに分けることができ、思想・良心の自由（19条）、信教の自由（20条）、表現の自由（21条）、および学問の自由（23条）は、まとめて精神的自由と呼ばれる。

第1節　なぜ「優越的な地位」か ●————————●

　この精神的自由は、経済的自由に対して「優越的な地位」に立つといわれる。個別の権利についての検討を行う前提として、なぜ精神的自由に「優越的な地位」が認められるのかについて、少し原理的に考えてみよう。

　まず、第一にあげられる理由は、精神的自由が、社会をその構成員である私達にとってより良いものに変革するために不可欠の自由であるという点であろう（社会変革の価値）。これに関連して、ジョン・スチュアート・ミル（J. S. Mill　1806-1873）は、『自由論』の中で、「意見を抑圧しようとしている人々は、いうまでもなく、それが真理であることを否定する。しかし、かれらは不可謬ではない」と述べる。人々が、科学技術の問題から世界観や宗教の問題まで、多様な意見をもち、それを抑圧されることなく自由に発表・表現できることが、真理の発見を促し（真理発見の価値）、社会のダイナミックな発展と変革を可能にするのである。この「社会」は、当然国家を含むものであり、表現の自由をはじめとする精神的自由を保障することが、民主的政治過程を機能させ（自己統治の価値）、国家と国際社会をより望ましいものに変革していく前提となるのである。合衆国最高裁のブレナン裁判官は、この点について、有名なニューヨーク・タイムズ判決（1964年）で「（表現の自由は、）国民によって望まれた政治的・社会的変化をもたらすために、束縛されることのない思想の相互交換を

保障するよう作られた」と述べている。一方の経済的自由は、この真理発見の価値や自己統治の価値とは結びつかないのである。

　第二の理由は、精神的自由は、個人のアイデンティティ（自分が自分であること）の維持と発展にとってきわめて重要な自由であるという点である（個人のアイデンティティ発展の価値・自己実現の価値）。私達は、信仰や世界観の問題を含めて、社会にあるさまざまな意見を自ら選び取り、また自らの意見を公表し仲間とそれを共有することによって、自分らしさを維持し発展させる「社会的動物」（アリストテレス）である。こうした個人のアイデンティティの発展にとって不可欠である精神的自由は、経済的自由に比べて「優越的な地位」に立ち、憲法上より強く保障される必要があると考えられるのである。

第2節　思想および良心の自由

1　すべての精神的自由の前提となる自由

　憲法19条の保障する思想・良心の自由は、内面的な精神的自由または内心の自由ともいわれ、すべての精神的自由の前提となる自由である（その意味で、後述の「信教の自由」の一つとしての「信仰の自由」と重なる部分をもつ）。思想や信条あるいは意見や想念が、個人の内心にとどまり外部に言動となって現れないかぎり、絶対的に保障される。すなわち、国家の権力は、個人の内心に立ち入ることができないというのが近代法の大原則である。このことから、外国の憲法には、信仰の自由（＝良心の自由）と別に、思想の自由を保障する例はほとんどみられないが、わが国では、戦前から戦中にかけて特高警察（思想警察）などによる思想弾圧が大規模に行われた経験に基づき、とくに憲法は思想・良心の自由を保障したものと考えられる。

2　思想および良心の自由の意味（保障範囲）

　思想および良心について、内心の精神作用のうち倫理的性格の強いものが良心であり、それ以外を思想として区別する考え方もあるが、通説は両者を一体として捉え、個人の内面的精神作用を広く含むものと解している。その上で、

　思想・良心の自由の保障範囲については、二つの対立する考え方がある。この問題は、名誉毀損の救済方法として一般的に行われている謝罪広告を命ずる判決に関する事件において争われた*。

　本件で、最高裁は、謝罪広告が「単に事態の真相を告白し陳謝の意を表明するに止まる程度のもの」であれば、これを代替執行しても19条違反にはあたらないと判示した（最大判昭和31・7・4民集10巻7号785頁）が、田中耕太郎裁判官の補足意見は、思想・良心とは「宗教上の信仰に限らずひろく世界観や主義や思想や主張をもつこと」であり、「謝罪の意思表示の基礎としての」道徳的反省などを含まないとする。これは、思想・良心を世界観、人生観、主義・主張などの人格形成に必要な、あるいはそれに関連のある内面的な精神作用に限定し、謝罪の意思表示の基礎にある道徳的な反省というような事物の是非、善悪の判断などは含まないとする説である信条説（人格核心説）と呼ばれる通説的見解に対応する。これに対して、藤田裁判官の反対意見は、良心の自由を「単に事物に関する是非弁別の内心的自由のみならず、かかる是非弁別の判断に関する事項を外部に表現するの自由並びに表現せざるの自由」を含むものとして、「本心に反して、事の是非善悪の判断を外部に表現せしめ、心にもない陳謝の念の発露を判決をもつて命ずる」ことは、19条に違反するとした。これは、思想・良心が内心の活動を広く含むとする内心説に対応するものである。

　19条が外部的行為ではなく、内心の精神作用自体を対象とする以上、原理的保障としての意味を強くもっており、保障対象は広く捉えるべきであるとする内心説（樋口ほか『憲法Ⅰ』浦部執筆）が基本的に妥当であろう。内心説を前提とした上で、人格の核心に関わる思想・良心には、特別な保護を与え、それに対する規制の合憲性判断は、人格の核心に関係しない問題と異なり、厳格審査によるべきであるとする主張（名誉毀損に対する謝罪の意思表明のように人格の核心に関係しない場合には厳格な合理性の基準による）が注目される（戸波江二『憲法（新版）』）。

　　*謝罪広告事件　　衆議院議員選挙の期間中に、ある候補者（上告人）が他の候補者の名誉を毀損したとして、裁判所から民法723条にいう、「名誉ヲ回復スルニ適当ナ処分」として、謝罪広告の公表を命ずる判決を受けた。上告人は、これに対して「全然意図し

ない言説を上告人の名前で新聞に掲載せしむる」ことは、憲法19条の保障する良心の自由を侵害するとして争った事件。

3　保障の内容

　思想・良心の自由は、具体的には、第一に特定の思想を正統的なものとして、それに従うべきことを公権力によって強制されないこと（または特定の思想を禁止されないこと）を意味する。これは、精神活動に関する国家の中立性原則に基づくものである。これと関連して、思想・信条を理由とする法の不服従が認められるかという問題がある。法が納税の義務などの一定の行為を義務づけている場合、それは外部的行動の問題として19条の本来の保障範囲をこえるものであり、また安易にそれを認めれば法秩序に混乱を生ずることから、一般に思想・良心の自由への侵害を理由に法の不服従を正当化することはできない。しかし、法への服従が自己の人格の核心部分を否定することになる場合には、例外的にこれが認められることがあり、この典型的な例が「良心的兵役拒否」*の問題である。ここから、思想・良心、とくに宗教上の信仰に準ずるような世界観や信念に基づいて拒否する者（たとえば生徒や親）に、国旗に対する敬礼や国歌の斉唱を強制することは許されないと解される**。

　第二に、特定の思想・信条をもつことを理由として不利益な扱いを受けないことを意味する。したがって、戦前における「思想犯」の観念はもはや存立しえない。占領期に総司令部の指令に基づき、軍国主義や共産主義の思想を理由として公職追放やレッド・パージが行われたが、それらは占領軍の指令という超憲法的な法規範に基づくものとされ、占領終結後はこうした処分は19条に違反し許されない***。

　第三に、個人の思想や見解の表明を強制されないこと（沈黙の自由）を意味する。すでに述べたように、内心の自由は絶対であるが、それが外部に表明された場合には、法的規制を受ける可能性がある。そこで、思想・良心の自由はまず沈黙の自由を要求することになる。ここから、公務員試験の際に思想に関する事項について質問することや天皇制の支持や不支持に関するアンケートを強制することなどは許されない。また、現代における思想統制が最も典型的な

形で問題になるのが、国家に準ずる社会的権力である、大企業による雇用関係における思想・信条による不利益な取扱いであり、特定の思想を理由として、雇い入れを拒否することや企業による入社時における思想調査は、特定の思想・信条を企業存立の基盤とする傾向企業を除いて許されないと解される（この問題に関する最高裁の判断とその問題点については、第3章第3節3の三菱樹脂事件を参照のこと）。

＊良心的兵役拒否　ドイツ連邦共和国基本法4条3項は「何人も、その良心に反して、武器をもってする戦争の役務を強制されてはならない」と規定し、良心的兵役拒否を憲法上の権利として認めている。

＊＊君が代訴訟

(1)　**「君が代」ピアノ伴奏拒否事件**　市立小学校の音楽専科の教諭が入学式の国歌斉唱に際し校長からピアノ伴奏をするようにとの職務命令を受けたが、これに従わなかったため都教育委員会は教諭に戒告処分を課した。原告は職務命令をもって「君が代」のピアノ伴奏を強制することは憲法19条に違反すると主張したが、最高裁は、原告の「君が代」に対する否定的な考えは歴史観ないし世界観にあたるが、一般的にはこれと入学式の国歌斉唱の際にピアノ伴奏を拒否することが「不可分に結びつくものということはできず、原告に対して本件入学式の国歌斉唱の際にピアノ伴奏を求めることを内容とする本件職務命令が、直ちに原告の有する上記の歴史観ないし世界観それ自体を否定するものと認めることはできない」し、国歌斉唱の際の伴奏を「特定の思想を有するということを外部に表明する行為と評価することは困難であるから」、本件職務命令は「原告に対して、特定の思想を持つことを強要したり、あるいはこれを禁止したりするものではなく、特定の思想の有無について告白することを強要するものでもな」いとして、憲法19条に違反しないと判示した。これには藤田裁判官の反対意見があり、教諭の信念・信条に反する行為を強制することは憲法違反にならないか、入学式におけるピアノ伴奏が他者をもって代えることのできない職務の中枢であったかを詳細に検討させるべく、原審に差戻すよう主張したことが注目される（最判平成19・2・27民集61巻1号291頁）。

(2)　**「君が代」斉唱不起立事件**　都立高校の教師が卒業式の国歌斉唱の際に、国旗に向かって起立し国歌を斉唱することを命ずる校長の職務命令に従わず、起立しなかったため、都教育委員会から戒告処分を受けた。その後定年退職を前に申し込んだ非常勤嘱託員等の採用選考で不合格とされたため、上記職務命令が憲法19条に違反し、不合格とされたことが違法であるとして損害賠償を求めた事件。最高裁は、まず「国歌斉唱の際の起立斉唱行為は、一般的、客観的に見て……慣例上の儀礼的な所作としての性質を有するものであり」、本件職務命令が、教師の「(国旗や国歌が戦前の軍国主義との関係で一定の役割を果たしたとする)歴史観ないし世界観それ自体を否定するものというこ

とはでき」ず、「個人の思想及び良心の自由を直ちに制約するもの」ではないとする。その上で、起立斉唱行為は、「国旗及び国歌に対する敬意の表明の要素を含む行為であ」り、その限りで、敬意の表明を拒否する者の「思想及び良心の自由についての間接的な制約となる」が、「このような間接的な制約が許容されるか否かは、職務命令の目的及び内容並びに上記の制限を介して生ずる制約の態様等を総合的に較量して、当該職務命令に上記の制約を許容し得る程度の必要性及び合理性が認められるか否かという観点から判断するのが相当である」との判断基準を示し、本件職務命令は、高校教育の目標や卒業式などの儀式的行事の意義、あり方などを定めた関係法令等の趣旨に沿い、かつ地方公務員の地位の性質及びその職務の公共性に基づき、「教育上の行事にふさわしい秩序の確保とともに当該式典の円滑な進行を図るものであり、……上記の制約を許容し得る程度の必要性及び合理性が認められる」と判示した（最判平成23・5・30民集65巻4号1780頁）。これに対して、同じ「君が代」不起立訴訟の別事件（最判平成23・6・6民集65巻4号1855頁）の宮川光治裁判官の反対意見が「不起立不斉唱という外部的行動は上告人らの思想及び良心の核心の表出であるか、少なくともこれと密接に関連している可能性があ」り、「いわゆる厳格な基準によって」審査されるべきであるとして、破棄差戻しを求めていたことが留意されるべきである。

＊＊＊麹町中学内申書事件　　区立中学校を卒業し、都立および私立の複数の高等学校を受験したがいずれも不合格となった生徒Ｘが、不合格の原因は内申書の「校内において麹町中全共闘を名乗り、機関紙『砦』を発行した。……大学生ＭＬ派の集会に参加している」などの記載にあるとして、損害賠償を請求した事件。本件で最高裁は、「（内申書の記載は）Ｘの思想、信条そのものを記載したものでないことは明らかであり、右記載に係る外部的行為によってはＸの思想、信条自体を了知し得るものではない……から、違憲の主張は、その前提を欠き、採用できない」とした。本件内申書の記載は、本人の思想信条を直接推知させるほどに具体的であり、最高裁の判断には疑問が残る（最判昭和63・7・15判時1287号65頁）。

第3節　信教の自由と政教分離　●━━━━━━━━●

1　信教の自由

（1）　信教の自由の意義と内容

　信教の自由は、次の二つの理由から、憲法上の諸権利の中でもとりわけ重要な位置を占めると考えられる。一つは、歴史的にみて、近代の自由主義の時代は、中世における宗教上の圧迫に対する抵抗としての信教の自由を求める闘争を通して開かれたのであり、信教の自由は、こうしてあらゆる精神的自由権を生み出す原動力であったという点である。ここから、信教の自由は、憲法が保

障する権利の中でも花形的な権利といわれる。もう一つは、宗教が、なぜこの世に生まれ、何のために生きるのかという、人間の人格的生存にとって根本的な問題に直接関わる事柄であるという存在論的な理由である。

憲法20条1項は、「信教の自由は、何人に対してもこれを保障する」と規定しており、その内容としては、①信仰の自由、②宗教的行為の自由、③宗教的結社の自由があげられる。

ⓐ　**宗教の意味**　憲法20条1項の宗教の意味については、信教の自由の保障を完全なものにするために、「超自然、超人間的本質（すなわち絶対者、造物主、至高の存在等、なかんずく神、仏、霊等）の存在を確信し、畏敬崇拝する心情と行為」（津地鎮祭事件の名古屋高裁判決、昭和46・5・14行集22巻5号680頁）と広く捉える見解が一般的である。これに対して、政教分離原則に関する20条3項の宗教については、これを広く解し分離原則をあまり機械的に貫くと、たとえば、広島、長崎での原爆平和祈念式典や刑事施設被収容（在監）者の自発的な申し出による刑務所内での教誨活動さえ違憲になるおそれがあることから、政教分離原則にいう宗教は、「何らかの固有の教義体系を備えた組織的背景をもつもの」とする見解が有力である（佐藤幸治『日本国憲法論（2版）』）。

ⓑ　**信仰の自由**　信仰の自由には、特定の宗教を信仰する（または信仰しない）自由、信仰する宗教を変える自由が含まれ、それは内心における自由であることから絶対的に保障される。ここから、内面的信仰の外部への表現である信仰告白の自由も、当然に認められる。したがって、公権力が個人に信仰告白を強制したり、あるいは信仰に反する行為を強制することは、明らかに憲法違反となる。また、親が子どもに自己の選択する宗教を教育し、自己の選択する宗教学校に進学させる自由、および宗教的教育を受け、または受けない自由も信仰の自由から派生すると解される。

ⓒ　**宗教的行為の自由**　宗教的行為の自由とは、信仰に基づいて、礼拝、祈祷、儀式、祝典および布教などを任意に行い、それに参加する自由であり、またそれらを強制されない自由を含む。憲法20条2項の規定は、これを明示したものである。

ⓓ　**宗教的結社の自由**　これは、特定の宗教について、共同で宗教的行為

を行い、布教をするために、宗教団体を結成する自由である。これには、宗教団体に加入する自由や脱退する自由も含まれ、宗教団体の自律権もこの自由に基づいて認められる。

（2）　限　界

信教の自由については、国際人権Ｂ規約（18条）が規定するように「法律で定める制限であって公共の安全、公の秩序、公衆の健康若しくは道徳又は他の者の基本的な権利及び自由を保護するために必要な」制約を受ける。ただし、上記のような信教の自由の憲法上の重要性から安易な制約は許されず、アメリカ合衆国最高裁の判例理論から導き出される「必要不可欠な公共的利益」のテストを用いて判断することが妥当であると考えられる（芦部『憲法学Ⅲ』参照）。

このテストによれば、まず、規制を争う側は、当該規制が自己の信教の自由に実質的な負担を課すものであることを証明しなければならない（その負担が単に付随的なものであれば当該規制は合憲となる）。次の段階として、裁判所は、規制のもつ公共的利益の重要性と信教の自由に対する負担とを比較衡量する。その際、政府利益が必要不可欠なものである、すなわち負担を正当化するほど十分に重要であり、かつ規制が必要最小限度の手段である場合にかぎり、合憲とされる。信教の自由に関するわが国の裁判例で注目されるものは、以下の通りであるが、いずれの事件でも明確な審査基準は示されていない*。

＊信教の自由に関する裁判例

　⑴　加持祈祷事件　　真言宗の僧侶である被告人は、被害者の母親から娘の精神障害平癒のため加持祈祷の依頼を受けた。そこで線香護摩による加持祈祷を行ったが、開始してから約4時間後に被害者が急性心臓麻痺により死亡した。一審は、被告人が「刑法上暴行の犯意ありとするに必要な行為の外形事実に対する認識においては何ら欠くところがなかった」との判断を示し、傷害致死罪の成立を認め、懲役2年（執行猶予3年）に処した（大阪地判昭和35・5・7刑集17巻4号328頁）。被告人は、「信教の自由の保障は絶対的」であるなどとして上告したが、最高裁は、その「行為が著しく反社会的なもの」であり、「信教の自由の保障の限界を逸脱したもの」であるとして、上告を斥けた（最大判昭和38・5・15刑集17巻4号302頁）。

　⑵　牧会活動事件　　キリスト教の牧師が、学園紛争の中で凶器準備集合罪などの容疑で警察に追及されていた高校生を「牧会活動」として教会内に1週間宿泊させ、説得して警察に出頭させたが、犯人蔵匿罪で罰金1万円の略式命令を受けた事件。神戸簡

裁は、魂への配慮としての本件の牧会活動は憲法20条の保障する礼拝の一内容であり、正当な業務行為とした（神戸簡判昭和50・2・20判時768号 3 頁）。宗教的行為の制約についてきわめて慎重な配慮が必要であることを明確にするとともに、欧米において制度としての教会が一種の社会秩序維持機能を果たしていることを念頭に、国家が宗教団体に譲歩すべき領域があることを示した判決として、注目される。

　(3)　日曜日授業参観事件　　江戸川区立小岩小学校が日曜参観授業を実施したところ、両親が主催する教会学校に出席するためにこれに欠席した児童及びその両親が、校長による指導要録への「欠席」記載は憲法20条 1 項に違反するなどとして、欠席記載の取消および損害賠償を求めて出訴した。裁判所は、宗教行為に参加する児童に対して出席を免除することは「公教育の宗教的中立性を保つ上で好ましいことではない」とし「公教育上の特別の必要性がある授業日の振替えの範囲内では、宗教教団の集会と抵触することになったとしても、法はこれを合理的根拠に基づくやむをえない制約として容認しているものと解すべきである」と判断した（東京地判昭和61・3・20行集37巻 3 号347頁）。

　(4)　剣道実技拒否事件　　神戸市立工業高専では剣道実技が必修とされていたが、原告は「エホバの証人」の信仰に基づいてこれに参加しなかったので、原級留置処分および退学処分を受けた。原告がこれらの処分は憲法20条 1 項等に違反するとしてその取消しを求めた事件。最高裁は、原告の剣道実技拒否の理由はその「信仰の核心部分と密接に関連する真しなもの」であったにもかかわらず、本件各処分は著しい不利益を原告に与えるものであり、代替措置について何ら検討することなく行われた本件処分は、裁量権を逸脱し違法であるとした（最判平成 8・3・8民集50巻 3 号469頁）。

　(5)　オウム真理教解散命令事件　　宗教法人の代表役員が、多数の信者とともに組織的に、不特定多数の者を殺害する目的で毒ガスのサリンを生成した行為が、宗教法人法（宗教団体に宗教法人という法律上の能力を与えることを目的とする法律）81条 1 項にいう「法令に違反して、著しく公共の福祉を害すると明らかに認められる行為をしたこと」および「宗教団体の目的を著しく逸脱した行為をしたこと」に該当するとして、東京地裁により当該宗教法人の解散命令が下され、これに対して教団側が、信者の信教の自由の侵害等を理由として特別抗告を行った事件。最高裁は、解散命令制度は、「専ら宗教法人の世俗的側面を対象とし、かつ、専ら、世俗的目的によるものであって、宗教団体や信者の精神的・宗教的側面に容かいする意図によるものではなく、その制度の目的も合理的であ」り、本件解散命令によってオウム真理教や信者の宗教上の行為に支障が生ずるとしても、それは解散命令に伴う間接的で事実上のものにとどまるとして、特別抗告を棄却した（最決平成 8・1・30民集50巻 1 号199頁）。解散命令が下されたとしても、法人格を有しない宗教団体として存続でき、あるいは新たな団体を結成しうるのであり、厳格な要件の下で行われる解散命令の制度は合憲と解される。

2　政教分離の原則

（1）　国家権力と宗教との関係

　信教の自由を保障する憲法体制の場合にも、各国の歴史的事情を反映して国家権力と宗教との関係にはいくつかの型がある。その主要な形態としては、①イギリスのように国教制度を維持しながら、それ以外の宗教にも広汎な宗教的寛容を認める型（国教制度型）、②ドイツやイタリアを代表とする、主要な教会と国家とはそれぞれの固有な領域について独立であることを認めた上で、相互関係のあり方については政教条約（Konkordat）によるとする型（公認宗教制度型）、③アメリカ合衆国やフランスのように、政教分離制度を定める型（政教分離型）である。

　わが国では、明治憲法が信教の自由を一応保障していた（28条）ものの、天皇家の宗教である国家神道の尊崇は臣民の義務であり、「神社は宗教にあらず」として国家神道には準国教的な地位が与えられ、極端な排外的国家主義が形成された。これが軍国主義と分かちがたく結びついて無謀な侵略戦争を推進した反省から、日本国憲法は、国家と国家神道との厳格な分離のために、政教分離型を選択したのである。

（2）　国家と宗教との分離としての政教分離

　ⓐ　**政教分離の原則とは**　　政教分離とは、国民の信教の自由を保障するために、国家と宗教（ないし宗教団体）とを厳格に分離して国家の宗教的中立性を確保する憲法上の原則である。この原則が要請される理由としては、国家と特定の宗教とが国教制度などの形で結びつくときには、戦前のわが国がそうであったように、国家権力の絶対化・神格化、国家による他の宗教（キリスト教、大本教、創価教育学会など）への抑圧、そして国教化された宗教自体の堕落が生まれることが指摘される。

　憲法は、20条1項後段、同条3項で、この原則を規定し、89条で財政面からこれを駄目押ししている。

　ⓑ　**国家と宗教の分離としての政教分離**　　政教分離の「政教」とは国家と宗教ないし宗教団体のことであって、政治と宗教のことではない（アメリカでは、これを separation of church and state と表現する）。つまり、この原則は、国家

と宗教との分離を要求するものであって、政党と宗教団体との関係を問題にするものではないのである。20条1項後段は、「いかなる宗教団体も、国から特権を受け、又は政治上の権力を行使してはならない」と規定するが、通説的見解によれば、この「政治上の権力」は、政治上の影響力ではなく、徴税権や警察権などの国家の統治権を意味する。したがって、宗教団体が選挙に際して特定の政党や候補者を支援し、その政党や候補者が万一政権を担うことになったとしても、この原則違反の問題は生じない。政府も一貫してこの見解を支持してきている（第90回帝国議会での憲法草案審議における金森国務大臣の答弁などを参照）。

　また、「特権」とは、他の非宗教的団体と比較して宗教団体一般に与えられる、または特定の宗教団体のみに与えられる一切の優遇的地位ないし利益をいう。この特権付与の禁止規定によって、国教制度や公認宗教制度が排除される。現行税法上、宗教法人は「公益法人等」と区分けされていることから、法人税は原則として非課税とされている。こうした優遇税制が「特権」にあたり、その合憲性を疑問視する学説もあるが、通説はこれを合憲としている。その理由づけについて、一般には、他の公益法人などに対する非課税措置の一環として合憲と解されているが、宗教法人を端的に公益法人とみるべきではなく、宗教のもつ、人間の人格的生存にとっての価値に注目した立法政策的措置と考えるべきだと解される（佐藤『日本国憲法論』（2版）参照）。

（3）　目的・効果基準

ⓐ　基準の内容と問題点　　政教分離の原則が適用される場面には、宗教団体が国家権力を行使することを禁止する場面と国家が宗教的活動などに関わることを禁ずる場面とがあるが、わが国でこれまで政教分離違反が裁判で争われた事件は、いずれも後者の場面に関するものであった。これについて、憲法20条3項は「国及びその機関は、宗教教育その他いかなる宗教的活動もしてはならない」と規定する。この場面に関する事件は、①社会国家の要請に基づいて、国家が学校教育や福祉事業の援助、あるいは文化財保護などを通して宗教と一定の関わり合いをもつ（付随的間接的支援）事件と、②靖国神社への参拝、地鎮祭の挙行、忠魂碑の移設・維持等、国家が宗教的行為を行い、もしくはその

主催者となったり、宗教施設のために公金を支出するなど、直接的に宗教と関わる（直接的宗教活動および直接的支援）事件とに大別される。しかし、最高裁はこの両者を区別することなく、いずれの領域の事件にも、レモン・テストと呼ばれるアメリカ合衆国の判例準則（レモン判決は、①の領域の事件に対するものである）から生み出された目的・効果基準を適用してきている。

　最高裁は、②の領域の事件である津地鎮祭事件判決*において、制度的保障（この点については、第1章第4節参照）である政教分離は完全分離にはなりえず、ある範囲における国家の宗教への関わり合いは許されるとして、「宗教とのかかわり合いが国の社会的・文化的諸条件に照らし相当とされる限度を超えるものと認められる場合にこれを許さないとするものである」とした上で、憲法20条3項で禁止される「宗教的活動」とは、国家が行う「当該行為の目的が宗教的意義をもち、その効果が宗教に対する援助、助長、促進又は圧迫、干渉等になる行為」であると述べて、初めてこの基準を明らかにした。そして、宗教的活動にあたるかどうかの判定にあたっては、行為の行われる場所、行為に対する一般人の宗教的評価、当該行為者の意図、目的および宗教的意識の有無、程度、当該行為の一般人に与える効果、影響等、諸般の事情を考慮し「社会通念」に従って客観的に判断しなければならないとした（最大判昭和52・7・13民集31巻4号533頁）。

　判例上は、目的・効果基準が定着している。しかし、学説からは、目的・効果基準がそれに影響を与えたアメリカの判例準則であるレモン・テストに比べて緩やかすぎる点が批判されてきた。レモン・テストとは、㋐当該行為は世俗的目的をもっているか、㋑その主要な効果が宗教を促進したり、抑圧しないかどうか、㋒当該行為は宗教との過度の関わり合いをもたらさないかどうかの三要件を個別に問い、すべての要件をみたさなければ違憲と判断される基準である。このレモン・テストを参考に、目的・効果基準を厳格に適用することが求められる。とくに上記の②の領域の事件については、それがとりわけ強く要請されるのである**。また、地鎮祭判決が「社会通念」によって「宗教的活動」の判定をするとしている点は、「社会通念」＝宗教的多数者の意識で宗教的少数者の人権問題を判定することを認めるものであり、妥当とは言い難い（アメ

リカの判例では、「一般人の宗教的評価」などを重視することは原則としてない）。
宗教的少数者の権利侵害の問題を宗教的多数者の観点で判定することの問題性
は、自衛官合祀拒否事件＊＊＊に対する最高裁判決について指摘された。

＊津地鎮祭事件　三重県津市が市体育館建設に際して、神式の地鎮祭を公費によって
行ったことに対して、住民が憲法20条・89条に違反するとして市長に損害補填を求めた
住民訴訟。二審判決は、本件地鎮祭は習俗的行為ではなく宗教的行為であるとして、違
憲判決を下した（名古屋高判昭和46・5・14行集22巻5号680頁）が、最高裁は、本文
で示した目的・効果基準を適用して合憲判断を下した。なお、5名の裁判官の反対意見
は、政教分離を厳格に解し、本件地鎮祭は「極めて宗教的色彩の濃いもの」であり、神
社神道を優遇、援助する効果をもつとして違憲であるとした。
＊＊政教分離に関する違憲審査のあり方
　(1)　空知太神社事件　北海道砂川市が市有地を神社施設の敷地として無償で利用さ
せていたのは、憲法20条・89条に違反するとして、市の住民がその撤去などを求めた住
民訴訟。最高裁は、「国公有地が無償で宗教施設の敷地としての用に供されている状態
が、……信教の自由の保障の確保という制度の根本目的との関係で相当とされる限度を
超えて憲法89条に違反するか否かを判断するに当たっては、当該宗教的施設の性格、当
該土地が無償で当該施設の敷地としての用に供されるに至った経緯、当該無償提供の態
様、これらに対する一般人の評価等、諸般の事情を考慮し、社会通念に照らして総合的
に判断すべきもの」であるという憲法判断の枠組みを示し、それによって判断すると、
本件利用提供行為は、氏子集団の神社を利用した宗教活動を容易にし、特定宗教に特別
の便益を提供していると評価されてもやむを得ないものであり、「市と本件神社ないし
神道とのかかわり合いが、我が国の社会的、文化的諸条件に照らし、信教の自由の保障
の確保という制度の根本目的との関係で相当とされる限度を超えるものとして、憲法89
条の禁止する公の財産の利用提供に当たり、ひいては憲法20条1項後段の禁止する宗教
団体に対する特権の付与にも該当」し、違憲であると判示した。ただ、違憲性を解消す
るための手段には、撤去以外にも土地の有償譲渡や有償貸付などがありうること示した
上で、その点について審理を尽くさせるため、原審に差戻した（最大判平成22・1・20
民集64巻1号1頁）。この判決では、宗教との関わり合いが「相当とされる限度を超え
る」かの判断に当たって、目的と効果の判断基準には言及せず、「総合的に判断すべき
もの」とされた点が注目される。
　(2)　那覇孔子廟事件　那覇市が、市の管理する都市公園内に儒教の祖である孔子等
を祀った施設（孔子廟）を設置することを一般社団法人（久米崇聖会）に認め、その敷
地の使用料の全額を免除したことが憲法20条等に違反するとして、市の住民が地方自治
法242条の2第1項3号に基づき、公園使用料を請求しないことが違法に財産の管理を
怠るものであるとして怠る事実の違法確認を求めた住民訴訟。最高裁は、空知太神社事
件判決で示した「総合判断」の判断枠組みに基づき、具体的に本件施設の性格、使用料

が免除された経緯、当該免除の態様、これらに対する一般人の評価について検討し、「本件免除は……憲法20条3項の禁止する宗教的活動に該当する」との違憲判断を下した（最大判令和3・2・24民集75巻2号29頁）。本件で、最高裁は宗教団体でない団体について、その宗教的な活動実態に着目して20条3項に違反するとした点が注目されている。

＊＊＊自衛官合祀拒否事件　殉職自衛官の妻が隊友会（社団法人隊友会の山口県支部連合会）による山口県護国神社合祀申請の取消と、宗教的人格権（静謐な宗教的環境の下で信仰生活を送るべき利益）の侵害に対する慰謝料の支払を求めた訴訟。一審、二審とも原告の慰謝料請求を認めたが、最高裁は、合祀申請についての隊友会と地連（自衛隊山口地方連絡部）との共同行為性を否定し、地連の協力行為は目的・効果基準に照らして「宗教的活動」とはいえず、また私人としての護国神社による合祀は信教の自由により保障される行為であり、原告の法的利益を侵害するものではないとして、原告の請求を棄却した（最大判昭和63・6・1民集42巻5号277頁）。この判決は、多くの学説から批判されており、むしろ事実に即せば合祀申請行為は隊友会と地連の共同行為であって「宗教的活動」にあたり、原告の宗教上の心の静謐という法的利益の違法な侵害があったとする伊藤正己裁判官の反対意見を支持すべきであろう。

　ⓑ　**国家と旧国家神道施設との直接的結びつきが問題となる事件**　最高裁は、津地鎮祭判決以来、目的・効果基準を使用することにより、政教分離原則を緩やかなものにしてきているが、裁判所は、国家と旧国家神道の中核的な施設（靖国神社や護国神社）との直接的な結びつきが問題となる事件では、これを厳格に解する傾向がある。1992年、福岡高裁（福岡高判平成4・2・28判時1426号85頁）は、内閣総理大臣公式参拝違憲訴訟で、本件参拝は靖国信仰を公認したとはいえず信教の自由侵害はないとしながらも、それが継続して行われれば靖国神社に援助、助長などの効果をもたらすとして違憲の疑いを表明し（同旨、大阪高判平成4・7・30判時1434号38頁）、2005年、大阪高裁（大阪高判平成17・9・30訟月52巻9号2979頁）は、小泉首相靖国参拝訴訟＊で、目的・効果基準に基づき、小泉首相による3回の靖国参拝を憲法20条3項に違反するとした。

　さらに1997年、最高裁自身が愛媛玉串料訴訟＊＊で目的・効果基準に拠りながら、これを厳格に解して、靖国神社と県護国神社に対する玉串料等の支出を違憲であると判示し、精神的自由の領域で最初の違憲判決を下したことが注目される（最大判平成9・4・2民集51巻4号1673頁）。

＊小泉首相靖国参拝訴訟　　小泉純一郎首相（当時）が2001年から2003年にかけての計
3回、靖国神社に参拝したことに対し、原告らが、参拝は憲法に違反し、戦没者の回顧・
祭祀について自ら決定する権利ないし利益を害したとして、国に対し国家賠償を求めた
事件。国家賠償については、原告らの権利ないし利益の侵害を否定して認めなかった。
主観訴訟である国家賠償訴訟では、原告の権利ないし利益の侵害を立証する必要があり、
これが認められなければ、原告敗訴となる。政教分離に関する訴訟の多くは、本件とは
異なり、住民訴訟（地方自治法242条の2）の形で争われている。この住民訴訟は、戦
後、アメリカの納税者訴訟（Tax payer's suit）をモデルとして導入された客観訴訟の
一つであり、権利侵害の立証をすることなく、違法な公金支出の是正や損害の回復を
裁判で争うことができるものである。国のレベルにおいても、こうした訴訟制度の導入
が検討されるべきであろう。

＊＊愛媛玉串料訴訟　　愛媛県知事が1981年から6年間、靖国神社と県護国神社に玉串
料等（22回にわたり合計16万6000円）を公費から支出したことに対し、これが20条・89
条に違反するとして争った住民訴訟。一審は、目的・効果基準を適用して本件支出を違
憲とした（松山地判平成元・3・17行集40巻3号188頁）が、二審は、同じ目的・効果基
準を使いながらも、本件支出は深い宗教心に基づくものではなく、遺族援護行政の一環
として行われており、その金額もきわめて零細なもので社会的儀礼の範囲内にあるとし
て合憲判決を下した（高松高判平成4・5・12行集43巻5号717頁）。最高裁は、玉串料等
の奉納は、社会的儀礼の一つにすぎないとはいえず、本件のような形で、地方公共団体
が特定の宗教団体に対してのみ特別な関わり合いをもつことは、一般人に対して靖国神
社が特別のものであるとの印象を与え、特定宗教への関心を呼び起こすものであるから、
20条3項の禁止する「宗教的活動」にあたるとした。この判決は「目的・効果基準」を
使った判決であるが、アメリカの国教樹立禁止条項に関する判例法理の1つであるエン
ドースメント・テスト（endorsement test：当該国家行為が特定の宗教を推奨するメッ
セージ性をもつか否かを審査するテスト）の影響が指摘されている。

3　信教の自由と政教分離との関係

　先に述べたように、政教分離の原則は、信教の自由の保障を目的とするもの
であるが、客観的な制度に関する原則であることから、それを徹底すれば信教
の自由と矛盾・衝突する場面もありうる。信教の自由の限界が争われた剣道実
技拒否事件では、この点が一つの争点になった。

　本件の第一審判決は、①原告の主張を認めれば、宗教上の理由に基づいて有
利な取扱いをすることになり、公教育の宗教的中立性を損なって政教分離に違
反すること、②履修免除を認めると、学校側はその履修拒否が宗教上の理由に
基づくものかどうかを判断せねばならず、教育機関が宗教の内容に深く関わる

ことになり、この点でも公教育の宗教的中立性が損なわれること、の二つを原告の訴えを斥ける理由としてあげていた（神戸地判平成5・2・22判時1524号20頁）。

　これらについて、最高裁は、①信仰上の理由による剣道実技拒否に対して適切な代替措置をとることは、目的・効果基準に照らして憲法20条3項に違反するとはいえない、②「当事者の説明する宗教上の信条と履修拒否との合理的関連性が認められるかどうかを確認する程度の調査をすることが公教育の宗教的中立性に反するとはいえない」との判断を示した（最判平成8・3・8民集50巻3号469頁）。

　津地鎮祭判決以来、最高裁は政教分離原則に関する目的・効果基準を緩やかに適用してきており、少数者の信教の自由保障のためになされる宗教への便宜供与の場面での、こうした判断は当然と考えられる。

第4節　表現の自由

1　表現の自由と「二重の基準」論

　憲法21条は、「集会、結社及び言論、出版その他一切の表現の自由は、これを保障する」と、表現活動に関する自由をまとめて保障している。内心における思想、良心、信仰、学問上の見解なども、外部に表現されて初めて社会的価値をもつのであり、その意味で、憲法21条が保障する表現の自由は、精神的自由の中でも中心的な位置を占めるものといえる。したがって、精神的自由が経済的自由に比べて優越的地位に立つことから導かれる「二重の基準」論も、この表現の自由を中心に構成されている（「二重の基準」論については、第3章第1節2（2）参照）。

　学説は、「二重の基準」論の内容について、精神的自由に対する審査基準と経済的自由に対する審査基準を分けるだけでなく、判例の展開を受けて、経済的自由についての消極目的規制と積極目的規制のそれぞれについて、異なる審査基準を設けることから、実際には、①精神的自由（表現の自由）の規制に対する「厳格審査基準」、②経済的自由の消極目的規制に対する「厳格な合理性の基準」、③経済的自由の積極目的規制に対する「合理性の基準」という段階

の異なる三つの違憲審査基準を区別する。

　さらに、表現の自由の規制に対する審査基準である「厳格審査基準」についても、学説は、単一の基準ではなく、表現の自由の規制立法を①検閲・事前抑制、②漠然不明確または過度に広汎な規制、③表現内容に基づく規制（「表現内容規制」）、④表現の時・所・方法に基づく規制（これは、表現を内容や伝達効果に関係なく規制するものであるので、「表現内容中立的規制」と呼ばれる）の四つの規制態様に大きく分けた上で、表現の種別やそれぞれの規制立法の態様の相違に応じた厳格度の異なる違憲審査基準を用いてきている。

2　表現の自由の制約に関する違憲審査基準

（1）　事前抑制禁止の原則と検閲の禁止

　表現の自由について、表現物が思想の自由市場（free market of idea）に登場すること自体を規制する事前抑制は、原則的に禁止される（事前抑制禁止の原則）。この方法は、表現の自由に対する抑止効果が大きいことに加えて、公権力による濫用の危険性が高く、かつ表現物の評価は個人が理性的に行うべきであるという憲法上の建前と正面から矛盾するからである。したがって、表現の自由に対する規制は、事後的になされることが原則となる。

　ⓐ　検閲の概念　　憲法は、事前抑制の典型である検閲について、これを全面的に禁止している（21条2項）。したがって、ある行為が検閲にあたるとされれば、例外なしに憲法に違反することになる。最高裁も、「公安又は風俗を害すべき書籍、図画」の輸入を禁止する関税定率法21条1項4号（現行関税法69条の11第7号）に基づいて行われる税関検査の合憲性が争われた事件で、「公共の福祉を理由とする例外」も認めない「検閲の絶対的禁止」であるとして、このことを認めている（税関検査事件、最大判昭和59・12・12民集38巻12号1308頁）。これは、検閲の定義がきわめて重要となることを意味する。

　従来の通説は、検閲とは、「公権力が外に発表されるべき思想の内容をあらかじめ審査し、不適当と認めるときは、その発表を禁止することをいう」と定義してきたが、その主体、対象、時期をどのように捉えるかが問題となる。学説では、検閲の主体は公権力であり、対象は広く表現の内容とし、「思想・情

報の受領時を基準として、受領前の抑制や、思想・情報の発表に重大な抑止的な効果を及ぼすような事後規制も、検閲の問題となりうる」と広義に解する説（芦部『憲法（5版）』）と、「表現行為（従来の通説の説く「思想の発表」に限定されないことに注意）に先立ち行政権がその内容を事前に審査し、不適当と認める場合にその表現行為を禁止することを意味」すると狭義に解する説（佐藤『憲法（3版）』）とが有力に主張されている。

　税関検査事件で、最高裁は、検閲を「行政権が主体となって、思想内容等の表現物を対象とし、その全部又は一部の発表の禁止を目的として、対象とされる一定の表現物につき網羅的一般的に、発表前にその内容を審査した上、不適当と認めるものの発表を禁止すること」と定義し、問題の表現物（わいせつなフィルム、書籍）はすでに国外で発表済みのものであり、同検査は事前に発表そのものを禁止する検閲にあたらず、合憲であるとした。今日、このように狭く定義された検閲に該当するものは、およそ考えられないことから、学説はこれに批判的である。

　税関検査が憲法21条2項の禁止する検閲にあたらないとしても、同条1項から要請される明確性の法理（後述（2）参照）との関係が問題となる。最高裁は「風俗を害すべき書籍、図画」とは「わいせつな書籍、図画」に限られるとの合理的な限定解釈ができるとして合憲の判断を下した（合憲限定解釈）が、不明確かつ過度に広汎な規制として違憲無効であるとした、伊藤正己裁判官など4裁判官の反対意見を妥当とすべきであろう。

　青少年保護条例による有害図書指定制度＊についても、最高裁は同様の判断を示している。

　＊岐阜県青少年保護条例事件　「著しく性的感情を刺激し、又は著しく残忍性を助長するため、青少年の健全な育成を阻害するおそれがある」と認められる図書やポルノ写真・刊行物を知事が「有害図書」として指定し、有害指定図書の青少年への販売・配布・貸付および自動販売機への収納を禁止する岐阜県青少年保護条例の合憲性が争われた事件。最高裁は、これらの規制は、税関検査事件判決の「検閲」概念に照らして検閲にあたらず、また21条1項（知る自由）との関係についても、「有害図書が一般に思慮分別の未熟な青少年の性に関する価値観に悪い影響を及ぼし、性的な逸脱行動や残虐な行為を容認する風潮の助長につながるものであって、青少年の健全な育成に有害である

ことは、既に社会共通の認識になって」おり、有害図書の自動販売機への収納禁止を含めて、これらの規制は、成人との関係においても、青少年の健全な育成を阻害する有害環境を浄化するための規制に伴う必要やむをえない制約であり、憲法21条1項に違反しないとした。本件に関する伊藤正巳補足意見も、「ある表現が受け手として青少年にむけられる場合には、成人に対する表現の規制の場合のように、その制約の憲法適合性について厳格な基準が適用されないものと解するのが相当である」とし、そうであるとすれば、表現の自由を制約する法令に関する「違憲判断の基準についても成人の場合とは異なり、多少とも緩和した形で適用されると考えられる」と述べた。(最判平成元・9・19刑集43巻8号785頁)。

ⓑ **教科書検定**　また、学校教育法に基づき教科書は、文部科学省の行う検定に合格しなければ、教科書として出版できない制度となっており(学校教育法34条等)、この検定制度が検閲にあたるかどうかも大きな議論を呼んできた問題である。下級審判決には、教科書検定制度それ自体は検閲にあたらないものの、その審査が思想内容に及ぶときは検閲に該当するとした(したがって問題の不合格処分は法律の適用を誤ったものであり違憲とした)判決もある(第二次家永教科書訴訟*一審判決——いわゆる杉本判決、東京地判昭和45・7・17行集21巻7号別冊1頁)が、最高裁は、税関検査事件判決で示した検閲概念に立って、教科書検定は、不合格図書の一般図書としての出版を何ら妨げるものではなく、発表禁止目的や発表前の審査などの特質をもたず、検閲にあたらないとした。また、21条1項との関係でも、検定による表現の自由の制限は、思想の自由市場への登場を禁止する事前抑制そのものではなく、教育の中立・公正、一定水準の確保などの要請に基づく合理的で必要やむをえないものとして、教科書検定制度は憲法21条に違反しないとした。ただ具体的な検定については、「事柄の性質上、文部大臣の合理的な裁量に委ねられ……検定当時の学説状況、教育状況についての認識」等に「看過し難い過誤」がある場合には違法となるとの判断を示していた(第一次家永教科書訴訟、最判平成5・3・16民集47巻5号3483頁)。この判断基準に基づいて、第三次訴訟では旧日本軍の731部隊に関する記述に対するものなど合計4ヶ所の検定処分が違法とされたことが注目される(最判平成9・8・29民集51巻7号2921頁)。

裁判所による表現物の事前抑制が許されるかどうかの問題について、最高裁

は「北方ジャーナル」事件＊＊において厳格な手続条件の下でこれを認めた。

＊**家永教科書訴訟**　　家永三郎東京教育大学教授（当時）が執筆した高校用教科書『新日本史』が教科書検定において不合格処分となったため、同処分の取消しあるいは損害賠償を求めた訴訟であり、三次にわたる。

＊＊**「北方ジャーナル」事件**　　北海道知事選の立候補予定者を攻撃する記事を掲載する予定の雑誌につき、名誉毀損を理由としてその事前差止めが求められた事件。最高裁は、仮処分による事前差止めは「検閲」にはあたらないものの21条の禁止する事前抑制そのものであり、本件記事は公職の候補者の評価、批判に関するものであることから、その事前抑制は原則として許されないとした上で、「表現内容が真実でなく、又はそれが専ら公益を図る目的のものでないことが明白であって、かつ被害者が重大にして著しく回復困難な損害を被る虞があるときは……例外的に事前差止めが許される」とした（最大判昭和61・6・11民集40巻4号872頁）。

（2）　明確性の法理

　表現の自由を規制する法令の文言は明確であることが厳しく求められることを明確性の法理という。ここから、その文言が漠然不明確であって、いかなる行為を規制するのかが一義的に明らかでない場合や、文言自体は明確であるが規制が過度に広汎であって、合憲的に規制できる範囲をこえて表現行為を規制することになる場合には、その法令自体が違憲無効と判断される（狭義の文面審査＊）。こうした場合には、人々は処罰やその他の不利益をおそれて本来許されているはずの表現行為についても自己抑制してしまい、漠然不明確な法令や過度に広汎な法令そのものが表現の自由に対して「萎縮効果（chilling effects）」をもつものと考えられるからである。これは、アメリカの判例法理である、「漠然性の故に無効の法理」および「過度の広汎性の法理」に対応している。

　刑罰法規の文言が明確でなければならないことは、表現の自由の領域だけの問題ではなく、一般的に適正手続または罪刑法定主義（憲法31条）が要請するところである。したがって、漠然不明確な刑罰法規は、憲法31条に違反し、無効とされることとなる。その理由として、①明確性を欠く刑罰法規は国民に対してどんな行為が処罰されるかについての「公正な告知」を与えず、また②法を執行する者に恣意的な適用を許すことになることがあげられる。表現行為を規制する漠然不明確な法令の場合には、これらの理由とは別に、先に指摘した

表現の自由に対する萎縮効果をもたらすという点が重要である。したがって、こうした法令は、合理的な限定解釈によってその不明確性が取り除かれないかぎり、たとえ問題の行為が合憲的に規制できるものであったとしても、その法令自体が、文面上、違憲無効とされることになる。漠然不明確な法令と過度に広汎な法令とは、理論上は区別されるが、表現行為の規制立法については、多くの場合、同時に問題となる。

　表現行為（具体的にはデモ行進）を規制し、規制違反の行為を処罰する条例の不明確性が争われた徳島市公安条例事件＊＊で、最高裁は、もっぱら刑罰法規の明確性（31条）の問題として、「通常の判断能力を有する一般人の理解において、具体的場合に当該行為がその適用を受けるものかどうかの判断を可能ならしめるような基準が読みとれるかどうかによって」決定すべきであるとの判断基準を示した上で、「交通秩序を維持すること」という条例の文言は、抽象的に過ぎ「立法措置として著しく妥当を欠くものがある」としながらも、「殊更な交通秩序の阻害をもたらすような行為」を避けることを命じていると解され、一般人も、具体的な場合にさほどの困難なく、そう判断できるとして、違憲の主張を斥けた（最大判昭和50・9・10刑集29巻8号489頁）。最高裁は、税関検査事件、岐阜県青少年保護条例事件などでも同様の判決を下している。

> 　＊狭義の文面審査　　これは、問題の法令の立法事実（立法の必要性や合理性を支える社会的・経済的・文化的な事実）について審査することなく、法令の文言の審査のみでそれを違憲無効（文面上無効）とする司法審査の方法である。
> 　＊＊徳島市公安条例事件　　道路での集団行進の際、被告人は先頭列外付近に位置して笛を吹くなどして集団行進者が蛇行進するよう刺激を与えたことが、徳島市公安条例3条3号（「交通秩序を維持すること」）に違反するとして起訴されたので、被告人は本件条例3条3号の規定は不明確であり、憲法31条に違反するなどと主張した事件。

（3）　表現内容規制

　表現の自由に対する規制については、一般に表現内容規制と表現内容中立規制とが区別される。表現内容規制とは、ある表現が伝達するメッセージの内容を理由として制限する規制（たとえば文書による政府転覆のせん動の禁止など）のことである。これには、高い価値の表現（政治的表現）の内容規制と性表現

や名誉毀損的表現のように低い価値と考えられる表現についての内容規制とが含まれる。一方、表現内容中立規制とは、後で詳しく述べるように、表現が伝達するメッセージ内容と関係なく表現の自由を制限する規制であり、表現の時、所、方法の規制と呼ばれるものである。病院や学校に隣接する地域での騒音規制、一定の地域や建物についての広告物掲示の禁止、選挙運動の自由の制限などがその例である。しかしながら、最高裁は、表現内容に基づく規制と表現内容中立的な規制との区別自体を明確にしていない。

　高い価値の表現の内容規制については、「明白かつ現在の危険（clear and present danger）」の基準と「厳格審査基準」が用いられる。前者は、①ある表現行為が実質的害悪を近い将来において引き起こす蓋然性が明白であり、②重大な害悪発生が時間的に切迫しており、③規制手段が当該害悪の発生を回避するために必要不可欠であること、の三つの要件が存在する場合に当該表現行為を規制できるとする審査基準である。下級審では多くの判決で採用されているが、最高裁は採用しておらず、その趣旨を取り入れた判例があるにとどまる（後述4（1）参照）。後者は、当該法令の規制目的が必要不可欠な（すなわち最高度の）公共的利益の達成にあり、規制手段も目的達成に是非とも必要な最小限度のものであることを、政府の側で立証せねばならないとする違憲審査基準である。

　性表現や名誉毀損的表現のような低い価値の表現の内容規制については、定義づけ衡量（definitional balancing）という審査方法が用いられる。これは、これらの表現についても原則として表現の自由に含まれると解した上で、それと規制利益との衡量を、表現の自由の価値を重視しながら、問題の表現類型の定義を厳格にしぼる形で行うことによって、表現内容に対する規制を最小限度のものにとどめようとする方法である。

　次に表現類型ごとに、具体的に検討してみよう。

　⒜　**せん動表現**　　現行法には、かなり多くのせん動表現を処罰する規定が存在する（破壊活動防止法38〜40条、国税犯則取締法22条、国家公務員法110・111条、地方公務員法61・62条、地方税法21条など）。最高裁は、かつて食糧緊急措置令のせん動処罰規定（11条）の合憲性が争われた事件で、主要食糧の政府への売渡しを

しないようせん動する行為は、「法律上の重要な義務の不履行を慫慂し、公共の福祉を害するもの」であって、「言論の自由の限界を逸脱」する行為であるとして、問題の規定を合憲とした。その後も、最高裁はこの判決が示した審査基準の考え方を維持しており、それは現在も本質的には変わっていない（破壊活動防止法違反事件、最判平成2・9・28刑集44巻6号463頁）。

　最高裁によれば、せん動とは、人に対し「犯罪行為を実行する決意を生ぜしめ又は既に生じている決意を助長させるような勢のある刺激を与える行為」と定義される（前出最判平成2・9・28）が、これは実際には違法行為には結びつかない抽象的な危険を生み出すだけの言論活動を含み、それらを広く処罰の対象とすることになる。そこで、憲法上処罰可能なせん動は、社会的害悪を引き起こす蓋然性が明白であり、かつそれが時間的にも切迫しているものに限るべきだという考え方が、合衆国最高裁裁判官であったホームズ（O. W. Holmes, 1841-1932）などが提唱した「明白かつ現在の危険」の基準であった。この基準は、現在ブランデンブルグ法理（Brandenburg v. Ohio 判決において宣明されたのでこう呼ばれる）として定式化されている。これによれば、違法行為の唱道を処罰できるのは、その唱道が「差し迫った違法行為のせん動に向けられており、かつ結果として違法行為を生み出す蓋然性のある場合」に限られる。わが国のせん動処罰規定の違憲審査基準についても、こうした限定を加えることがぜひとも必要である。

　　ⓑ　**わいせつ表現**　　刑法175条のわいせつ文書頒布・販売罪について、最高裁は、ローレンス（D. H. Lawrence, 1885-1930）の小説「チャタレー夫人の恋人」事件判決（最大判昭和32・3・13刑集11巻3号997頁）で、これを合憲とした。この判決で最高裁は、大審院以来のわいせつ概念を踏襲して、わいせつ文書を①徒に性欲を興奮または刺激せしめ、②普通人の正常な性的羞恥心を害し、③善良な性的道義観念に反するものと定義し（三要素説）、わいせつ文書にあたるかどうかの判断基準は一般社会において行われている良識、すなわち社会通念にあるとした上で、刑法175条は、「性的秩序を守り、最小限度の性道徳を維持する」（これが同罪の保護法益である）という公共の福祉のための制限であって、合憲であると判断した。その後の多くの裁判例（代表的なものとして、「悪徳

の栄え」事件、最大判昭和44・10・15刑集23巻10号1239頁、「四畳半襖の下張り」事件、最判昭和55・11・28刑集34巻6号433頁がある）でも、わいせつの判断方法についての検討はなされているが、わいせつの定義と同罪の保護法益については再検討されていない。

　こうした最高裁のわいせつ概念に対して、学説では、わいせつ文書の規制が憲法上認められる根拠は、わいせつ文書の頒布・販売などの方法に着目して、「『猥褻』的表現はそれをみたくない人にとって苦痛事であり、ポルノ大量陳列などがその周辺の生活環境にある種の衝撃を与えることは否定できないこと、専ら好色的興味に訴えて商業的利潤追求の対象としていると認められるものは結局埋め合わせできるような社会的価値を認め難いこと」にあるとして、刑法175条は、「通常人にとって明白に嫌悪的なもので、かつ埋め合わせできるような社会的価値を全く欠いている文書類の規制に限定するよう適用される必要がある」と説かれ（佐藤『憲法（3版）』）、また、表現の自由の規制立法には、強度の明確性が要求されることから、わいせつ文書の範囲をハード・コア・ポルノとそれに準ずるものに限定すべきであるとする見解も有力である（ビニール本事件、最判昭和58・3・8刑集37巻2号15頁の伊藤正己裁判官補足意見参照）。

　ⓒ　**名誉毀損表現**　　表現の自由といえども、他人の名誉を毀損することはできない。しかし、政治問題を含め公共的な事柄を論ずるに際して、表現の自由と個人の名誉権が衝突する場面も多い。そこで、刑法230条の2は、たとえ名誉毀損表現であったとしても、それが①公共の利害に関する事実に関わり、②目的がもっぱら公益を図ることにあり、かつ③事実が真実であることの証明があった場合には、処罰しないと規定している。

　最高裁は、③の真実性の証明に関して、新聞報道による名誉毀損が問題となった事件で、「行為者が真実であると誤信し、それが確実な資料、根拠に照らして相当の理由があるときは、罪は成立しない」（相当性の理論）と判示して（最大判昭和44・6・25刑集23巻7号975頁）、報道機関の表現の自由を拡大し、また①に関して、わが国有数の宗教団体の会長の「私生活上の行状」も場合によっては、「公共の利害に関する事実」にあたることも認めた（「月刊ペン」事件、最判昭和56・4・16刑集35巻3号84頁）。なお、これらの名誉毀損罪に関する法準則は、

民事上の損害賠償事件にも適用される（「北方ジャーナル」事件、最大判昭和61・6・11民集40巻 4 号872頁）。

　しかし、人格権の重要な一要素である名誉権の保護という観点からすると、①アメリカなどと比べてわが国の、名誉毀損訴訟での損害賠償額はきわめて低く、害意をもったメディアに対してはほとんど抑止効果をもたない、②裁判の過程で、それが注目される事件であればあるほど繰り返し報道され、名誉毀損が繰り返されることなど、現在の制度はきわめて不十分な救済しか与えていない。その改善策の一つとして、名誉毀損表現の裁判所による事前差止めが考えられ、最高裁は、「北方ジャーナル」事件で、厳格な手続条件の下でこれを認めたが、この方法は例外的な救済策にとどまる。

　　ⓓ　**プライヴァシー侵害**　　表現によるプライヴァシー侵害が問題になる場合には、名誉毀損を伴う場合が多いが、両者の保護法益は大きく異なっている。確かに、いずれも個人の人格的価値にその基礎をもつ権利であり、「幸福追求権」の一部を構成する点では共通するが、名誉権が個人の社会的評価を保護するものであるのに対して、プライヴァシーの権利は社会的評価や表現内容の真実性とはかかわりなく、私的領域（私生活）の保護を目的とする点で区別される。したがって、プライヴァシー侵害は、名誉毀損と異なり、真実性の証明によって免責されることはない。

　表現によるプライヴァシー侵害が不法行為となりうること、そしてその成立要件を示したのが、前述した「宴のあと」事件東京地裁判決であった。この判決で、東京地裁は、プライヴァシーの権利を「私生活をみだりに公開されないという法的保障ないし権利」と定義し、プライヴァシー侵害の成立要件について、①私生活上の事実または事実らしく受け取られるおそれのある事柄であること、②一般人の感受性を基準にして当該私人の立場に立った場合、公開を欲しないであろうと認められる事柄であること、③一般の人々に未だ知られていない事柄であり、当該私人が実際に不快、不安の念を覚えたことを必要とした。また、違法性阻却事由について検討を加え、①芸術的価値はプライヴァシー侵害の違法性を阻却しない、②言論・表現は、他の法益すなわち名誉・信用・プライヴァシーなどを侵害しない限りでその自由が保障されるものである、③表

現行為の対象が公職の候補者であっても無制限に私生活の公開が許されることにはならない、④本件では本人の承諾があったとは認められない、とした。

　プライヴァシーの権利と表現の自由との調整については、一般には名誉毀損に準じて検討されるべきだと考えられている。つまり、私事であっても「公共の利害」に関係する情報（たとえば政治家の私生活に関する情報であるが、政治家としての資質を判断する上で必要な情報）については、プライヴァシーとしての保護が及ばないと考えられる。ここから、被害者の法的性格（統治に責任を負う公務員か、私人か）および公表された事実の性質（統治過程に関係する事実か、全くの私事か）の二つが考慮要素となる。

　プライヴァシーの権利は私事が公表されないこと自体を保護する権利であることから、その侵害の差止めは、名誉毀損の場合よりも認められやすいと考えられる。最高裁は、「宴のあと」事件と同じくモデル小説によるプライヴァシー侵害が争われた「石に泳ぐ魚」事件＊で、公共の利益と関係のない原告のプライヴァシーにわたる事項の公表により、公的立場にない原告の名誉、プライヴァシー、名誉感情が侵害されたものであって、本件小説の出版等により「重大で回復困難な損害を被らせるおそれがある」として出版差止めを認めた（最判平成14・9・24判時1802号60頁）。

　＊「石に泳ぐ魚」事件　　芥川賞作家のデビュー作として文芸雑誌に掲載された小説「石に泳ぐ魚」には、モデルとされた若い女性について、顔の腫瘍に関する詳細かつ苛烈な描写のほか、父親には逮捕歴があることなど、女性の経歴、家族関係などが多く描かれていた。そこで、この女性が、同小説はプライヴァシー権等を侵害する不法行為にあたるとして、慰謝料の支払、謝罪広告の掲載、および本件小説の単行本としての出版差止めを求める訴訟を提起した。

　ⓔ　営利的表現　　商品やサービスの宣伝のための営利的表現（商業広告）が憲法21条の保障を受けるかどうかについては、学説上争いがある。それがもっぱら営業活動の一環としての表現行為であっても、消費者としての国民の側から見れば重要な生活情報としての意味をもつことから、知る権利の観点からも営利的表現が21条の保護を受けるとする考え方が一般的である。

　しかし、営利的表現の場合には、①政治的表現などの一般的な表現活動に比

べて、より容易に虚偽や誇大であることが判断できることと、②営利的な動機に基づくことから、表現活動が規制によって過度に萎縮するおそれが少ないことの二つの理由から、表現の自由一般についての内容規制に関する審査基準よりも緩やかな審査基準、具体的には厳格な合理性の基準が適用されるべきであると解される。

（4）　表現内容中立規制

　街頭演説、ビラ配り、ビラ貼り、戸別訪問、集団行進などは、マス・メディアを利用することが難しい国民一般にとって、自己の意見や主張を比較的手軽に表明することのできる重要な表現活動である。しかし、これらの表現活動は、美観風致、交通秩序、静穏な環境などに関する他者の権利・利益と衝突することも多く、表現内容とは無関係に、その表現の時・所・方法に関する規制（これは、表現をその内容や伝達効果に関係なく規制するものであるので、「表現内容中立規制」と呼ばれる）には服すべきものと考えられる。ただ、表現内容中立規制とはいっても、規制のあり方によっては、実際上、一定の表現活動自体を禁止する効果をもたらす場合もあり、学説は、こうした規制の司法審査には、「より制限的でない他の選びうる手段（less restrictive alternatives = LRA）」の基準が適用されるべきであるとする。この基準は、立法目的が正当な場合でも、立法目的を達成するための規制の程度のより少ない手段（規制方法）があるかどうかを、実質的、具体的に審査して、それがありうる場合には、問題の規制を違憲とするものであり、しかも規制の程度のより少ない手段を利用できないことの証明責任は、規制を行う政府側が負わなければならないとする、かなり厳格な審査基準である。

　しかし、最高裁は、この表現の時・所・方法に関する規制立法の領域についてLRA の基準を適用せず、単純な「公共の福祉論」や立法目的と規制手段との間に抽象的・観念的な関連性があればよいとする、猿払事件判決の「合理的関連性」の基準（第 3 章第 2 節 2 参照）を適用して合憲としている*。

　　＊表現内容中立規制に関する判例
　　(1)　大阪市屋外広告物条例事件　　屋外広告物法 3 条は、都道府県は、条例で「良好な景観又は風致を維持するため必要があると認めるときは」、「広告物の表示又は掲示

物件の設置を禁止することができる」旨を規定しており、最高裁は、電柱、地下道の上屋、高架鉄道の支柱などへのポスター、はり紙及び立看板を表示し、又は掲示することを禁止する大阪市の条例の合憲性が争われた事件において、本件条例は、「国民の文化的生活の向上を目途とする憲法の下においては、都市の美観風致を維持することは、公共の福祉を保持する所以であるから、この程度の規制は、公共の福祉のため、表現の自由に対し許された必要且つ合理的な制限と解することができる」と判示した（最大判昭和43・12・18刑集22巻13号1549頁）。

　(2)　戸別訪問禁止事件　　最高裁は、公職選挙法違反事件において、「合理的関連性」の基準を用い、「（公職選挙法138条による）戸別訪問の禁止は、意見表明そのものの制約を目的とするものではなく、意見表明の手段方法のもたらす弊害……を防止し、もって選挙の自由と公正を確保することを目的として」おり、確かに、戸別訪問の一律禁止によって意見表明の自由は制約されることにはなるが、それは「戸別訪問以外の手段方法による意見表明の自由を制約するものではなく、単に手段方法の禁止に伴う限度での間接的、付随的な制約にすぎ（ず）」、戸別訪問の禁止によって得られる利益は失われる利益に比し、はるかに大きいと判示し、戸別訪問の一律禁止を合憲と判断した（最判昭和56・6・15刑集35巻4号205頁）。これに対して学説は批判的であり、立法目的（戸別訪問に伴う、①買収、利益誘導などの温床となる、②選挙人の生活の平穏を害する、③候補者の出費が多額になる、などの弊害の防止）の正当性の審査のほか、その目的を達成するためにより制限的でない緩やかな規制手段（たとえば、買収、利益誘導等の事後処罰の強化や訪問時間の制限など）があるかどうかを具体的、実質的に審査するLRAの基準によって合憲性を判定すべきであるとする（芦部『憲法（7版)』参照）。

3　知る権利──表現の自由の現代的意義

（1）　送り手の権利から受け手の権利へ

　古典的な自由権の一つである表現の自由は、情報のコミュニケートという視点からみると情報の送り手の自由を保障するものであるが、現代の情報化された社会では、情報の受け手の権利としての「知る権利」という新しい人権（人権と憲法上の権利との関係については、第1章第3節参照）の観点からこれを再構成することが強く求められている。これには二つの背景がある。

　一つは、積極国家化に伴う国家の役割の増大である。現代の国家は、福祉・経済・社会政策を実施するために、私達の市民生活のあらゆる分野にわたって重要な情報を独占的に収集、保有している。しかも行政の能率的な執行などを理由として国家はこれを秘匿しようとする傾向を強くもっていることから、知る権利は、まず第一に公権力のもつ情報に向けられなければならない。もう一

つは、新聞、放送などのマス・メディアが巨大化・独占化したことにより、そ
れに対抗できる表現手段をもたない国民は、情報の受け手の地位に固定化され
るという状況である。マス・メディアも営利を追求する企業であり、国民にと
って本当に必要な情報が伝達されないことも多い。ここから受け手の権利とし
ての知る権利を独自に構成する必要が生まれるのである。

　こうした背景から生まれた、新しい人権としての知る権利は、憲法上の権利
としての実定化の要求を含めていくつかの側面をもっている。それは、第一に、
公権力によって情報の受取りを妨害されない「知る自由」（情報受領権、よど号
ハイジャック記事抹消事件参照）としての側面であり、第二に、多様な意見、情
報に接することによって初めて個人は政治に有効に参加できることから、参政
権行使に不可欠な条件を提供する側面である。さらに知る権利は、その重要な
特徴として、第三に、従来は原則非公開とされてきた政府情報の公開を請求す
る権利（政府情報公開請求権）、および反論権*などマス・メディアへのアクセ
スを求める権利（アクセス権）の実定化を要請する側面をもっている。

　　*反論権　　国家の積極的な措置によって、流通する情報の多様性を確保するための一
　　つの形態として、新聞や雑誌などにおいて名指しで批判された場合にマス・メディアを
　　利用して無償で反論を公表することを認める権利のこと。自民党がサンケイ新聞に掲載
　　した意見広告に対して共産党が反論文の無料掲載を求めた事件で、最高裁は、反論権の
　　制度は名誉・プライヴァシーの保護に資するが、その負担が「公的事項に関する批判的
　　記事の掲載をちゅうちょさせ、表現の自由を間接的に侵す」おそれがあるとして、原告
　　の請求を斥けた（サンケイ新聞事件、最判昭和62・4・24民集41巻3号490頁）。

（2）　政府情報公開請求権

　新しい人権としての知る権利は、その成立の背景からも明らかなように、憲
法21条の要請として政府情報公開請求権の実定化を強く求める。また、「人民
が情報を持たず、それを獲得する手段もない民主政治は、喜劇か悲劇おそらく
はその両方をもたらす。知は無知を永遠に支配する。自治を獲得しようとする
人民は、知識の与える力で武装しなければならない」との有名なマディソン
（J. Madison, 1751-1836）の言葉が示すように、政府情報公開請求権は国民主権
原理（憲法1条）からも基礎づけられる。しかし、政府に一定の作為を請求す

る権利であることから、公開の基準や手続を定める立法が必要であり、そうした立法をまって、初めて具体的な請求権となると解される＊。

＊**情報公開制度**　　地方公共団体レベルの条例による情報公開の制度化は、1980年代から始まり、現在、すべての都道府県と多くの市区町村で制度化されており、地方行政の監視などの点でかなり大きな成果を上げてきている。国レベルでも、1999年にようやく情報公開法（平成11法42）が制定された。

（３）　報道の自由と取材の自由（情報収集権）

　ⓐ　**報道の自由**　　合衆国最高裁のスチュアート裁判官が、新聞・放送などのマス・メディアについて、議会・大統領・裁判所と並ぶ「第四の権力」と呼んだことはよく知られている。彼は、そこで自由で制約されないマス・メディアこそがアメリカにおける民主主義の柱石であることを強調したのである。マス・メディアは、国家権力を監視するとともに、国民に政治・経済・社会などに関する様々な情報を提供しており、国民の「知る権利」の多くの部分も、その報道を通じて充足されている。したがって、マス・メディアの報道が国家の権力による統制や干渉から自由であること（報道の自由）は、知る権利の観点からも強く要請される。この点について、最高裁も博多駅事件＊決定において、「報道機関の報道は、民主主義社会において、国民が国政に関与するにつき、重要な判断の資料を提供し、国民の『知る権利』に奉仕するものである。したがって、思想の表明の自由とならんで、事実の報道の自由は、表現の自由を規定した憲法21条の保障のもとにある」と述べている（最大決昭和44・11・26刑集23巻11号1490頁）。

　ただ、マス・メディアが「第四の権力」と呼ばれるときには、上記のような、その肯定的な側面と同時に、松本サリン事件報道において典型的な形で示されたように、マス・メディアは国家権力と同様に深刻な人権侵害を侵しかねない社会的権力であるという否定的な側面を併せもつものであることに注意をしなければならない。

　ⓑ　**取材の自由・取材源秘匿の自由**　　報道の自由が取材の自由（情報収集権）や取材源（ニュース・ソース）秘匿の自由までを含むかどうかについては、見

解が分かれるところであるが、支配的な学説は、取材の自由も報道の自由の一環として憲法21条により保障されるとする。その理由として、報道は取材・編集・発表という一連の行為により成立するもので、取材は報道にとって不可欠の前提をなすことがあげられている。取材源秘匿の自由も、同様に憲法上の保護を受けると解される**。

　この問題について、最高裁は、同じ博多駅事件で「報道のための取材の自由も、憲法21条の精神に照らし、十分尊重に値いする」と述べた（最高裁は、法廷傍聴人の「メモ採取の自由」に関するレペタ事件でも同様の見解を示した。第3部第3章第5節参照）上で、公正な裁判の実現の保障との関係で「報道機関の取材活動によって得られたものが、証拠として必要と認められるような場合には、取材の自由がある程度の制約を蒙ることになってもやむを得ない」ことを認め、比較衡量の手法を使って裁判所による取材フィルムの提出命令を合憲とした。その後、最高裁は二つの事件で捜査機関による取材ビデオテープの差押えについても、博多駅事件決定と同種の比較衡量を行ってこれを認めた（最決平成元・1・30刑集43巻1号19頁、最決平成2・7・9刑集44巻5号421頁）。しかし、公正な裁判の実現のために取材の自由に一定の制約が認められることと、刑事裁判の直接の当事者である捜査機関による取材の自由の制約とを同列に論ずることはできない。報道機関が捜査機関の下請けとならないためにも、この場合には、裁判所による提出命令に比べて相当程度厳格な利益衡量が必要であろう。

　また、取材の自由については、国家秘密に対する取材の限界が問題となる。外務省秘密漏洩事件***において、最高裁は、国家公務員法の守秘義務規定にいう秘密とは、形式秘ではなく実質秘（非公知の事実であって、実質的にもそれを秘密として保護するに値するもの）であるとした上で、報道機関が公務員に秘密漏示を執拗に説得したとしても、それが報道を目的としており、「手段・方法が法秩序全体の精神に照らし相当なもの」であるかぎりは、「違法性を欠き正当な業務行為」であるとの判断を示した。しかし、本件の取材行為は、肉体関係をもつなど取材対象者の「人格の尊厳を著しく蹂躙」して行われており、「手段・方法において法秩序全体の精神に照らし社会観念上、到底是認することのできない」ものとして、記者の有罪を支持した（最決昭和53・5・31刑集32巻

3 号457頁）。

　　＊博多駅（テレビフィルム提出命令）事件　　1968年 1 月、米原子力空母エンタープラ
イズの佐世保寄港阻止闘争に参加した学生と機動隊が博多駅付近で衝突した事件につい
て付審判請求がなされ、福岡地裁はこの審理の中でＮＨＫ福岡放送局などテレビ 4 社に
対して博多駅事件を撮影したフィルムの提出を命じた事件。
　　＊＊取材源秘匿の自由に関する判例
　　(1)　石井記者事件（刑事事件）　　税務署職員の汚職事件に対する逮捕状の発付に関
する情報が事前に漏れ、それを報じた新聞記事をめぐって、記事に関与した記者が情報
の漏洩者の捜査に関して裁判所に召喚され、取材源の秘匿を理由に証言を拒んだため、
証言拒絶罪で起訴された事件。最高裁は、①刑事訴訟法149条が列挙する医師等と比較
して、新聞記者に右規定を類推適用することはできない、②憲法21条は、取材源につい
て、証言の義務を犠牲にしてまで証言拒絶の権利を保障したものではない、とした（最
大判昭和27・ 8 ・ 6 刑集 6 巻 8 号974頁）。
　　(2)　ＮＨＫ記者証言拒否事件（民事事件）　　ＮＨＫニュースで報道されたＡ社の所得
隠し事件に関して、Ａ社の米国関連会社は、合衆国の国税当局の職員が日本の税務官に、
無権限で、Ａ社および米国関連会社に関する虚偽の情報を開示したことにより、税務官
が情報源となって本件報道がなされ、その結果、株価の下落等の損害を被ったと主張し、
合衆国を被告として損害賠償を求める訴えを提起した。この事件の開示（ディスカバリ
ー）の手続として、米国の連邦地方裁判所が、国際司法共助によって日本の裁判所に対
しＮＨＫ報道記者の証人尋問の実施を委嘱した。記者は、証人尋問の中で、民事訴訟法
197条 1 項 3 号の「職業の秘密」にあたるとして取材源に関する証言を拒否した。最高
裁は、取材源の秘密は「職業の秘密」にあたるが、保護に値する秘密であるかどうかは
「秘密の公表によって生じる不利益と証言の拒絶によって犠牲となる真実発見及び裁判
の公正との比較衡量により決せられる」として、本件の場合には、証言を拒絶できると
判断して抗告を棄却した（最決平成18・10・ 3 民集60巻 8 号2647頁）。
　　＊＊＊外務省秘密漏洩事件　　1972年 3 月、衆議院予算委員会で社会党代議士が沖縄秘
密交渉に関する外務省極秘電文を証拠に、沖縄返還協定には軍用地復元補償に関する請
求権問題についての密約があると政府を追及した。これに関して、外務省の女性事務官
と毎日新聞記者が、国家公務員法100条（守秘義務）違反および同法111条（秘密漏示そ
そのかし罪）違反で起訴された事件。

（4）　放送の自由
「公衆によって直接受信されることを目的とする無線通信の送信」（放送法 2
条 1 号）と定義される放送（有線テレビジョン放送法により有線放送にも放送法の
一定の規制が準用される）については、新聞・雑誌などの印刷メディアには許

されない特別な規制が設けられている。たとえば、放送法の規定によって、①政治的に公平であること、意見の対立している問題については、多角的に論点を明らかにするべきことなどの番組編集上の準則が定められ（4条1項）、さらに②放送番組審議機関の設置が義務づけられている（6条）などの規制である。

　これらの規制の根拠として、伝統的に電波の希少性（放送用電波は有限であり、放送に利用できるチャンネル数には限度があること）と放送の特別な社会的影響力（放送は直接家庭に侵入し、音声をともなう映像を通じて視聴される点で、受け手に他のメディアに見られない強烈な影響力を及ぼすこと）の二つの点が指摘されてきた。しかし、テレビ放送のデジタル化など電波技術の進歩とCATVや衛星放送など放送メディアの多様化は、電波の希少性を大幅に緩和し、同時にインターネットの普及は放送の社会的影響力の大きさを相対的なものにしてきており、現在、放送に対する特別な規制の根拠は大きく揺らいでいるといえよう。これとの関連で、とくに上で紹介した番組編集上の準則が、電波法の免許取消（76条）事由になるなど法的な制裁によって強制されるものであれば、公権力によるマス・メディアの広汎な規制を許すことにもなり、これはあくまで倫理的な規定であって法的規定ではないと理解されるべきである。

4　集会・結社の自由

（1）　集会の自由

　集会と結社は、人と人との結びつきや組織的な活動を本質的な要素とするものであり、表現行為そのものとは異なると理解される。とくに集団行動の自由を含む集会の自由は、先に述べたようにマス・メディアを利用して自己の意見や主張を表明することのできない一般の市民にとってきわめて重要な自由であると同時に、物理的な活動を伴うものとして、一定の制約に服するという特徴をもっている。しかし、その制約は制約目的との関係で必要不可欠な最小限度のものでなければならない。

　集会には開催場所が必要であり、公園などの広場や公民館などの集会場が国または地方公共団体の管理に属するときは、管理者は画一的・中立的な基準に

よって使用許可申請を処理しなければならないと解される。市民会館の使用許
可申請が市条例の定める「公の秩序をみだすおそれがある場合」などに該当す
るとして不許可処分とされ、その合憲性が争われた事件で、最高裁は、これを
会館での「集会の自由を保障することの重要性よりも、……集会が開かれるこ
とによって人の生命、身体又は財産が侵害され、公共の安全が損なわれる危険
を回避し、防止することの必要性が優越する場合をいうものと限定」すべきで
あるとし、「その危険性の程度としては、……明らかな差し迫った危険の発生
が具体的に予見されることが必要であ」り、しかもそうした事態の発生が「許
可権者の主観により予測されるだけではなく、客観的な事実に照らして具体的
に明らかに予測され」なければならないとの判断基準を示した（泉佐野市民会館
事件*、最判平成7・3・7民集49巻3号687頁）。妥当な基準として、評価できよう。

　　＊泉佐野市民会館事件　　いわゆる極左団体（原告）が、「関西新空港反対全国総決起
　　集会」の開催を企画し、泉佐野市市長に対して泉佐野市民会館条例に基づき市民会館ホー
　　ルの使用許可を申請したが、同条例7条1号「公の秩序をみだすおそれがある場合」
　　および同条3号「その他会館の管理上支障があると認められる場合」を根拠に不許可と
　　された。そこで、原告は、本件条例および不許可処分の違憲、違法を主張し、市に対し
　　て国家賠償法による損害賠償を請求した。
　　＊＊成田新法事件　　しかし、破壊活動防止法（後述（3）参照）と同様に「暴力主義
　　的破壊活動」を対象とし、成田空港の建設に反対する集団の活動を規制するために特別
　　に制定された「新東京国際空港の安全確保に関する緊急措置法」（いわゆる成田新法）
　　の合憲性が争われた事件で、最高裁は、同法3条1項1号に基づく工作物使用禁止命令
　　により保護される利益である新空港の管理および航空機の航行の安全の確保と、その禁
　　止命令により制限される利益である反対派が当該工作物を利用する利益との比較衡量を
　　行って、同法は憲法21条1項に違反しないとした（最大判平成4・7・1民集46巻5号
　　437頁）。

（2）　集団行動の自由

「動く集会」としての集団行進など集団行動の自由については、場所の規制
とは別に、公安条例による規制があり、その合憲性が問題となってきた。集団
行動の自由が表現の自由の一つとして憲法上の権利であることを考えれば、そ
れを規制する公安条例の目的は、一般国民による道路や公園の利用との衝突を
回避し、集団行動の重複や競合を回避するための調整（交通警察）に限定され

るべきであって、規制の手段もこうした目的に適合する届出制が原則と考えられる。これに関して、最高裁はまず、新潟県公安条例事件において、①届出制でない一般的な許可制による事前抑制は憲法の趣旨に反する、②特定の場所または方法に関する合理的かつ明確な基準の下での届出制または許可制は合憲である、③公共の安全に対し明らかな差迫った危険を及ぼすことが予見される場合は、これを許可せず、または禁止しても違憲ではないとの、判断の枠組みを示した（最大判昭和29・11・24刑集8巻11号1866頁）。

　しかしその後、最高裁は、東京都公安条例事件判決において、実質的な判例変更を行った。すなわち、最高裁は、集団行動暴徒化論に基づき、集団行動の危険性を「群集心理の法則と現実の経験」から強調して、「許可」「届出」という概念や用語の相違にこだわるべきではなく、また許可・不許可の処分が公安委員会の広い裁量に委ねられ、集団行動が行われる場所について包括的な規定が置かれていても違憲ということはできないとした（最大判昭和35・7・20刑集14巻9号1243頁）。学説の多くは、この判決が東京都公安条例の目的を治安の維持にあるとして、それを合憲としたことに批判的であり、新潟県公安条例判決の考え方を支持している。東京都公安条例判決以降の下級審判決にも、条例自体を違憲とするもの（たとえば京都地判昭和42・2・23下刑集9巻2号141頁）や条例の運用を違憲とするもの（たとえば東京地判昭和42・5・10下刑集9巻5号638頁）などがあり、最高裁も徳島市公安条例事件では集団行動暴徒化論をとっていない。

　公安条例の合憲性をめぐっては、基準の明確性が重要であり、裁量権の濫用の余地のないよう、合理的で明確かつ具体的な基準が法定されることが必要であると解される（前述本節2（2）参照）。

（3）　結社の自由

　結社とは、一定の目的のために人々が結合することをいう。結社は、集会と異なり、必ずしも集まる場所を必要としない精神的なつながりの要素が強く、しかも多くの場合時間的な永続性をもつ。こうして結社の自由は、集会の自由と比較すると、内心の自由に近い性格を有することから、公権力による規制はごく限られた場合にのみ許されることになる。

　この結社の自由は、団体を結成しそれに加入する自由、団体として活動する

自由はもとより、団体を結成しない、もしくはそれに加入しない自由や団体から脱退する自由を含む。この自由や団結権に基づいて結成された団体は、その構成員に対して内部統制権をもつが、政治活動の自由など構成員の憲法上の権利との関係でそれには一定の限界がある（強制加入団体につき第2章第3節3参照。労働組合につき三井美唄労組事件（最大判昭和43・12・4刑集22巻13号1425頁）参照）。

　現行法の中で、結社の自由の観点から最も問題となる法律が破壊活動防止法である。これは、「団体の活動として暴力主義的破壊活動を行った団体」と認定された団体に対して、公安審査委員会が、集会・集団行動の禁止や機関紙誌の印刷・頒布の禁止を命じ（5条）、さらに解散の指定を行うこと（7条）ができるとした法律である。これまで5条および7条の団体規制が発動されたことはなく、したがって司法審査の対象となっていないが、「団体の活動として暴力主義的破壊活動を行う明らかなおそれがある」との理由で「団体の死刑」を意味する解散を命ずることには、違憲の疑いが強い。

5　通信の秘密

　憲法21条2項の後段は、「通信の秘密は、これを侵してはならない」と規定する。通信の秘密がここに規定されたのは、郵便、電話、電子メールなどによる通信が特定の者への意思伝達行為として表現行為の一つであることに基づくが、この規定の主たる目的は、通信に関わるプライヴァシー（私生活上の自由）を保護することにあると解される。その意味で、13条に基づくプライヴァシー権や35条の定める住居の不可侵の保障と同趣旨のものである。したがって、通信内容のみならず、差出人（発信人）・受取人（受信人）の氏名や住所、郵便（通話・メール）の個数、通話・メールの日時なども、通信の秘密として保護されることになる。これを受けて、刑法は信書開封罪（133条）を設け、郵便法および電気通信事業法は、信書・通信の秘密を保障するとともに郵便物・通信の検閲を禁止し（郵便法7条・8条1項、電気通信事業法3条・4条1項）、業務上郵便物および通信に関して知り得た秘密の漏洩を禁止している（郵便法8条2項、電気通信事業法4条2項）。

　通信の秘密も絶対的なものではなく、内在的な制約に服する。現行法では、

刑事訴訟法と関税法が郵便物等の押収・差押えを認め（刑事訴訟法100条、関税法122条）、刑事収容法は刑事施設被収容者による信書の発受について規制や制限を設け（126条〜132条）、破産法が破産者宛の郵便物等の破産管財人による開披を認める（82条）、など通信の秘密に対する一定の制限が制度化されている（このうち、刑事訴訟法100条の規定については、違憲論が有力に主張されている）。

　犯罪捜査のための電話の盗聴などの通信傍受については、それが証拠として必要不可欠な場合には認めうるが、本条および35条の趣旨から考えて令状が必要である。ただし、郵便と異なり傍受すべき対象を事前に特定することはきわめて難しいことから、捜査の必要性を重視すれば包括的な許可となる危険性が高い。したがって、通信傍受については、①生命・身体に直接危害を生ぜしめる重大犯罪に限定すること、②犯罪捜査のための必要性、緊急性がきわめて高いこと、③特定の犯罪が行われたか、行われつつあり、対象となる事項、人物、電話等の特定性が高いこと、④傍受の期間・時間が限定されていること、⑤通話者への事後通知や録音内容の消去が厳格に行われるなど、厳格な許可基準の下で例外的に認めるとする見解が有力に主張されている。

　1999年、「犯罪捜査のための通信傍受に関する法律」（通信傍受法、平成11法137）が制定された。同法は、数人の共謀によって実行される組織的な殺人、薬物および銃器の不正取引に係る犯罪等の重大犯罪にかぎり、裁判所の発する傍受令状により10日以内の期間で通信の傍受を行うことを認めるが、傍受の許される範囲・態様の特定の困難性や被傍受者の事後的救済への配慮の不十分さなどが指摘されている。

第5節　学問の自由と大学の自治

1　学問の自由の根拠

　憲法23条は、学問の自由を保障する。しかし、信教の自由（20条）を含む思想・良心の自由（19条）と表現の自由（21条）の保障によって、内面的および外面的な精神活動の自由は広く保障されていることから、この規定は必要ないとも考えられる。ではなぜ、憲法はこれをとくに規定したのであろうか。これに

は、二つの理由が考えられる。一つは、戦前の大日本帝国憲法のもとで、京大滝川事件や天皇機関説事件など大学教授の学問研究の自由が弾圧された歴史を繰り返させないという憲法制定者の意思である。もう一つは、学問研究と研究教育機関としての大学の本質に基づく理由である。先に精神的自由の「優越的な地位」のところ（本章第1節）でふれたように、精神的自由は社会変革の価値に仕えるが、学問研究はあらゆる分野における既存の観念、思想、価値の根本的な検討を含むものとして、精神的自由一般の中でも社会変革の価値に直結する。しかも、そうした学問研究とそれに基づく教育が自由に行われるためには、その担い手である教授その他の研究者に専門家としての独立性と身分保障が認められるとともに、それを組織的に行う場としての大学が国家の権力に対して強い自律性をもたなければならないからである。ここから、学問の自由は、大学の自治と深く結びつくものであることが理解される。

2 学問の自由の内容

学問の自由には、①学問研究の自由、②研究発表の自由、そして③学問研究に基づく教授の自由が含まれる。

この中で、大きな議論を呼んできた問題が、③の教授（教育）の自由は、大学でのそれに限らず高等学校以下の初等・中等教育機関の教師についてもこれを認めることができるかどうかという問題である。従来の通説・判例（東大ポポロ事件判決*）は、学問の自由が大学の自由（Akademiche Freiheit）として発展してきた沿革を重視して、これを大学などの高等研究教育機関における教授の自由に限定してきたが、学説上は、初等・中等教育機関についても教授の自由を認めるべきであるとの見解がむしろ支配的となってきている。最高裁も、旭川学テ事件判決において、「普通教育の場においても、……一定の範囲における教授の自由が保障される」と判示した（最大判昭和51・5・21刑集30巻5号615頁）。しかし同時にこの判決は、①普通教育における児童生徒には、教師の教授内容を批判する能力がないこと、②普通教育においては、教師を選択する余地が乏しく、教育の機会均等をはかる上からも全国的に一定の水準を確保すべき強い要請があること、の二つの理由をあげて、「完全な教授の自由を認める

こと」はできないとした。

> **＊東大ポポロ事件判決**　東大の学生劇団ポポロが学内で松川事件を題材とする演劇発
> 表会を開催していたところ、観客の中に警備公安活動中の警察官がいることを学生が発
> 見し、手拳で警察官の腹部を突いたり警察手帳を引っ張ってその紐を引きちぎるなどの
> 暴行を加えたとして、暴力行為等処罰に関する法律により起訴された。一審、二審とも
> 被告人を無罪としたが、最高裁は破棄差戻判決を下した（最大判昭和38・5・22刑集17
> 巻4号370頁）。

3　大学の自治

　大学の自治とは、大学における学問研究と教授の自由を十分に保障するために、大学の内部行政に関してはその自主的決定を広く認め、外部からの干渉を排除しようとする観念である。憲法はこれを明文で規定していないが、学問の自由が当然に要請するものであり、一般に制度的保障の一つとされる（第1章第4節参照）。

　その内容について従来の通説と判例（前記東大ポポロ事件判決）は、①学長・教授その他の教員・研究者の人事の自治、および②施設・学生の管理の自治＊をあげてきたが、学説上これに③予算管理の自治を加える見解が有力となってきている。このうち、人事の自治が最も基本的で重要なものであり、現行法上これについては完全な形で大学自治が認められている。

　施設・学生の管理の自治は、とくに警察権との関係で、重要な問題を含んでいる。正規の令状による犯罪捜査のための学内立入りは当然認められるが、この場合にも令状に明示された捜査以外の警察活動が行われることのないよう、大学関係者の立会いが必要である。

　それ以外の場合に、大学構内への警察権の立入りを認めるべきかどうかの判断権は、大学側にあるものと解される。その意味で、東大ポポロ事件最高裁判決が、構内での演劇発表会への警備公安活動を目的とする警察官の立入りについて、その演劇活動が「学問的な研究と発表のためのものではなく、実社会の政治的社会的活動」であるとしてこれを認めたことは問題である。この論理に従えば、学内でのさまざまな活動の性格について常に外部の権力による評価が優先されることになり、同判決自身の認める施設・学生の管理の自治が否定さ

れてしまうからである。

　なお、大学と司法権の関係については、「部分社会」論の問題がある。これについては、第3部第3章第1節4参照。

　　＊**大学の自治と学生の地位**　　東大ポポロ事件判決は、学生の地位について大学の施設という営造物の利用者にすぎないとしたが、今日学説の多くは、学生が大学における学問研究と学習の主体であり、大学の不可欠の構成員であることを認めている。問題は、教授会自治との関係での「学生参加」の意味であり、この点、東北大学事件での下級審判決が、学生は「大学自治の運営について要望し、批判し、あるいは反対する当然の権利を有し、教員団においても、十分これに耳を傾けるべき責務を負う」と判示しており（仙台高判昭和46・5・28判時645号55頁）、評価される。

第7章

経済的自由

　職業選択の自由（22条）、財産権（29条）および居住・移転の自由（22条）を総称して、経済的自由という。居住・移転の自由は、職業選択の自由とともに、自己の人生を決定する自由として精神的自由の要素をもち、また人身の自由とも関連する。しかし通説は、居住・移転の自由が、人々を土地に縛り付けることを前提とした封建的な社会経済関係を打破し、資本主義的な経済活動を可能にする上できわめて重要であったという歴史的沿革から、これを経済的自由の一つとしている。憲法は、個別の権利条項としては、これらの自由を保障する22条と29条についてのみ、「公共の福祉」による制約を明示しており、現代の福祉国家理念の下で経済的自由が広く社会的制約を受けるものであることを示している。

第1節　職業選択の自由 ●━━━━━━━━━●

1　意義とその制限の根拠

　憲法22条1項の保障する職業選択の自由とは、自己の従事すべき職業を決定する自由のことであるが、通説は、その選択された職業を行う自由、すなわち「営業の自由」もこれに含まれるとしている。ただ、営業の自由には、企業による財産権の行使としての側面もあり、その場合には29条の問題として、より大きな制約に服すると解されるべきである。

　すでに述べたように、職業選択の自由をはじめとする経済的自由は、精神的自由に比べて社会的制約をより強く受ける。その根拠としては、第一に、職業というものは本質的に社会的相互関連性が大きいものであり、それを無制限に許すときには社会生活における安全や秩序が維持できなくなることがあげられ

る。第二には、現代国家に要請される社会国家の理念実現のために、職業活動には経済的社会的弱者の保護など政策的な配慮が強く求められることが指摘できる。

　職業選択の自由に対する規制措置には、禁止、国家独占（林野事業）、特許制（電気、ガス、鉄道などの公益事業）、許可制（飲食業、風俗営業等）、資格制（医師、弁護士、薬剤師等）、届出制（理容業等）など厳しい規制から緩やかなものまでさまざまなものがあり、その規制根拠も多様である。

　これらの規制は、規制の目的に注目して、消極目的規制と積極目的規制に分けることができる。前者は、国民の生命や健康に対する危険を防止ないし除去する目的で課される警察的規制であり、各種の営業許可制がその例である。後者は、福祉国家の理念に基づいて経済社会の調和ある発展を確保し、とくに経済的社会的弱者の保護を目的として実施される政策的規制であり、大型スーパーなどの巨大な資本から小売店を保護するための規制などがこれにあたる。

2　違憲審査基準──規制目的二分論とその問題点

　「二重の基準」論のところで述べたように、経済的自由の制約立法については「合理性の基準」が用いられる。これは、立法目的と目的達成手段について一般人を基準として合理性が認められるか否かを審査するものであり、立法の判断は合理性があるものと推定されることから（合憲性推定の原則）、比較的緩やかな審査基準である。

　学説は、この合理性の基準について、判例の展開に対応する形で、上記の規制目的ごとに異なる違憲審査の基準が適用されるとしてきた。すなわち、消極目的規制については、裁判所が規制の必要性と合理性、および同じ目的を達成するためのより緩やかな規制手段の有無を立法事実に基づいて審査する、いわゆる「厳格な合理性の基準」（表現内容中立規制に関する「より制限的でない他の選び得る手段の基準」と同じ効果をもつ）が適用され、積極目的規制については、問題の規制措置が著しく不合理であることが明白である場合に限ってこれを違憲とする「明白の原則」が用いられるというものである（規制目的二分論）。

　判例をみると、最高裁は小売市場事件*において、小売商業調整特別措置法

の距離制限に基づく許可制について、これを経済的基盤の弱い小売商の保護措置であり積極目的規制であると認定し、「明白の原則」を適用して合憲とした（最大判昭和47・11・22刑集26巻9号586頁）、一方、薬局開設に関する距離制限の合憲性が争われた薬事法事件＊＊では、最高裁は、薬事法の規制目的が薬局の経営の保護という社会政策的目的ではなく、「国民の生命及び健康に対する危険の防止という消極的」目的であるとして、「厳格な合理性の基準」を適用して違憲と判断していた（最大判昭和50・4・30民集29巻4号572頁）。

　しかしながら、規制の採用に国会の政策判断が大きな意味をもつ積極目的規制であれば、すべて「明白の原則」で審査されるべきであろうか。この分野の規制には、新規業者の参入制限として機能するものも多く、もしそうであるとすれば、既存業者の保護を目的とする規制を含めて、すべての積極目的規制が、本格的な司法審査を受けることなく合憲となるおそれがある。したがって、「明白の原則」が適用されるのは、社会国家理念が直接に要請する社会的経済的弱者の保護を目的とする規制に限定し、それ以外の積極目的規制については、規制の必要性と合理性を立法事実に基づいて厳格に審査すべきであると解される。

　　＊小売市場事件　　小売商業調整特別措置法3条1項が、小売市場（一つの建物を10以上の小売商の店舗の用に供するため、貸付、譲渡するもの）の開設許可の条件として、適正配置（大阪府では既存の市場から700メートル以上の距離制限）規制を課していることの合憲性が争われた事件。
　　＊＊薬事法事件　　原告が福山市内で医薬品の一般販売業を営むため、営業許可の申請をしたところ、広島県知事から薬事法6条2項・4項および県条例3条（既存の薬局から「おおむね100メートル」の距離制限を定める）に適合しないとして、不許可処分を受けた。そこで原告が薬事法6条2項および県条例が憲法22条に違反するとして処分の取消を求めた行政事件。

　規制目的二分論は広く学説で支持されてきているが、積極目的規制と消極目的規制の区別は相対的である（公衆浴場法の距離制限のように事情の変化により、消極目的規制と考えられていたものが積極目的規制と評価されるようになる場合もある＊）ので、規制目的のみですべてを判断できるとはいえない。規制対象となっている行為や規制の態様など他の要素も含めて判断すべきである。すなわち、職業を選択する自由そのものに対する制限（参入制限）は、選択した職業

を遂行する自由（営業の自由）の制限よりも一般に厳しい制限であることから、厳格に審査されるべきであり、また選択する自由の制限の中でも、一定の資格や試験のような要件ではなく、本人の適性や努力と無関係な競争制限的な規制については、より厳格な審査が求められることになる。

　また、酒類販売業の免許制のように、規制目的を積極、消極のいずれかに割り切ることが難しい場合もある。最高裁は、その免許制の合憲性が争われた事件＊＊で、サラリーマン税金訴訟判決を引用して「租税の適正かつ確実な賦課徴収を図るという国家の財政目的のための職業の許可制による規制については、その必要性と合理性についての立法府の判断が、右の政策的、技術的な裁量の範囲を逸脱するもので、著しく不合理なものでない限り、これを憲法22条１項の規定に違反するものということはできない」と判示した（最判平成４・12・15民集46巻９号2829頁）。本判決が依拠したサラリーマン税金訴訟判決がそうであるように、最高裁は、租税制度に関連する事件について、その政策的、技術的な性格を理由として、一貫してゆるやかな審査基準を用いている。

　　＊公衆浴場法事件　　公衆浴場の開設について配置の適正を求める公衆浴場法２条の距離制限規定およびそれに基づく福岡県条例が憲法22条に違反するかが争われた事件で、最高裁は、「国民保健及び環境衛生」上の弊害の防止という消極目的規制であると認定して合憲とした（最大判昭和30・１・26刑集９巻１号89頁、二分論によれば違憲の疑いが強い）が、その後の判決（最判平成元・１・20刑集43巻１号１頁）では、その規制目的を実態に即して、自家風呂をもたない公衆浴場利用者の保護を実質的な立法目的としたと考えられる「積極的、社会経済政策的な規制目的」であるとした上で、これを合憲とした。

　　＊＊酒類販売業免許制事件　　原告は酒税法９条に基づいて酒類販売業の免許を申請したが、所轄税務署長は同法10条10号（経営の基礎が薄弱）に該当するとして免許の拒否処分を行った。そこで原告が免許制と免許要件を定める酒税法の規定は違憲であるとして、拒否処分の取消を求めた行政事件。

第2節　財産権

1　財産権保障の意味

　憲法29条は、１項で「財産権は、これを侵してはならない」と規定し、２項

で「財産権の内容は、公共の福祉に適合するやうに、法律でこれを定める」とする。この2項との関係で1項の意味をどう理解するかが問題であるが、通説によれば、1項は、個人が現実に有する具体的な財産上の権利を保障するとともに、私有財産制度を保障するものであるとする。通説はさらに後者の面について、これは財産権の制度的保障であり、法律によっても侵害することのできない私有財産制度の核心は、生産手段の私有制（資本主義制度）であるから、社会主義制度への移行には憲法の改正が必要であるとする。しかし、これに対しては、財産権を人権として保障する意義を失う見解であるとして、むしろ憲法が保障する私有財産制度の核心とは、人間が、人間としての価値ある生活を営む上で必要な物的手段の享有であるとする説も有力である。これによれば、この憲法の下で、生産手段の社会化をはかることも可能となる。

2　財産権の制限

　以上のような前提の下で、財産権の内容は、憲法29条2項が規定するように、公共の福祉の観点から制定される法律によって決定される。これは、財産権が社会生活の調和を維持するための消極目的の規制（たとえば、伝染病予防法、消防法、建築基準法などによる規制）だけでなく、社会国家の要請に基づいた実質的平等の実現のためになされる積極目的の規制（独占禁止法、借地借家法、農地法などによる規制）を、広く受けることを意味している。

　持分価格2分の1以下の共有者による分割請求を認めない森林法186条の合憲性が争われた事件*で、最高裁は、消極目的規制と積極目的規制の二分論にまったくふれることなく、規制目的の公共性と手段の合理性および必要性を厳格に審査して違憲の判断を下した（最大判昭和62・4・22民集41巻3号408頁）。経済的自由に関する従来の判例との整合性が問題となるが、先に述べた積極目的規制をさらに二分する見解（前節2参照）によれば妥当な判決として評価できることになる。

　憲法29条2項は、財産権の内容を「法律」で定めるとしていることから、条例による規制が許されるかどうかが問題となる。この2項は、上で述べたように、財産権が精神的自由とは異なり社会国家の要請に基づいて、広く法律によ

る規制を受けることを意味しており、条例は地方公共団体の住民の代表者による議会が民主的な手続に従って制定するものであることから、積極に解すべきであろう。最高裁も同様に判断している（奈良県ため池条例事件、最大判昭和38・6・26刑集17巻 5 号521頁）。

　＊森林法事件　本件の原告と被告は兄弟であり、父から生前贈与により山林を 2 分の 1 の持分で共有することになったが、経営上の意見の違いから分割ということになった。しかし、森林法186条は、民法256条 1 項の特則として、持分価格 2 分の 1 以下の共有者による分割請求を認めていなかったため、事態は改善されず、森林は放置され荒廃していった。そこで原告が被告に山林の共有分割を請求する民事訴訟を起こしその中で森林法186条の違憲無効を主張した事件である。

3　補償の要否と正当な補償

（1）　補償の要否

　憲法29条 3 項は、「私有財産は、正当な補償の下に、これを公共のために用ひることができる」と規定する。この規定は、財産権が公共のために剥奪（収用）または制限されることがあり、その場合には「正当な補償」が必要であることを明らかにしている。

　「公共のために」とは、道路、ダムの建設など直接公共の用途に使われる場合だけでなく、公共の利益に仕える目的で用いられる場合を広く含むとされ、戦後の農地改革のように、最終的に個人に譲渡されるような財産の収用もこれにあたると解される。

　問題は、いかなる場合に補償が必要とされるかである。通説は、特別犠牲説をとっている。これは、公共目的の事業のため、本来すべての者が公平に負担すべき負担を一部の者が特別な犠牲を払う形で負う場合に、平等原則に基づいてそれを補償するという考え方である。従来の通説は、①侵害行為が広く一般人を対象とするものか、特定の個人や集団を対象とするものか（形式的要件）と、②侵害行為が財産権に内在する社会的制約として受忍すべき限度内のものであるか否か（実質的要件）、の二つを総合的に考慮して判断すべきであるとしてきた。

　これに対して、最近の有力説は、②の実質的要件を中心に判断すべきである

と説く。すなわち、「①財産の剥奪ないし当該財産権の本来の効用の発揮を妨げることになるような侵害については、権利者の側にこれを受忍すべき理由がある場合でないかぎり、当然に補償を要するが、②その程度に至らない規制については、(i)当該規制の存在が社会的共同生活との調和を保っていくために必要とされるものである場合には、財産権に内在する社会的拘束の表われとして補償は不要（たとえば、建築基準法に基づく建築の規制）、(ii)他の公益目的のため当該財産権の本来の社会的効用とは無関係に偶然に課せられるものである場合には補償が必要（たとえば、重要文化財の保全のための制限など）とされる」（芦部『憲法（7版）』）。

　また、補償請求は、通常、関係法規の補償規定（たとえば、土地収用法68条以下、自衛隊法103条10項参照）に基づいて行われるが、それがない場合には、直接、憲法29条3項を根拠として請求できると解される。最高裁も、河川附近地での砂利採取を許可制とする河川附近地制限令が補償規定を欠くとしても合憲である旨の判断を下すに際して、これに具体的に言及しその可能性を認めている（河川附近地制限令事件、最大判昭和43・11・27刑集22巻12号1402頁）。これに関連して、予防接種の副作用による乳幼児・児童の死亡事故や重度の後遺症事故について、29条3項を根拠として補償請求できるか否かが問題となっている。肯定説が有力であり、それは、①被害は予防接種の実施に伴う公共のための特別犠牲であり、しかも生命・身体に対して課せられたもので、財産権に比べて不利に扱われる合理的理由はないため、29条3項の類推適用を認めるべきであるという説（裁判例では、東京地判昭和59・5・18判時1118号28頁）と、②財産権の侵害に補償が行われるのなら、本来侵してはならない生命、身体への侵害に補償がなされるのは当然であり、29条3項の勿論解釈をとるべきであるという説（大阪地判昭和62・9・30判時1255号45頁）に分かれる。生命・身体の重要性から②説が妥当であると解される。なお、最近の裁判例は、否定説に立って、国の過失責任を認めている（東京高判平成4・12・18高民集45巻3号212頁）。

（2）　正当な補償

　「正当な補償」に関しては、従来、相当補償説と完全補償説とが対立してきた。完全補償説とは、損失を受けた財産の客観的な市場価格を全額補償すべき

であるとする説であり、相当補償説とは、問題の財産について合理的に算定された価格であれば、市場価格以下でも「正当な補償」といえるとする考え方である。

　最高裁は、戦後の民主化の一環として行われた、終戦直後の農地改革に際しての自作農創設特別措置法による農地買収が「正当な補償」といえるかどうかが争われた事件で、当時の経済状態で成立すると考えられる価格に基づき、合理的に算出された相当な額をいうのであり、必ずしもその市場価格と完全に一致する必要はないと述べた（農地改革事件、最大判昭和28・12・23民集 7 巻13号1523頁）。この説示部分だけをみれば、最高裁が相当補償説をとったとも解されるが、農地改革が占領下において前近代的な地主制を変革して、日本国憲法が前提とする民主的な農業社会をつくるものであったという、その特殊性に注目すれば、これを相当補償説の先例とすることはできないであろう。

　その後、最高裁自身が、土地収用法における損失補償について、それは「当該土地の所有者等が被る特別な犠牲の回復をはかることを目的とするものであるから、完全な補償、すなわち、収用の前後を通じて被収用者の財産価値を等しくならしめるような補償をなすべきであり、金銭をもって補償する場合には、被収用者が近傍において被収用地と同等の代替地等を取得することを得るに足りる金額の補償を要するものというべ」きであると判示している（最判昭和48・10・18民集27巻 9 号1210頁）。

第 3 節　居住・移転、外国移住、国籍離脱の自由　　●—●

　憲法22条は、居住・移転の自由、外国移住の自由、国籍離脱の自由を保障する。

1　居住・移転の自由

　居住・移転の自由は、すでに述べたように、歴史的には職業身分制の下で土地に縛り付けられていたとくに農民を土地から解放し職業選択の自由を可能にしたという意味で、経済的自由の性格をもつ。同時に、この自由は身体の自由

と密接に関連し、移動による知的な接触を可能にすることから精神的自由の側面を含むものと理解される。したがって、居住・移転の自由の規制については、後者の側面をもつものとして厳格な審査が求められることが多い。

2　外国移住の自由

　外国移住の自由は、当然に海外旅行の自由を含むと解される。そして、移住（出国）の自由は、再入国の自由を含むと理解されるべきである。けだし、再入国の自由がなければ、出国の自由は実質的な意味で否定されたも同然だからである。

　出国するには、有効な旅券を所持し、かつ入国審査官から出国の確認を受けなければならない（出入国管理及び難民認定法60条 1 項）が、例外的に「著しく且つ直接に日本国の利益又は公安を害する行為を行う虞があると認めるに足りる相当の理由がある者」に対して、外務大臣は旅券の発給を拒否できる（旅券法13条 1 項 5 号）。この規定の合憲性が問題となった事件で、最高裁はこれについて「公共の福祉のために合理的な制限を定めたもの」であり、「漠然たる基準を示す無効のもの」ではないと判示した（帆足計事件、最大判昭和33・ 9 ・10民集12巻13号1969頁）。海外旅行の自由は、精神的自由の側面をもつことを考慮すれば、発給拒否は「明白かつ現在の危険」がある場合に限られるべきであり、こうした不明確な規定による規制には違憲の疑いが強い（第 6 章第 4 節 2 （2）および（3）参照）。

　また、在留外国人の再入国の自由には、すでに述べたような問題がある（第 2 章第 2 節 2 （1）参照）。

3　国籍離脱の自由

　これは、日本国民であることをやめる自由を認めるものであり、日本国憲法を含めた近代憲法が予定する国家は、自然のうちに形成された共同体そのものではなく、個人の意思の結合に基づくものであることを表している。

　国籍法11条 1 項は、「外国の国籍を取得したときは、日本の国籍を失う」と規定し、無国籍の自由や二重国籍の自由を認めていない。

第8章

人身の自由と刑事手続上の諸権利

　人身（身体）の自由とは、身体を不当に拘束されない自由のことであり、人身の自由が保障されなければ、すべての自由権は存在できないことから、最も基本的な権利であるということができる。日本国憲法は、人身の自由を保障するために、奴隷的拘束の禁止のほか、31条以下に、諸外国の憲法に例をみないきわめて詳細な刑事手続に関する規定を置いている。これは、近代憲法とされた明治憲法の下において、不法な逮捕、監禁、拷問が行われ、人身の自由が著しく侵害された歴史的事実に基づくものである。

第1節　奴隷的拘束および苦役からの自由　●──────●

　憲法18条は「何人も、いかなる奴隷的拘束も受けない。又、犯罪に因る処罰の場合を除いては、その意に反する苦役に服させられない」と定める。奴隷的拘束とは、人間としての人格を否定する程度に身体の自由を拘束することであり、戦前の鉱山労働者に対する監獄部屋などがその例としてあげられる。その意に反する苦役とは、広く本人の意思に反して強制される労役、強制労働をいう。必ずしも強度の苦痛を伴うものである必要はない。

　非常災害など緊急時において、地域住民を応急措置の業務に従事させること（災害対策基本法65条・71条、消防法29条、災害救助法24条・25条など）が問題となるが、これらは災害の防止や被害者の救助のために必要不可欠であることから、本条に違反しないものと解される。

　本条は、私人間にも直接効力が及ぶものと解されており、また、徴兵制は憲法9条および本条に反するものと一般に考えられている。

第2節　適正手続の保障 ●━━━━━━━━●

1　憲法31条

　憲法31条は「何人も、法律の定める手続によらなければ、その生命若しくは自由を奪われ、又はその他の刑罰を科せられない」と定めている。この規定は、人身の自由に対する重大な脅威となる国家の刑罰権の発動について、その恣意的な行使を抑制するために、「法律の定める手続」によることを求めるものであり、刑事手続に関する原則的規定である。これは、アメリカ合衆国憲法修正14条の「いかなる州も、法の適正な手続（due process of law）によらずして、何人からも生命、自由または財産を奪ってはならない」との規定に由来するが、アメリカでは適正手続の保障（手続的デュー・プロセス）が実体の適正な保障（実体的デュー・プロセス）に発展している。

　「法律の定める手続」という文言からは、刑事手続の法定のみが要求されているようにも読める。しかし、通説は、「法律の定める手続」とは、当然にそれが適正な手続であることの要請を含むことから、本条が①手続の法定のみならず、②法律で定められた手続が適正であること、さらに③実体規定（刑罰法規）が法律で定められていること（罪刑法定主義*）、④法律で定められた実体規定が適正であることをも求めるものであるとしている。本条は、人身の自由の保障のために、刑罰権の発動は法律によって厳格に拘束されるべきであるという考え方に基づくと解されることから、それが実体規定の法定とその適正をも要請するとの通説の見解は妥当であろう。

　　＊罪刑法定主義　　その内容として、刑罰法規法律主義、遡及処罰の禁止（憲法39条）、類推解釈の禁止、絶対的不定期刑の禁止などがあげられる。

2　適正手続の内容

（1）　手続の適正と「告知と聴聞」

　本条の内容には、手続の適正に関するものと、実体規定の適正に関するものがあり、前者に関してとくに重要なものは、公権力が国民に刑罰その他の不利

益を科す場合には、当事者にあらかじめ「告知と聴聞（notice and hearing）」の機会、すなわちその内容を告知し、弁解と防御の機会を与えなければならないというものである。最高裁も、いわゆる第三者所有物没収事件＊で、「第三者の所有物を没収する場合において、その没収に関して当該所有者に対し、告知、弁護、防禦の機会を与えることなく、その所有権を奪うことは、著しく不合理であって、憲法の容認しないところであるといわなければならない」（最大判昭和37・11・28刑集16巻11号1593頁）とし、「告知と聴聞」が31条の要求する手続の適正の内容をなすことを認めている。

　これ以外の手続の適正の内容をなす原則は、憲法33条から39条まで詳細に規定されている。

　＊**第三者所有物没収事件**　　貨物船で貨物の密輸を行った被告人がその付加刑として密輸にかかる貨物の没収判決を受けたが、当該貨物に被告人以外の第三者の所有する貨物が含まれていたため、被告人は、所有者たる第三者に財産権擁護の機会を与えずに没収することは憲法29条1項に違反すると主張した。最高裁は、本文のような判断を示して、本件貨物の没収の言渡は違憲であるとし、原判決を破棄した。

（2）　実体の適正と明確性の要請

　上記の通り、憲法31条は実体法規の適正も要求していると解されるが、その内容として、①刑罰法規の明確性の原則、②規制内容の合理性の原則、③罪刑の均衡の原則、④不当な差別の禁止原則などがある。とくに、罪刑法定主義の観点から要請される①の刑罰法規の明確性の原則が重要である。この原則は、刑罰法規の文言は明確でなければならないという原則であり、明確性を欠く刑罰法規は国民に対してどんな行為が処罰されるかについての「公正な告知」を与えず、また法を執行する者に恣意的な適用を許すことになることをその理由としている。

3　行政手続と憲法31条

　憲法31条による保障は、行政手続（たとえば、伝染病予防法による強制入院、少年法による保護処分、出入国管理及び難民認定法による収容、国税犯則取締法による税務官吏の調査など）にも及ぶであろうか。行政手続の中には、これらの例のように、

刑罰の性質をもたない行政権による身体の拘束や、刑事手続に類似した強制手続が存在するのであり、これらの行政手続には本条が準用ないし適用されると解すべきである。ただ、定型的な刑事手続と異なり、行政手続はその行政目的に応じて多種多様であるために、一定の例外のあることもまた認めざるをえず、結局、個々の行政作用の性質に応じて、個別具体的に検討するほかはないと解される。最高裁は、1992年の成田新法事件で、「憲法31条の定める法定手続の保障は、直接には刑事手続に関するものであるが、行政手続については、それが刑事手続ではないとの理由のみで、そのすべてが当然に同条による保障の枠外にあると判断することは相当ではない」として、31条の行政手続への適用ないし準用を認めている。その上で、判決は続けて「しかしながら、同条による保障が及ぶと解すべき場合であっても、一般に、行政手続は、刑事手続とその性質においておのずから差異があり、また、行政目的に応じて多種多様であるから、行政処分の相手方に事前の告知、弁解、防禦の機会を与えるかどうかは、行政処分により制限を受ける権利利益の内容、性質、制限の程度、行政処分により達成しようとする公益の内容、程度、緊急性等を総合考慮して決定されるべきものであって、常に必ずそのような機会を与えることを必要とするものではない」(最大判平成4・7・1民集46巻5号437頁) としている。

　なお、1993年に行政手続法 (平成5法88) が制定され、同法は行政庁が不利益処分をする場合には、その対象者に事前に告知・聴聞の機会を与えることを原則とするとしている (13条・14条)。

第3節　被疑者の権利 ●━━━━━━━━━━●

　憲法は、33条から39条まで刑事手続に関する各種の権利を規定している。そのうち、33条、34条、35条は、主として捜査過程での被疑者の権利を定めている。

1　不法な逮捕からの自由
　憲法33条は、「何人も、現行犯として逮捕される場合を除いては、権限を有

する司法官憲が発し、且つ理由となつてゐる犯罪を明示する令状によらなければ、逮捕されない」と規定し、捜査機関による恣意的な逮捕を防止するために、現行犯逮捕を除いて、逮捕には令状を必要とする（令状主義）。「権限を有する司法官憲」とは、裁判官のことであり、「犯罪を明示する」とは、容疑の犯罪名だけでなく、その犯罪事実も明示されなければならないことを意味する。なお、刑事訴訟法210条の逮捕令状によらない緊急逮捕の制度について、最高裁は、「厳格な制約の下に、罪状の重い一定の犯罪のみについて、緊急已むを得ない場合に限り、逮捕後直ちに裁判官の審査を受けて逮捕状の発行を求めることを条件とし、被疑者の逮捕を認めることは、憲法33条規定の趣旨に反するものではない」（最大判昭和30・12・14刑集9巻13号2760頁）とした。

2　不法な抑留・拘禁からの自由

　憲法34条は「何人も、理由を直ちに告げられ、且つ、直ちに弁護人に依頼する権限を与へられなければ、抑留又は拘禁されない。又、何人も、正当な理由がなければ、拘禁されず、要求があれば、その理由は、直ちに本人及びその弁護人の出席する公開の法廷で示されなければならない」と規定する。これは、逮捕後の身体の拘束が公正に行われることを確保するための規定である。ここで「抑留」とは一時的な身体の拘束をいい、逮捕および勾引に伴う留置などがこれに該当する。「拘禁」とは、継続的な身体の拘束を意味し、勾留および鑑定留置などがそれにあたる。そこで、とくに拘禁については、不当な拘禁の防止を図るために、拘禁理由の公判廷での明示の制度を設けることを要求している。これを受けて、刑事訴訟法82条ないし86条には、「勾留理由開示」の制度が設けられ、また別に人身保護法も制定されている。

3　住居等の不可侵

　憲法35条1項は、「何人も、その住居、書類及び所持品について、侵入、捜索及び押収を受けることのない権利は、第33条の場合を除いては、正当な理由に基いて発せられ、且つ捜索する場所及び押収する物を明示する令状がなければ、侵されない」と定める。住居は、個人の私生活の中心であることから、本

条は私的領域への干渉の排除という消極的意味のプライヴァシー権の中心的規定であると解される（第4章第2節1参照）。ここでいう「住居」とは、住宅より広い意味であり、事務室や旅館も含めて、広く人が私生活の保護について合理的期待を抱く場所をいうものと解される。

憲法35条1項にいう「第33条の場合」について、学説は、現行犯による逮捕と令状による逮捕の場合のみをさすと解しているが、判例は、「33条による不逮捕の保障の存しない場合」の意であると解し、現行犯として逮捕しようとすればできる場合に拡張している（最大判昭和30・4・27刑集9巻5号924頁）。学説は、捜査の便宜に傾きすぎるとして、これに批判的である。また、警察官の職務質問に付随して行われる所持品検査について、最高裁は、「捜索に至らない程度の行為」で、「強制にわたらない限り」その適法性を認めている（最判昭和53・6・20刑集32巻4号670頁）が、検査によって得られた証拠については、令状主義の精神を没却するような重大な違法が証拠収集手続にある場合には、その証拠能力は否定されるとしている（最判昭和53・9・7刑集32巻6号1672頁）。

また強制採尿について、最高裁は、覚せい剤取締法違反被告事件で「捜索・差押の性質」をもつとした上で、犯罪捜査のために真にやむをえない場合には、最終的な手段として、令状によるならば合憲と判断している（最決昭和55・10・23刑集34巻5号300頁）。

第4節　刑事被告人の権利

憲法は、37条、38条、39条において、主として刑事被告人の権利を保障するために以下のような刑事裁判手続に関する規定を設けている。

1　公平な裁判所の迅速な裁判を受ける権利

憲法37条1項は、「すべて刑事事件においては、被告人は、公平な裁判所の迅速な公開裁判を受ける権利を有する」と定める。本条は、裁判を受ける権利（32条）や裁判の公開原則（82条）と重複するが、とくに刑事被告人の権利を明確にする趣旨であると一般に解されている。

　「公平な裁判所」とは、最高裁によれば、「偏頗や不公平のおそれのない組織と構成をもった裁判所による裁判を意味」する（最大判昭和23・5・5刑集2巻5号447頁）。公平な裁判所の確保のために、刑事訴訟法は、事件に予断をもつと思料される裁判官の除斥・忌避および回避の制度を設けている（20条以下・377条2項）。

　「裁判の遅延は裁判の否定（不正義）である」との法諺が示すように、迅速な裁判を受ける権利は、裁判の公正と被告人の負担の点から重要である。「迅速な裁判」とは、不当に遅延しない裁判、すなわち事件を審理・判断するに必要かつ適切な期間を不当に超えない裁判をいう。最高裁は、15年余にわたって公判期日がまったく開かれなかった高田事件で、迅速な裁判を受ける権利は、「単に迅速な裁判を一般的に保障するために必要な立法上及び司法行政上の措置をとるべきことを要請するにとどまらず、さらに個々の刑事事件について、現実に右の保障に明らかに反し、審理の著しい遅延の結果、迅速な裁判をうける被告人の権利が害せられたと認められる異常な事態が生じた場合には、これに対処すべき具体的規定がなくても、もはや当該被告人に対する手続の続行を許さず、その審理を打ち切るという非常救済手段がとられるべきことをも認めている趣旨の規定であると解する」と判示して免訴を言い渡した（最大判昭和47・12・20刑集26巻10号631頁）。

2　証人審問権・喚問権

　憲法37条2項は、「刑事被告人は、すべての証人に対して審問する機会を充分に与へられ、又、公費で自己のために強制的手続により証人を求める権利を有する」と定める。ここで「すべての証人」とは、通説によれば、本来の証人のみならず、鑑定人、参考人、共同被告人など被告人に不利益な供述をする者すべてをさすと解されている。

　前段の証人審問権は、被告人に反対尋問の機会が充分に与えられない証人の証言や供述調書などの供述証拠には証拠能力が認められないという刑事手続における直接審理の原則を徹底せしめたものである。刑事訴訟法に定められた伝聞証拠禁止の原則（320条）もこれに基づくが、法廷外の供述を一切認めないと

する趣旨ではなく、321条以下で例外を認めている。

　後段の証人喚問権は、被告人に対して自己に有利な供述をする証人を公費で喚問する権利を保障するものであるが、被告人の申請する証人をすべて喚問しなければならないかについて、最高裁は、「裁判所は、当該事件の裁判をなすに必要適切な証人」を喚問すれば足りるとしている（最大判昭和23・7・29刑集2巻9号1045頁）。

3　弁護人依頼権

　憲法37条3項は、「刑事被告人は、いかなる場合にも、資格を有する弁護人を依頼することができる。被告人が自らこれを依頼することができないときは、国でこれを附する」と規定し、弁護人依頼権を保障する。

　被疑者については、34条によって弁護人依頼権が保障されているが（刑事訴訟法30条）、本条項は、刑事被告人について、資格を有する弁護人であることをとくに要請し、被告人が貧困その他の事由で自ら依頼できないときは、国選弁護人が附される旨を規定している。これは、被疑者に比べて、被告人の場合には、裁判において刑罰が科せられる可能性があることに鑑み、被告人の防禦権を充実させる必要性が高いと考えられるからである。

4　自己負罪拒否

　憲法38条1項は、「何人も、自己に不利益な供述を強要されない」と定める。本条は、アメリカ合衆国憲法修正5条の自己負罪拒否特権に由来するといわれる。ここで「自己に不利益な供述」とは、自己の「刑事上の責任を問われる虞のある事項」の供述をいうとされ（最大判昭和32・2・20刑集11巻2号802頁）、そうした供述を被疑者・被告人および証人がしないことを理由に、法律上の不利益を課されないことを保障している。

　刑事訴訟法は、この規定を受けて、被疑者および被告人に対して、いわゆる黙秘権を保障しているが（198条2項・291条2項）、たとえば財産権や名誉権等に関わる事実に関する供述は含まれないとされる。最高裁は、被告人が刑事訴訟規則18条の規定により必要とされる氏名の開示を黙秘して弁護人選出届を提出

し、却下された事件で、「氏名のごときは、原則としてここにいわゆる不利益な事項に該当するものではない」と判示し、氏名を黙秘する権利は本条の保障に含まれないとしている（最大判昭和32・2・20刑集11巻2号802頁）。

　行政法規には、種々の目的のために、記帳・報告あるいは答弁の義務を課し、それに応じない場合には一定の刑罰を科すものがあり、その場合に38条1項が行政手続に及ぶかが問題となる。

　判例は、収税官吏の質問検査について、川崎民商事件＊において、38条1項による保障は、「純然たる刑事手続においてばかりではなく、それ以外の手続においても、実質上、刑事責任追求のための資料の取得収集に直接結びつく作用を一般的に有する手続には、ひとしく及ぶものと解するのが相当である」としたが、旧所得税法上の検査質問は、「所得税の公平確実な賦課徴収を目的とする手続であって、刑事責任の追及を目的とする手続ではなく、また、そのための資料の取得収集に直接結びつく作用を一般的に有するものでもない」として違憲でないと判示した（最大判昭和47・11・22刑集26巻9号554頁）。また、旧道路交通取締法施行令に基づく自動車運転者の交通事故の報告義務について、最高裁は、報告義務のある「事故の内容」とは、事故発生の日時、場所、死傷者の数および負傷の程度など交通事故の態様に関するものであって、「刑事責任を問われる虞のある事故の原因その他の事項までも右報告義務ある事項中に含まれるものとは、解せられない」と判示し、合憲とした（最大判昭和37・5・2刑集16巻5号495号）。さらに、麻薬取扱者の麻薬取扱いの記帳義務について、最高裁は、「麻薬取扱者たることを自ら申請して免許された者は、そのことによって当然麻薬取締法規による厳重な監査を受け、その命ずる一切の制限または義務に服することを受諾しているものというべきである」として、黙秘権の放棄を擬制して合憲とした（最判昭和29・7・16刑集8巻7号1151頁）。

　　＊川崎民商事件　「収税官吏は、所得税に関する調査について必要があるときは」、納
　　税義務者等に「質問し又は……帳簿書類その他の物件を検査することができる」旨を規
　　定した旧所得税法63条に基づく調査を抵抗・拒否して起訴された被告人が、質問調査が
　　憲法35条、38条に違反すると主張した事件。

5　自白の証拠能力

　憲法38条 2 項は、「強制、拷問若しくは脅迫による自白又は不当に長く抑留若しくは拘禁された後の自白は、これを証拠とすることができない」と規定し、被告人の任意ではない自白の証拠能力を否定している（自白排除の法則）。また、同条 3 項は、「何人も、自己に不利益な唯一の証拠が本人の自白である場合には、有罪とされ、又は刑罰を科されない」とし、本人の自白があっても、これを補強する別個の証拠がないかぎり、有罪とされない旨を定め、自白の証拠能力に制限を設け、自白の偏重と自白の強要を防止している（自白の補強証拠の法則）。

　この補強証拠の法則に関して、公判廷における自白が 3 項にいう「本人の自白」に含まれるかが問題となる。最高裁は、公判廷での自白は、任意性があることなどを根拠に、他の補強証拠を必要としないと判示した（最大判昭和23・7・29刑集 2 巻 9 号1012頁）が、学説から強い批判がなされている。この問題は、刑事訴訟法が「被告人は、公判廷における自白であると否とを問わず、その自白が自己に不利な唯一の証拠である場合には、有罪とされない」（319条 2 項）と規定し、立法的に解決されている。

6　事後法の禁止（遡及処罰の禁止）

　憲法39条前段の前半部分は、「何人も、実行の時に適法であった行為……については、刑事上の責任を問はれない」と定める。これは、事後法（ex post facto law）の禁止の原則、あるいは遡及処罰の禁止の原則と呼ばれ、罪刑法定主義の当然の要請である。本条項の趣旨は、実行時に適法であった行為を法改正によって事後的に処罰することを禁止するだけではなく、実行時には違法であるが罰則のなかった行為を事後的に罰則を設けて処罰することや刑罰を加重した事後法によって処罰することを禁止するものと解されなければならない。しかし、逆に、実行後に刑罰を軽減し（刑法 6 条参照）、あるいは刑罰を廃止した（刑事訴訟法337条 2 号参照）法律を適用することは、本条項に反しない。

7　一事不再理ないし「二重の危険」の禁止

憲法39条前段の後半部分は、「何人も……既に無罪とされた行為については、刑事上の責任を問われない」と規定し、同条後段は、「又、同一の犯罪について、重ねて刑事上の責任を問はれない」と規定する。この両者の関係について、学説は、①両者はともに英米法的な「二重の危険（double jeopardy）」の禁止（被告人を同一の行為について重ねて刑事手続による処罰の危険にさらすことを禁じる）を定めたものと解する説、②両者ともに大陸法的な刑事裁判における「一事不再理」（有罪または無罪の確定判決が下された場合には、同一事件について再び審理することを許さない）の原則を定めたものと解する説、③前者は一事不再理の原則を、後者は二重処罰の禁止を定めたものと解する説が、対立している。

問題となるのは、①説をとった場合に、現行法によって認められている、検察官が下級審の無罪または有罪の判決に対して、有罪またはより重い刑罰を求めて上訴することは、英米法的な「二重の危険」の原則によれば、許されないことになる点である。これについて、「危険とは、同一の事件においては、訴訟手続の開始から終末に至るまでのひとつの継続的状態と見るを相当とする」と解し、そう解すれば、検察官の上訴も、「被告人を二重の危険に曝すものでもなく、従ってまた憲法39条に違反して重ねて刑事上の責任を問うたものでもない」とする判例（最大判昭和25・9・27刑集4巻9号1805頁）の立場が一般に支持されており、そのように解すれば、①説は②説に接近することになる。

8　拷問および残虐刑の禁止

憲法36条は、「公務員による拷問及び残虐な刑罰は、絶対的にこれを禁ずる」と定める。「拷問」とは、被疑者や被告人から自白を得るために生理的ないし肉体的苦痛を加えることであり、公務員による拷問は明治憲法時代から刑法において禁じられていたが（刑法193条以下）、実際には頻繁に行われていたことから、日本国憲法はこれを憲法規定により、「絶対的に」禁止したのである。本条を受けて、刑法195条は、特別公務員暴行陵虐罪を規定している。

「残虐な刑罰」とは、判例によれば、「不必要な精神的、肉体的苦痛を内容とする人道上残虐と認められる刑罰」をいう（最大判昭和23・6・30刑集2巻7号777

頁）。

　死刑が、残虐な刑罰にあたるか否かについて、最高裁は、尊属殺人死体遺棄
事件において、憲法13条および31条は、「刑罰としての死刑の存置を想定し、
これを是認したものと解すべきである。言葉をかえれば、死刑の威嚇力によっ
て一般予防をなし、死刑の執行によって特殊な社会悪の根元を絶ち、これをも
って社会を防衛せんとしたものであり、また個体に対する人道観を優位せしめ、
結局社会公共の福祉のために死刑制度の存続の必要性を承認したものと解され
ると」と判示し、「刑罰としての死刑そのものが、一般に直ちに同条（憲法第36
条）にいわゆる残虐な刑罰に該当するとは考えられない。ただ死刑といえども
……その執行の方法等がその時代と環境とにおいて人道上の見地から一般に残
虐性を有するものと認められる場合には、勿論これを残虐な刑罰といわねばな
らぬから、将来若し死刑について火あぶり、はりつけ、さらし首、釜ゆでの刑
のごとき残虐な執行方法を定める法律が制定されたとするならば、その法律こ
そは、まさに憲法第36条に違反するものということができる」としている（最
大判昭和23・3・12刑集２巻３号191頁）。

第9章

国務請求権

　憲法が設けた制度に基づいて、国に対して一定のサーヴィスを国民の立場で請求する権利を国務請求権という。従来、これは自由権などの実体的権利を実現するための手続的権利であり、請願権、裁判を受ける権利、国家賠償請求権、刑事補償請求権をいうものとされてきた（請願権については、権利の性格から第11章で述べる）。

第1節　裁判を受ける権利　●━━━━━━━━━━●

1　裁判を受ける権利の意義

　憲法32条は、「何人も、裁判所において裁判を受ける権利を奪われない」と規定する。裁判を受ける権利は、公平かつ独立の裁判所に対してすべての国民が平等に、その自由や権利の救済と実現を求めることができる権利であるとともに、違憲審査制（81条）を採用した日本国憲法において、この権利は、国民の権利の裁判による救済を通して、立法権および行政権に対しても「法の支配」を徹底することを可能にする重要な権利である。

　明治憲法の下では、司法権の概念は民事と刑事事件に限定され、行政事件を含まなかったが、日本国憲法においてはこれを含むものと解され（76条参照）、憲法32条は当然、国民が行政裁判を受ける権利も保障する。

　「裁判を受ける権利を奪われない」とは、民事事件と行政事件については裁判請求権あるいは訴権が保障されること、すなわち裁判の拒絶は許されないことを意味する。一方、刑事事件については、正式の裁判所の裁判によらなければ刑罰が科されないことを保障する意味をもつ。したがって、刑事事件に関してこの権利は、自由権的な性格をもち、憲法37条がこれを重ねて保障している。

2 「訴訟の非訟化」の問題

　積極国家の要請に基づく国家の後見的な役割の増大は、裁判制度の分野では「訴訟の非訟化」という形で現れている。これは、戦後の家事審判事項の拡大や借地非訟事件の創設など、公開の対審手続を要しない審理で民事事件を解決する非訟事件手続の増大傾向のことである（非訟事件手続法11〜13条など）。この非訟事件手続の合憲性が裁判の対審（訴訟の当事者が裁判官の面前で、口頭でそれぞれの主張を述べ合うこと）と公開を保障する憲法82条との関係で問題となってきた。

　最高裁は、憲法32条と82条の保障する「裁判」は、実体的権利義務の確定に関する「純然たる訴訟事件」に限るとして、非訟事件手続による審判は「裁判」ではないとの見解（訴訟事件公開説）をとり、家事審判法の手続を合憲とした（最大決昭和35・7・6民集14巻9号1657頁、最大決昭和40・6・30民集19巻4号1089頁など）。しかし学説上は、公開・対審手続によらずに実体的な権利義務の確定を含めて事件の解決をはかっても違憲でない法律関係が広く存在することを認め、事件の類型ごとにその性質と内容に応じた適正な手続を保障するものであれば、非訟事件手続も32条の「裁判」と解することができるとの見解が有力となっている。

第2節　国家賠償請求権と刑事補償請求権　●───●

1　国家賠償請求権

　憲法17条は、公務員の不法行為によって損害を受けた者に対して、法律の定めるところにより、国または地方公共団体に賠償を求めることができるとしている。明治憲法の下でも、学校・病院などの施設（営造物）の管理や道路・橋など公物管理に関する非権力的な活動から生じた損害については、民法の規定に従って国や公共団体への賠償請求が認められるようになるが、警察・消防・軍事などの権力的作用については「国家無責任」の原則により一貫して否定されていた。憲法17条により、権力的作用と非権力的作用のいずれについても損害賠償が認められるようになった。具体的には、国家賠償法による＊。

＊郵便法（責任制限規定）違憲判決　　郵便業務従事者が債権差押命令書を誤って配達したため、その遅延により差押債権券面額の損害を受けたとして、原告（差押債権者）が国に対して国家賠償を求めた事件。郵便法旧68条・73条は、書留郵便物について、その亡失・毀損にかぎって一定金額の範囲内で国の賠償責任を認め、しかも損害賠償の請求権者を差出人またはその承諾を得た受取人に限定していた。最高裁は、これらの規定による損害賠償責任の制限ないし免除は、次のような理由から、憲法17条に違反すると判示した。すなわち、郵便役務を安い料金で全国あまねく公平に提供するためには、郵便物に関する損害賠償責任が過大となることを防止する必要があり、責任制限規定のこうした立法目的は正当である。しかし、書留郵便について、郵便業務従事者の故意または重大な過失による不法行為に基づいて損害が生ずるような例外的な場合まで、責任を制限しなければ立法目的が達成できないとはいえないから、その限りで68条・73条は憲法17条が国会に与えた立法裁量の範囲を逸脱しており、違憲無効である。さらに、民事訴訟法上の送達の実施方法であり書留郵便の一種である特別送達については、軽過失による損害発生も例外と考えられるので、それに関する賠償責任を認めたとしても、立法目的が害されることはないから、この場合の賠償責任を免除または制限している部分も立法裁量の範囲を逸脱し、違憲であるとした（最大判平成14・9・11民集56巻7号1439頁）。

2　刑事補償請求権

　憲法40条は、抑留または拘禁された後に無罪判決を受けた者に対して、国にその補償を求めることができると規定する。刑事裁判が手続上適法に行われた場合でも、抑留や拘禁から生じた損害について、衡平の原則から補償すべき国の責任を定めたものである。補償の要件、額、手続などについては、刑事補償法が定めている。なお、刑事手続に公務員の故意または過失による違法な行為があった場合には、同時に憲法17条に基づいて国家賠償も請求することができる。

第10章

社会権

第1節　総　説

　日本国憲法は、生存権（25条）、教育を受ける権利（26条）、勤労の権利（27条）、労働基本権（28条）を保障し、現代憲法の特徴を示しているといわれるが、これらの社会権と呼ばれる権利群は、どのような権利として理解すべきであろうか。

　近代憲法の成立期においては、封建的身分的な拘束から個人を解放する上で、自由権とくに財産権や経済活動の自由の保障が強く求められた。しかし、この自由権に基づく資本主義経済の進展は、構造的な失業、貧困、飢餓、疾病などの深刻な社会的害悪を生じ、20世紀に入ると次第に社会の内部では解決が不可能となり、その解決は国家の課題と考えられるようになる。こうして、国家の役割が従来の自由国家から経済的・社会的弱者を保護し、実質的平等を実現するために、積極的に市民生活に介入すべきであるとする社会国家（福祉国家）へと転換するのである。社会権は、こうした観念に基づいて、国民が人間たるに値する生活を営むことを保障するものであり、そのために国家に対して一定の行為を要求することができる権利である。このことは、国家には、社会国家として、国民に対して人間らしい生活を保障するために、なしうるかぎりの努力をする義務があることを意味する。

　上記のことから、社会権は、法的には国に対する一定の作為を求める性質（作為請求権）をもつものであり、国の介入の排除を目的とする権利（不作為請求権）である自由権とは異なる。ただ、社会権には、国による不当な侵害があった場合には裁判によってその排除などを求めることのできる自由権の側面もあり、このことは、とくに教育を受ける権利や労働基本権について重要な意味

をもっている。

第2節　生存権　●━━━━━━━━━━━━━━━━━━━━●

1　生存権の意義

　「すべて国民は健康で文化的な最低限度の生活を営む権利を有する」と宣言する憲法25条1項は、社会権に関する原則的・総則的規定であり、経済的自由に対する「公共の福祉」による制限の実質的な根拠となるとともに、社会権に分類される諸権利についての解釈基準としての意義をもつ。

　同条2項は、「国は、すべての生活部面について、社会福祉、社会保障及び公衆衛生の向上及び増進に努めなければならない」と規定し、国に対して生存権の実現のために努力すべき義務を課している。現在までに、これを受けて、①社会福祉については、生活保護法、社会福祉事業法、児童福祉法、老人福祉法、身体障害者福祉法など、②社会保障については、国民年金法、国民健康保険法、厚生年金保険法、雇用保険法、介護保険法など、③公衆衛生については、地域保健法、予防接種法、食品衛生法、環境基本法などが、制定されている。これらの法律は、生存権の理念を実現するものであるが、その内容については不十分さが多く指摘されており、内容の充実が今後の大きな課題である。

　なお、1項と2項の関係について、1項を救貧施策の責務、2項を防貧施策の努力義務の規定として峻別する考え方がある（堀木訴訟控訴審判決、大阪高判昭和50・11・10行集26巻10・11号1268頁）。これによれば、厳格な審査基準が妥当する救貧施策は生活保護法による公的扶助に限定され、それ以外の施策はすべて防貧施策として広い立法裁量に委ねられるとする。しかし、防貧施策も実際には救貧施策の一環として行われる場合があることを説明できないなど、機械的に割り切りすぎた解釈として、批判が多い。

2　生存権の法的性格

（1）　学　説

　生存権を保障する25条は抽象的な規定であることから、その法的性格につい

ては議論があり、これまでの学説はプログラム規定説、抽象的権利説、具体的権利説の三つに整理される。

　プログラム規定説は、同条は国に対して生存権に関する政策目標ないし指針を示した綱領（プログラム）を定めたものにすぎず、国民に具体的な請求権を保障するものではないと説く。この説によれば、25条1項を直接の根拠として具体的な給付を請求する訴えを起こすことはできないことはもとより、生存権を確保すべき国の義務は法的義務ではなく、政治的道義的義務にとどまることから、生存権に関する法律や行政処分が同条に違反して違憲と判断されることはない。

　これに対して、抽象的権利説は、25条の生存権規定は権利を保障したものであり、国は国民の生存権を確保すべき法的義務を負うとする。ただ、生存権は、それを具体化する法律によってはじめて具体的な権利となると解される（抽象的権利）から、たとえば生存権が生活保護法によって具体化されている場合には、生活保護法の存在を前提として、同法に基づく訴訟において、25条1項違反の主張をすることができるとする（通説）。

　具体的権利説の代表的学説は、生存権の内容は個別の行政処分を行う行政権を拘束するほど明確ではないが、立法権を拘束するほどには明確であって、その意味で生存権は具体的な権利であり、これを具体化する法律が制定されていない場合には、救済が必要な国民は立法不作為の違憲確認訴訟を提起できるとする（大須賀明『生存権論』（1984年））。同説は、具体的権利説という名称にもかかわらず、25条を根拠として具体的な給付請求権を認めるものではない（ただ近年、これを認める学説もある（「名前どおりの具体的権利説」））。この説に対しては、不作為の違憲確認訴訟が訴訟上難しい問題点があることや、生活保護法をはじめとして多くの社会保障立法がすでに制定されている現在、実益に乏しいとの指摘がある。

　（2）　判　例

　判例は、プログラム規定説にきわめて近い抽象的権利説をとっている。朝日訴訟*の上告審判決において、最高裁は、生存権の具体的権利性は、「憲法（25条1項）の規定の趣旨を実現するために制定された生活保護法によって、はじ

めて与えられている」とした上で、「健康で文化的な最低限度の生活なるもの
は、抽象的な相対的概念であり、……何が健康で文化的な最低限度の生活であ
るかの認定判断は、……厚生大臣の合目的的な裁量に委されており……直ちに
違法の問題を生ずることはない。ただ、現実の生活条件を無視して著しく低い
基準を設定する等憲法および生活保護法の趣旨・目的に反し、法律によって与
えられた裁量権の限界をこえた場合または裁量権を濫用した場合には、違法な
行為として司法審査の対象となる」と判示した（最大判昭和42・5・24民集21巻5
号1043頁）。この判決は、抽象的権利説の考え方をとるものであるが、最低限度
の生活水準の決定を厚生大臣の裁量にほぼ全面的に委ねている点が問題であり、
むしろ一審判決のように、最低限度の生活水準は、特定の国における特定の時
点においては、一応客観的に決定できることから、それを下回る厚生大臣の基
準設定行為は違憲、違法となる場合があると解すべきである。

　また、児童扶養手当法の併給禁止規定の合憲性が争われた堀木訴訟＊＊で最
高裁は、「健康で文化的な最低限度の生活」は、「きわめて抽象的・相対的な概
念であって、その具体的内容は、その時々における文化の発達の程度、経済
的・社会的条件、一般的な国民生活の状況等との相関関係において判断決定さ
れるべきものであり」、「憲法25条の規定の趣旨にこたえて具体的にどのような
立法措置を講ずるかの選択決定は、立法府の広い裁量にゆだねられており、そ
れが著しく合理性を欠き明らかに裁量の逸脱・濫用と見ざるをえないような場
合を除き、裁判所が審査判断するのに適しない」とした（最大判昭和57・7・7
民集36巻7号1235頁）。この判決も、25条の裁判規範性を肯定するものの、非常
に広い裁量を国会に認めており、実質的にはプログラム規定説と異ならないも
のとなっている。

　以上のことから、通説・判例とも、憲法25条1項に何らかの裁判規範性を認
める点では一致してきており、今後の課題は同条項からいかなる審査基準を導
き出すことができるかである。この点で上記の朝日訴訟一審判決が示した判断
枠組みと、福祉の「切り下げ」との関係で論じられる「制度後退禁止原則」
（棟居快行「生存権と『制度後退禁止原則』をめぐって」『国民主権と法の支配（下）』
（2008年）参照）が注目される。

　　＊**朝日訴訟**　　肺結核のため国立岡山療養所に入所していた原告（朝日茂）が医療扶助
とともに受けていた、1956年7月当時における月額600円の生活扶助の保護基準が、憲
法25条の理念に基づく生活保護法3条の規定する「健康で文化的な最低限度の生活水準
を維持する」に足りない違法なものであるか否かが争われた事件。
　　＊＊**堀木訴訟**　　全盲の視力障害者として障害福祉年金を受けていた原告（堀木フミ）
が、同時に寡婦として子どもを養育していたことから児童扶養手当法に基づき児童扶養
手当の受給資格の認定を求めたが却下された。異議申立に対しても、児童の母等が公的
年金給付を受給しうるときには児童扶養手当を支給しないとする児童扶養手当法4条3
項3号（併給禁止条項）に該当するとの理由で棄却する決定がなされたため、同条項が
憲法25条、14条等に違反するとして出訴した事件。

3　環境権

（1）　現代的意義

　生存権と深く関わる新しい人権の一つが「環境権」である。この環境権提唱
の背景には、環境問題の深刻化があった。わが国では、1960年代の高度経済成
長期以降、深刻な社会問題となった四大公害病をはじめとして、大気汚染、水
質汚濁、騒音などの公害が大量に発生し、環境が著しく汚染する中で、良好な
環境を享受する権利としての環境権が提唱され、その後の公害裁判を通して環
境権概念がしだいに形成されてきた。

　学説では、環境権の存在を認める肯定説が有力であり、その多くは環境権を
「健康で快適な生活を維持する条件としての良い環境を享受し、これを支配す
る権利」と理解している。ただ、新しい人権をめぐる議論一般と同じく、環境
権の概念、とくに内容と法的性格については学説上、種々の論議がある。

　環境権の内容として、空気、水、日照などの自然環境に限定する狭義説と、
文化遺産や道路、公園などの文化的・社会的環境まで含むとする広義説の対立
がある。後者によると、環境権の内容が広くなりすぎて権利性が弱まることか
ら、環境権が提唱された沿革にも適合的である前者が妥当であろう。

（2）　環境権の法的性格

　環境権の法的性格については、環境破壊を予防し排除するために主張された
権利であることから、良好な環境の享受を妨げられないという自由権としての
側面、すなわち、憲法13条の幸福追求権を根拠とする人格権としての側面と、

環境権を実現するためには国による積極的な環境保全ないし改善のための施策が必要であり、それを請求する権利として、憲法25条を根拠とする社会権としての側面があると解するべきであろう。

　下級審を含めて裁判例には、環境権を正面から認めたものはない。その理由として、環境権の権利として不明確性が指摘されている。ただ、実質的に環境権の主張の趣旨を認めたものとして評価される判決もあり、その代表的な例が大阪空港公害訴訟*の控訴審判決である。同判決は、環境権を否定したが、環境的利益に対する侵害を人格権に対する侵害と捉え、人格権に基づく差止請求を認めた（大阪高判昭和50・11・27判時797号36頁）。しかし、最高裁は、差止請求について、それが航空行政権の行使の取消変更ないしその発動を求める請求を含むことから、民事訴訟で争うことは不適法であるとして、却下した（最大判昭和56・12・16民集35巻10号1369頁、ただ本判決には、差止請求を民事訴訟で請求することを適法とする4名の裁判官の反対意見がある）。

　その後の公害訴訟では、上記の控訴審判決が示した人格権に基づく差止請求を容認する考え方が広く採用されており（たとえば、東北電力女川原発訴訟に関する仙台地判平成6・1・31判時1482号3頁）、この考え方によれば、環境権と裁判所の認める人格権とが内容的に重なる部分については、具体的事案の救済が可能であり、環境権を主張するまでもないが、その重ならない部分、すなわち個々人の身体的・精神的被害や生活妨害を超えた環境破壊を阻止するという問題は、依然として残されており、それが今後の環境権論の課題ということになる（野中俊彦ほか『憲法Ⅰ（5版）』）。

　なお、1993年に従来の公害対策基本法が廃止され、新たに、環境保全の施策を総合的かつ計画的に推進することを目的とする環境基本法が制定されたが、同法にも、環境権の概念はとり入れられていない。

　　*大阪空港公害訴訟　　航空機の離着陸に伴う騒音・振動・排気ガスにより、人格権ないし環境権が侵害されたとして、空港周辺の住民が空港管理者である国を被告として、損害賠償と午後9時から翌朝7時までの離着陸の差止を求めた訴訟。本件の控訴審判決は、「個人の生命、身体、精神および生活に関する利益は、各人の人格に本質的なものであって、その総体を人格権ということができ……その侵害に対してはこれを排除する

権能が認められ」るとして、離着陸の差止を認めるとともに、過去分の損害賠償額を増額し、将来分の損害賠償についても一部を認めた。

第3節　教育を受ける権利 ●━━━━━━━━●

1　学習権と親および国の責務

　教育は、個人が人格を形成し、社会の中で価値ある人生を生きていく上で、不可欠なものであることから、憲法26条1項は「すべて国民は、法律の定めるところにより、その能力に応じて、ひとしく教育を受ける権利を有する」と定め、すべての国民に「ひとしく教育を受ける権利」を保障する（教育の機会均等）。

　この教育を受ける権利は、権利の性質上、子どもに保障されるものであり、一般に、この権利の内容は子どもの学習権を保障したものと理解されている。最高裁も旭川学テ事件（後述2参照）において、憲法26条の背後には、「国民各自が、一個の人間として、また、一市民として、成長、発達し、自己の人格を完成、実現するために必要な学習をする固有の権利を有すること、特に、みずから学習することのできない子どもは、その学習要求を充足するための教育を自己に施すことを大人一般に対して要求する権利を有するとの観念が存在」するとして、子どもの学習権を認めている。本来、教育の目的は、子どもの幸福の実現にあり、教育を受ける権利に関する法的問題を考える際にも、子どもの幸福の実現に不可欠である子どもの学習権の保障を中心に検討される必要がある。

　子どもの学習権に対応して、実際に教育を受けさせる責務を負うのは、第1次的にはその親権者である。26条2項が「すべて国民は、法律の定めるところにより、その保護する子女に普通教育を受けさせる義務を負う」と規定するのは、この点を明示するものである。また、教育を受ける権利には、教育について国から干渉を受けないという自由権の側面と、国に対して教育制度や教育条件の整備を求める社会権の側面があるが、後者の側面に対応して、国にはそれ

らの整備を行う義務がある。この義務を果たすために、国は教育基本法*や学
校教育法を制定して、小・中学校での義務教育をはじめとする学校教育制度を
整備してきた。

> **＊教育基本法の改正**　2006年に教育基本法の重大な改正が行われた。とくに教育目標
> として、新たに「伝統と文化を尊重し、それらをはぐくんできた我が国と郷土を愛する
> ……態度を養うこと」（2条5号）が加えられた点が、注目される。愛国心教育の中で
> 「我が国と郷土を愛する態度」が成績評価の対象になれば、思想・良心の自由との関係
> で重大な憲法問題を生ずることになる。

2　教育権の所在

　上記のとおり、国が教育制度をつくり教育条件の整備を行うことから、教育
に関する国の権限ないし責務は、教育の制度・施設などの外的条件の整備に限
定されるのか、それとも教育内容や方法にまで及ぶのかという問題がある。こ
の問題は、教育内容を決定し実施する権能としての教育権を誰がもつのかとい
う、教育権の所在の問題として、家永教科書訴訟や学力テスト事件などの教育
裁判の中で、活発に論議された。

　従来の通説である「国家教育権説」は、教育権の主体は国であり、国民の教
育意思は議会制民主主義の下において法律によって具体化されるから、国は法
律制定を通して公教育における教育内容を決定することができるとする。これ
に対し、「国民教育権説」は、教育内容の決定権は、親とその付託を受けた教
師を中心とする国民全体にあり、国の権能は教育条件の整備に限られ、教育内
容について国が介入することはできないと説く。

　下級審判決は、国家教育権説に立つもの（第一次家永教科書訴訟高津判決、東京
地判昭和49・7・16判時751号47頁）と国民教育権説（第二次家永教科書訴訟杉本判決、
東京地判昭和45・7・17行集21巻7号別冊1頁）に立つものとに分かれていたが、最
高裁は、旭川学テ事件判決でいずれの説も「極端かつ一方的であ」るとした
（最大判昭和51・5・21刑集30巻5号615頁）。「折衷説」に立つこの判決で、最高裁は、
憲法23条を根拠に初等中等教育機関の教師にも教授の自由（教育の自由）を一
定の範囲で肯定する一方、児童生徒には教育内容を批判する能力がなく、教師
が強い影響力をもつこと、生徒の側に学校・教師を選ぶ選択の余地が乏しいこ

と、全国的に一定の水準を確保すべき強い要請があることなどを理由として、教師には完全な教育の自由を認めることはできないと判断し、結論として、国は必要かつ相当と認められる範囲において、教育内容を決定する権能を有するとした*。ただ、「子どもが自由かつ独立の人格として成長することを妨げるような国家的介入、例えば、誤った知識や一方的な観念を子どもに植えつけるような内容の教育を施すこと」はできないと述べている。

　学説は一般に、国が、教育の全国的な水準を確保するために教科目や授業時間数などの大綱的な基準を定めることは許されると解してきたが、問題はそれを越えた国による教育への介入の限界を具体的にどのように考えるかである。実際の運用においては、国による過剰な介入が問題とされてきており、子どもの学習権の実現という教育の根本目的に立脚した、教育の自由と自主性を尊重する立場に立って、個別的に検討される必要がある。

> 　**＊旭川学テ事件判決**　　1961年に実施された中学校の全国一斉学力テストを実力で阻止しようとした教師らが公務執行妨害罪等で起訴された事件であり、文部省による学力テストの実施が旧教育基本法10条等に違反し違法ではないかが争点となった。最高裁は、本文で述べたように、教育内容に対する国の介入を広く認めており、この点が学説から厳しく批判された。なお、本件でその違法性が問題とされた全国一斉学力テストが、小学 6 年生と中学 3 年生を対象として、2007年に1964年以来43年ぶりに復活し、実施されている。

3　義務教育の無償

　憲法26条 2 項は、教育を受ける権利を実質的に保障するために、「義務教育は、これを無償とする」と規定する。無償の範囲に関する学説には、①無償範囲法定説、②授業料無償説、③修学費用無償説がある。①説は、プログラム規定説に近く、③説は現実問題として困難であることから、無償とは「授業料不徴収を意味する」と解する②説が通説、判例となっている（最大判昭和39・2・26民集18巻 2 号343頁。教育基本法 5 条、学校教育法 6 条参照）。ただし、この立場に立つとしても、憲法は、経済的理由によって就学が困難な児童に対して、相応の経済的援助等の配慮をなすことを求めていると解されるのであり（学校教育法19条参照）、無償の範囲は必ずしも狭く解する必要はない（実際、教科書について

は、1963年以降、無償で配布されている（義務教育諸学校の教科用図書の無償措置
に関する法律））。

第4節　勤労の権利

1　勤労権の意義

　憲法27条1項は、「すべて国民は、勤労の権利を有し、義務を負ふ」と規定
し、「勤労権」を定める。社会国家にあっても資本主義経済を基盤とすること
から、各人の生活は、各人の勤労によって維持されるべきことが原則である。
したがって、本条は、勤労によって生活する国民に勤労権を保障するとともに、
劣悪な勤労条件によって生存権が脅かされることがないよう、一定水準以上の
勤労条件の法定を国に義務づけているのである。

　勤労権とは、「労働の意思と能力をもつ者が、私企業等で就業しえないとき
に、国に対して労働の機会の提供を要求し、それが不可能なときには相当の生
活費の支払を請求する権利」と解されている（通説）。この勤労権の保障のた
めには、それが国に給付を請求する社会権であることから、当然に国の施策が
必要であり、実際に、職業安定法、雇用対策法、雇用保険法、職業能力開発促
進法等の多くの法律が制定されている。

2　勤労権の法的性格

　勤労権の法的性格に関する従来の通説は、国に対して国民に勤労の機会を保
障する政治的義務を課したもので、国民に具体的権利を認めるものではないと
解する説であったが、現在では、国に対する関係では、法律の改廃による積極
的侵害を争うことができ、使用者との関係では、使用者の解雇の自由の制限と
いう点で法的効力が認められるとする説が有力となっている。すなわち、後者
は、勤労権に、使用者が正当な理由なく勤労者を解雇することを制限する法的
効力を認めるものである。この場合には、勤労権の自由権の側面が問題となる。

3　勤労条件の法定と児童酷使の禁止

　憲法27条2項は、「賃金、就業時間、休息その他の勤労条件に関する基準は、法律でこれを定める」として、勤労条件法定主義を定めている。勤労者の生存権保障の見地から、とくに勤労条件について、国が介入して契約自由の原則を修正し、勤労者にとって一定水準を維持しようするものである。これに基づいて、労働基準法、最低賃金法など、多くの勤労条件に関する法律が制定されている。

　また、憲法27条3項は「児童は、これを酷使してはならない」と定めており、これを受けて労働基準法では15歳未満の児童の使用を禁止している（56条）。労働条件改善のための国家による介入は、歴史的に、とりわけ人道に悖るほど劣悪であった児童の労働条件の改善から始まった。本項が児童の酷使を禁止しているのは、そうした歴史的な経緯を反映し、2項の趣旨を児童について明らかにするものと解される。

第5節　労働基本権

1　労働基本権の意義

　憲法は、使用者との関係で劣位にある労働者の生存権を保障するために、私的自治の原則を修正しているが、そのために二つの方法をとっている。その一つが、労働契約の内容を労使の自由な契約に委ねるのではなく、最低限度の勤労（労働）条件を法定する方法であることは、すでに述べた（第4節）。もう一つは、勤労条件の交渉に際して、使用者と対等の交渉力を労働者に確保する方法であり、憲法28条の労働基本権の保障はこのためのものである。

　憲法28条は、「勤労者の団結する権利及び団体交渉その他の団体行動をする権利は、これを保障する」と定める。この「勤労者」とは、労働力を提供して対価を得て生活する者を指し、「労働者」と同義であり（労働組合法3条参照）、労働基本権は、国民一般の権利ではなく勤労者の権利を保障している点で特色を有する。それは、団結権、団体交渉権、団体行動権（争議権）から構成され、労働三権とも呼ばれる。

2　労働基本権の性格

労働基本権については、三つの側面がある。第一に、国は労働者の労働基本権の行使（例えば正当な争議行為）に対して刑罰を科してはならないという自由権の側面である（刑事免責、労働組合法 1 条 2 項）。第二に、使用者に対する民事上の権利という側面である。正当な争議行為の結果、使用者に損害が生じたとしても、労働者は損害賠償責任を免除される（民事免責、同 8 条）。この意味で、労働基本権は私人間に直接適用される権利である。第三に、労働基本権の実現のためには、使用者による侵害行為から労働者を行政的に救済する制度が必要であり、国による行政的救済を受ける権利という側面である。行政機関である労働委員会による不当労働行為の救済制度などとして具体化されている（同 7 条・27条）。

3　労働基本権の具体的内容

（1）　団結権

団結権は、労働条件の維持・改善のために使用者と対等な立場で交渉ができる労働組合等を結成し、それに参加する権利である。それは、結社の自由（憲法21条）の一形態であり、それには結社しない自由も含まれるが、団結権には、使用者と対等な交渉力を確保するという要請から、一般の結社以上に加入強制 *や統制権が認められるところに特徴がある。判例は、この組合の統制権にも限界があり、組合員の公職選挙への立候補を統制違反として制限することは許されないとしている（三井美唄労組事件、最大判昭和43・12・ 4 刑集22巻13号1425頁）。

> **＊加入強制の問題**　加入強制の制度としては、労働協約により使用者が従業員の雇用にあたって組合員のみから採用し、また組合員たる資格を喪失した者を解雇することを定めた「クローズド・ショップ」と、一定の期間中に労働組合に加入しない者および組合員資格を喪失した者の解雇を使用者に義務づける「ユニオン・ショップ」がある。わが国では後者が普及しているが、通説は、本文で述べた団結権の特徴と、企業別組合が一般的である日本では、それが労働者の他の企業への就労を妨げるものではないことを理由として、これを合憲としてきている。

（2）　団体交渉権

　団体交渉権は、労働者の団体がその代表者を通じて、労働条件について使用者と対等な立場で交渉する権利である。使用者は、正当な理由なく団体交渉を拒んではならず（労働組合法7条）、交渉の結果成立した労働協約には、規範的効力が認められ、それに反する労働契約の部分は無効とされる（同16条）。

（3）　団体行動権

　団体行動権とは、組合の掲げる労働条件の確保や向上などの目標が、話合いなどの平和的手段では達成できないと見込まれるときや交渉が決裂したときに、その要求貫徹のために組合がとる最終的な実力行使の権利であり、争議権のことである。正当な争議行為については、すでに述べたように刑事責任が課されず、民事責任が免除される。

4　公務員の労働基本権

　公務員については、憲法28条の保障する労働基本権が大幅に制限されており、現行法上、①警察職員、消防職員、海上保安庁または刑事施設に勤務する職員、自衛隊員は、労働基本権のすべてが、否定され（国家公務員法108条の2第5項、地方公務員法52条5項、自衛隊法64条）、②非現業の国家公務員及び地方公務員は、団体交渉権の一部（労働協約締結権）と争議権が否定され（国家公務員法108条の2第3項・108条の5第2項・98条2項、地方公務員法52条3項・55条2項・37条1項）、③特定独立行政法人等の職員および地方公営企業の公務員は争議権が否定されている（特定独立行政法人等労働関係法4条・8条・17条1項、地方公営企業労働関係法5条・7条・11条1項）。

　公務員の労働基本権の制限の根拠については、初期の判例は、「公共の福祉」や「全体の奉仕者」という抽象的な原理をあげていた。しかし、公務員の人権制限の根拠は、憲法が公務員関係という特別の法律関係の存在と自律性を憲法的秩序の構成要素として認めていることにある（15条・73条4号。第3章第2節2参照）。そして、公務員の労働基本権の制限を実質的に根拠づけるものは、職務の公共性である。したがって、労働基本権の制限は、その職務の公正で効率的な遂行を確保する必要がある場合にのみ許されると解すべきである。

　最高裁は、1966年の全逓東京中郵事件判決*（最大判昭和41・10・26刑集20巻8号901頁）で、労働基本権は原則的に公務員にも保障され、「その担当する職務の内容に応じて、私企業における労働者と異なる制約を内包しているにとどまると解すべき」であるとした。これは、通説的見解と基本的に同じ考え方であり、注目された。この判決の立場は、都教組事件判決**（最大判昭和44・4・2刑集23巻5号305頁）および全司法仙台事件判決によって、さらに一歩進められ、あおり罪の合憲限定解釈が行われた。しかし、最高裁は、全農林警職法事件判決***（最大判昭和48・4・25刑集27巻4号547頁）において、基本的立場を再び変更して、公務員の争議行為の一律禁止を積極的に合憲とした。合憲限定解釈を行うことも構成要件を不明確にするとして否定された。

　　＊全逓東京中郵事件　　全逓の役員が東京中央郵便局の従業員に対して、勤務時間に食い込む職場集会に参加するよう説得し、現に職場離脱をさせた行為が郵便物不取扱いの罪（郵便法79条1項）の教唆罪にあたるとして起訴された事件。公共企業体等労働関係法（公労法）17条1項の合憲性と正当な争議行為は刑事免責されるかが争点となった。判決は、公務員の労働基本権の制限の合憲性判断基準として、①制限は合理性の認められる必要最小限度にとどめること、②国民生活に重大な障害をもたらすおそれを避けるための必要やむをえない場合についてのみ制限が考慮されること、③制限に違反した者に課せられる不利益は、必要な限度を超えず、とくに刑事制裁を科すことは必要やむをえない場合に限ること、④制限に見合う代償措置を講ずること、という4条件を示した上で、争議行為の禁止は合憲としたが、正当な争議行為には労働組合法1条2項が適用され刑事免責されると判断した。
　　＊＊都教組事件　　都教組の行ったストライキに関して、地方公務員の争議行為を禁止し、そのあおり行為等を処罰する地方公務員法37条、61条の合憲性が争われた事件。最高裁は、これらの規定について合憲限定解釈を行う必要があるとして、争議行為とあおり行為の双方に関して、違法性の強い行為のみが刑事制裁の対象となるとする「二重のしぼり」をかけ、被告人を無罪とした。
　　＊＊＊全農林警職法事件　　農林省職員で組織された全農林労組による時間内職場集会に関して、地方公務員法と同種の規制を加える国家公務員法の合憲性が争点となった事件。判決は、公務員の地位の特殊性と職務の公共性を強調し、国家公務員の争議行為を職務内容の別にかかわらず、一律全面的に禁止できるとした。その理由として、①公務員の勤務条件は国会の制定する法律や予算によって決定されるのであり、政府に対して争議行為を行うことは、的はずれであること（財政民主主義）、②私企業の場合には、市場抑制力が働くが、公務員の争議行為についてはそうした制約が存在しないこと、③人事院など、制度として労働基本権の制限に相応する代償措置がとられていること、な

どをあげた。その中心となる財政民主主義については、それは国会による政府の統制を
目的としたものであり、適正な給与を受け取るという公務員の当然の権利を満たすため
に必要な財政支出まで国会が自由に拒否できることを意味するものではないと、学説上、
厳しく批判されている。

第11章

参政権

第1節　参政権

1　参政権の意義

　日本国憲法は主権原理として国民主権主義を採用しているが、これを国民の具体的な権利として保障したものが参政権であり、自由権とともに憲法上の権利の中で中核的な地位を占める。憲法15条1項はこのことを「公務員を選定し、及びこれを罷免することは、国民固有の権利である」と表現している。こうして、主権者である国民は、国の政治のあり方の決定に参加する憲法上の権利をもつが、憲法は参政権として、選挙権・被選挙権（15条1項・44条・93条2項）を中心に、憲法改正国民投票（96条1項）、最高裁判所裁判官国民審査（79条2項）、そして地方特別法の住民投票（95条）を定めている。また、請願権（16条）も広義の参政権に含めて考えることができる。

（1）　国会議員のリコールはできるか

　参政権の意義に関連して、次の二つの点が問題となる。一つは、憲法15条1項にいう「公務員」の罷免権、とくに国会議員の罷免権の問題である。ここでの「公務員」とは、広く、立法、行政、司法の国家作用、および地方公共団体の活動を担う者をいい、国会議員と地方公共団体の議会の議員も当然これに含まれる。地方議会議員については、住民による罷免権行使の制度が解職（リコール）制度として存在する（地方自治法80条以下）が、法律で国会議員の解職制度を設けることについては争いがある。これについて通説は、憲法が代表民主制（間接民主制）を採用し（前文）、解職制度のような直接民主制の制度は例外的に認められるにすぎないことを前提として、国会議員は「全国民を代表する」（43条1項）のであって一選挙区の代表ではないこと、議員の議会活動に関

しては「院外で責任を問われない」(51条) ことから、憲法上、国会議員の解職
制度は否定されているとする。しかし、憲法15条 1 項が国民固有の権利として
罷免権を認めている以上、国会が憲法43条 1 項、51条と矛盾しない解職制度を
設けることは、憲法上許されるとする説も有力である。

(2)　国民投票制度は合憲か

　もう一つは、重要な政策に対する国民の賛否を問う国民投票制度を創設する
法律の合憲性の問題である。結論的にいえば、憲法は先に述べたように代表民
主制を採用し、とくに立法に関しては国会を「唯一の立法機関」とした上で、
「国権の最高機関」と規定している (41条) ことから、国民投票の結果が国会に
対して拘束力をもつような制度は違憲であると考えられる。したがって、助言
的ないし勧告的な効果をもつだけの国民投票制度を設ける法律であれば、憲法
上認められることになる。

2　請願権

　憲法16条は、「損害の救済、公務員の罷免、法律、命令又は規則の制定、廃
止又は改正その他の事項に関し、平穏に請願する権利」を保障し、「かかる請
願をしたためにいかなる差別待遇も受けない」と規定する。この権利は、国民
の政治参加が認められていなかった時代には、民意を為政者に知らせる唯一の
公式の手段として、きわめて重要な意義をもっていたが、普通選挙制度に基づ
く議会制が確立し、表現の自由が広く保障された現代では、その意義は低下し
たと考えられた。しかし、表現の自由と結びついた国会への請願提出の行動は、
直接民主制的要素を政治過程に導入するものとして再評価する見解もある。

　なお、請願は公の機関に対する希望や苦情の表明にすぎないから、公の機関
はこれを受理し誠実に処理しなければならない (請願法 5 条) が、審理や回答の
義務はない。

第2節　選挙権

1　選挙権の意義と性質

　選挙権は、国政レベルに限っても、「国権の最高機関」（憲法41条）であるところの国会を構成する国会議員を選出し、それを通して立法、財政、行政、司法のすべての国家作用に関わる権利として、参政権の中でも、最も一般的で重要な権利である。

　しかし、選挙権の性質については、学説上、これを国政への参加を国民に保障する個人的権利であるとする説（権利説）と、個人的権利であると同時に、選挙人としての地位に基づいて公務員の選挙に関与する公務の性質をあわせもつと解する説（二元説）との対立がある。

　選挙権については、表現の自由などの自由権と異なり、権利享有の資格として年齢（公職選挙法9条1項）や住所（同9条2項・3項）の要件が定められ、成年被後見人、受刑者、選挙犯罪者に対する制限（同11条・252条）が設けられる一方、葉書、ビラ、放送などを無料とする（同142条6項・11項・150条）選挙公営化が実現されている。これらは選挙権が個人的権利であるとともに公務的性質をもつことを示すものであり、これをよく説明する二元説が通説となっている。しかし、二元説も、権利説と同じく選挙権が個人的な権利であることを認め、選挙権の制限については、公正な選挙実現のための必要最小限度のものでなければならず、その司法審査には最も厳格な審査基準が適用されるとしており、現在、両説にほとんど差異はない。

第3節　選挙制度

1　選挙に関する基本原則

　国民主権の考え方が、近代的な選挙制度として定着する中で、いくつかの選挙に関する基本原則が生み出されてきた。この中で、普通選挙と平等選挙の原則がとくに重要である。

　普通選挙とは、制限選挙に対する言葉であり、狭い意味では財産や納税を選挙権をもつための要件としない選挙を意味するが、現在では広く人種・信条・性別・社会的身分・教育などによる制限も認めない選挙を意味している（憲法44条）。わが国の選挙制度も、制限選挙から始まったが、1925年には25歳以上のすべての男子に、そして戦後の1945年には女性を含めた20歳以上のすべての国民に選挙権が認められた。

　平等選挙とは、選挙人の選挙権の価値を平等にする選挙制度であり、当初は、複数選挙（財産や教育という特別な資格をもつ選挙人には2票以上を与える選挙制度）や等級選挙（納税額などによって選挙人を数個の等級に分け、等級別に選挙を行う制度）を否定して、有権者に等しく1票を与えること（一人一票原則）のみを意味したが、現在では投票価値の平等も含むものと考えられていることはすでに述べた（第5章第3節2参照）。

　このほかに、選挙に関する原則として自由選挙、秘密選挙、直接選挙の原則がある。

2　選挙区制と代表の方法

　選挙区、投票の方法その他選挙に関する事項は法律で定めるものとされ（憲法47条）、公職選挙法がこれを定めている。代表の方法には大きく分けて、①多数代表法（選挙区の多数派によって当選者を独占させる方法であり、一つの選挙区から1人の議員を選出する小選挙区制がこの典型）、②少数代表法（選挙区の少数派にも議席を与えようとする方法であり、かつてわが国の衆議院でとられてきた、1選挙区から2人ないし6人の議員を選出する、いわゆる中選挙区制—理論的には、1選挙区から複数の議員を選出することから、小選挙区制との対比で大選挙区制と呼ばれる—がこの例である）、③比例代表法（政党ごとの得票数に応じて議席を配分する方法であり、これを制度化したものが比例代表制）がある。多数代表法は、死票が多く少数派に著しく不利となり、少数代表法は政党の得票と議席の比率がかなりの程度偶然によって決定されるという難点があり、現代の政党国家化（第1部第2章第2節参照）における政党を媒介とした民意の国政への正確な反映という点では、比例代表法がもっとも優れているといわれる。ただ、比例代

表法には、小党分裂により政局が不安定になるおそれが指摘されており、選挙制度を考える場合には、この民意の正確な反映という要素と同時に安定した政権をつくるという要素も忘れてはならない。

3　現行制度——小選挙区比例代表並立制

1994年の公職選挙法改正で衆議院に導入された小選挙区比例代表並立制は、小選挙区制が基本となっており、それに比例代表制の要素を加味して少数派への配慮を払ったものである。すなわち、多数代表法の典型である小選挙区制が、大政党に有利で政局の安定につながるといわれる反面、小政党にきわめて不利であるということを考慮した制度だといえよう。これに対して、現在ドイツ連邦議会で採用されている小選挙区比例代表併用制は、比例代表制が基本となっており、その上で小選挙区部分で候補者と選挙民とのつながりを確保しようとする制度である。

この小選挙区比例代表並立制の下で初めて96年に実施された衆議院議員選挙に対して、同制度の憲法上の問題点である、①小選挙区の区割について「一人別枠方式」を採用したことによる投票価値の不平等、②重複立候補制（小選挙区選挙で落選した候補者の比例代表選挙での敗者復活制）の違憲性、③小選挙区選挙において、候補者届出政党にも選挙運動を認めた規定の違憲性、などを理由とした選挙無効請求訴訟が複数提起された。これらの事件に対する上告審で、1999年最高裁は、選挙制度に関する国会の広汎な立法裁量を認めることにより、いずれの争点に関しても合憲と判示した（ただ、これらの判決には、争点①と③に関して違憲判断を示した5名の裁判官の反対意見が付されている。最大判平成11・11・10民集53巻8号1577頁、同1704頁）。しかし争点①の「一人別枠方式」について、最高裁は2011年に違憲状態にあるとの判断を下した（最大判平成23・3・23民集65巻2号755頁、第5章第3節2参照）。

なお、2000年の法改正により、争点②の重複立候補者の復活当選に制限（有効投票の一定割合〈衆議院小選挙区選挙の場合は10分の1〉の得票に満たなかった者は除外される）が設けられる（公職選挙法95条の2第6項）とともに、以前から議論のあった、比例代表選出議員の当選後の他の政党等への移動が禁止された

（同99条の2）。

　また、参議院の比例代表選挙について、同年の法改正により、従来の拘束名簿方式が非拘束名簿方式に変更された（同95条の3）＊。

　　＊**在外国民選挙権訴訟**　　公職選挙法によれば、選挙権を行使するためには選挙人名簿に登録されていることが必要であり、登録は市町村の住民基本台帳の記録を基礎に行われることから、海外に長期滞在する者は登録されず、選挙権を行使することができなかった。これが問題となり、1998年の公職選挙法改正により、在外選挙人名簿が新たに設けられ、これに登録された者には、選挙権の行使が認められた。しかし、当分の間、対象となる選挙は衆議院と参議院の比例代表選挙に限るとされ、衆議院小選挙区選挙と参議院選挙区選挙については、認められなかったことから、在外国民らが、①改正前および改正後の公職選挙法が違憲違法であることの確認、②予備的に、次回の小選挙区選挙・選挙区選挙において選挙権を行使する権利を持つことの確認、③1996年の衆議院総選挙で投票できなかったことに対する国家賠償を求める訴えを起こした事件（③については、第3部第6章第2節3参照）。最高裁は、①および②について、国民の選挙権の行使を制限することは原則として許されず、それを制限するためには、「制限をすることがやむを得ないと認められる事由がなければならない」とし、本件について検討した結果、「やむを得ない事由」があるということはできず、改正前および改正後の公職選挙法は憲法15条1項等に違反する。その上で、②の訴えは、「公法上の当事者訴訟のうち公法上の法律関係に関する確認の訴え」として適法であり、在外国民らは、次回の小選挙区選挙・選挙区選挙において「在外選挙人名簿に登録されていることに基づいて投票できる地位にあるというべきである」と判示した（最大判平成17・9・14民集59巻7号2087頁）。

第12章

国民の憲法上の義務

1 総 説

　国家という制度の下で、国民には国家の統治権に服すべき当然の義務がある
と考えられるが、立憲主義憲法は、すでに述べたように、国家権力の制限と国
民の権利保障の実現をその目的とするものであり、その人権保障規定は、国家
に対して、国民が人間として当然に有する自由や権利について、その制限ない
し侵害を禁止し、あるいはその実現を義務づけるものである（この点で、憲法
99条が憲法尊重擁護義務を国民にではなく、公務員に課していることは重要であり、
同条は立憲主義憲法の名宛人が国家権力であることを明確に示している）。そう考え
ると、人権保障規定の中に国民の義務を定めることは、立憲主義憲法の本質と
矛盾することにもなる。ただ、伝統的に憲法の人権規定の中に義務規定を設け
る例がみられるが、それは国民に対して一般的な倫理的指示を与えたり、法律
によって具体化される予定の義務を示すにすぎず、それ自体に法的な意味はほ
とんどないと解される。もっとも立憲主義の観点から、法律によらなければ国
民に具体的義務を課すことはできない旨の規定を置くことは一定の意味をもつ。

　日本国憲法は、教育の義務（26条2項前段）、勤労の義務（27条1項）、および納
税の義務（30条）を規定するとともに、12条で基本的人権の保持に関する国民
の責務を定めている。同条は、「この憲法が国民に保障する自由及び権利は、
国民の不断の努力によつて、これを保持しなければならない。又、国民は、こ
れを濫用してはならないのであつて、常に公共の福祉のためにこれを利用する
責任を負ふ」と規定する。これは、基本的人権確立の歴史的経緯とその重要性
に鑑み、国民に対して基本的人権の保持に関する一般的倫理的指針を示したも
のであり、この規定から何らかの具体的な法的義務を帰結することはできない。

2　教育の義務

　憲法26条 2 項は、「すべて国民は、法律の定めるところにより、その保護す
る子女に普通教育を受けさせる義務を負ふ」と定める。これは、同条 1 項が保
障する「教育を受ける権利」に対応してそれを現実的に保障するために、保護
者にその子女を就学させる義務（就学義務）を課すものである。最高裁もこの
「普通教育を受けさせる義務」について、普通教育が民主国家の存立や繁栄の
ために必要であるという国家的要請だけに基づくものではなく、「子女の人格
の完成に必要欠くべからざるものであるということから、親の本来有している
子女を教育すべき責務を完うせしめんとする趣旨に出たものである」と述べて
いる（最大判昭和39・ 2 ・26民集18巻 2 号343頁）。

　本条の規定する義務の内容は、教育基本法と学校教育法によって具体化され
ている。教育基本法は、「国民は、その保護する子に、別に法律で定めるとこ
ろにより、普通教育を受けさせる義務を負う」（ 5 条）と規定し、これを受けて、
学校教育法は、小中学校等における 9 年間の就学義務を定める（16条・17条）と
ともに、学齢児童生徒を就学させなかった保護者に罰則（10万円以下の罰金）
を科している（144条。なお、病弱等のため就学困難と認められる者の保護者には就
学義務を猶予ないし免除する一方、経済的理由により就学困難な者の保護者には、
市町村に必要な援助を与える義務を課している。18条・19条）。

3　勤労の義務

　憲法27条 1 項は、「すべて国民は、勤労の……義務を負ふ」と定める。「勤労
の義務」は憲法制定過程で社会党の提案で加えられたものであるが、本条は、
労働能力のある者は自らの労働によって生活を維持すべきであるという建前を
宣言するにとどまり、それを越えて国民が労働を強制される可能性を認めたも
のではない。それでは、この「勤労の義務」規定は単に精神的倫理的な規定に
すぎず、法的な意味をまったくもたないのであろうか。この点について、現在
の学説は一般に、労働能力や労働の機会があるにもかかわらず労働しない者に
は、生活保護法による生活扶助などの保護や雇用保険法による求職者給付など
の給付等の社会国家的な給付は与えられないという限度において、法的な意味

をもつと解している（生活保護法 4 条 1 項、雇用保険法32条 1 項・ 2 項参照）。

4　納税の義務

　憲法30条は、「国民は、法律の定めるところにより、納税の義務を負ふ」と定める。納税の義務は国家を構成する国民の当然の義務であり、したがって本条は宣言的な意味をもつに過ぎないと解されている。また、本条は、納税の義務の具体化を法律によるとしており、84条の租税法律主義と表裏の関係に立つ。義務の主体は国民であるが、納税の義務は属地的に定められることが多いので、日本に居住する外国人も原則として納税の義務を負う。

第1章

国　会

第1節　権力分立

1　権力分立主義の意義

　権力分立主義とは、国家の統治権を立法権、司法権、行政権の三権に分かち、これら別個の機関に行使させることにより機関相互の抑制と均衡（check and balance）によって権力の濫用を防止し、もって憲法の究極の目的たる国民の権利・自由を確保しようとするものである。

2　思想史的系譜

　古代ギリシャの都市国家や共和制ローマにおいては、実質的に異なる執行的、立法的、裁判的諸機能がしばしば一つの官職に結合されていた。それは、①古代の立憲主義が自由・平等や法の支配についてはほとんど意識していなかったこと、②古代の政治倫理にとってその法治国家観からすれば機能の分立と各国家機関への割り当ては不可欠の原理ではなかったことを物語るものである。

　権力分立制度は、イギリスにおいて議会の成立以後、クロムウェル（Oliver Cromwell, 1599-1659）が最初に制度化を試みたといわれるが、権力分立を理論づけしたのは、周知のごとくジョン・ロック（John Locke, 1632-1704）である。彼は、『統治論』（1690年）の中で、立法権と執行権を分離することを強調し、「立法権は、共同体とその成員を保存するために、国家共同体の強制力がいかに用いられるべきかを方向づける権利をもっている」、「同一の人が法をつくる

権力をもつとともにこれを執行する権力をあわせもつということは、権力欲に駆られがちな人間の弱さにとっては、あまりにも大きな誘惑となり、自らが作った法に自分は服しなかったり、また法を作るときも執行するときも、社会と統治の目的に反して、自分の私利に合わせ、共同体の人々とは異なった別個の利害をもつようになってしまう」と説いている。

　権力分立理論を完成したとされるモンテスキュー（Charles Montesquieu, 1689-1755）は、『法の精神』（1748年）の中で、権力の濫用を防止し、権力を分配し相互に抑制せしめるため、「各国家には三権の権力、つまり、立法権力、万民法に属する事項の執行権力および公民法に属する事項の執行権力がある。第一の権力によって、君公または役人は一時的若しくは永続的に法律を定め、また、すでに作られている法律を修正もしくは廃止する。第二の権力によって、彼は講和または戦争をし、外交使節を派遣または接受し、安全を確立し、侵略を予防する。第三の権力によって、彼は犯罪を罰し、あるいは、諸個人間の紛争を裁く。この最後の権力を人は裁判権力と呼び、他の執行権力を単に国家の執行権力と呼ぶであろう」と述べている。

　＊権力分立の類型　権力分立制度も他の政治制度と同様に歴史的変革を蒙っているが、立法権優位型の制度と三権対等型のそれに分類される。ヨーロッパ、とくにフランスに見られる立法権優位型の制度の下では、三権相互は同格ではなく、国民代表たる立法機関が国政の中心的立場に立ち、立法権の優位を中核としていた。それは、君主制の伝統を強く受け、近代憲法制定当時、政府と裁判所が反目し、君主に従属して権力を行使してきた裁判所に対する信頼が低かったことに由来する。この制度の下では、裁判所が法律に対して違憲立法審査権を行使することは権力分立に矛盾することになる（法律による行政、行政裁判所の設置）。これに対して、アメリカにその典型を見ることができる三権が対等とされる制度の下にあっては、三権が相互に独立・不可侵であって、権力相互の抑制と均衡に重点が置かれた。アメリカにおいては、圧制的なイギリス議会の制定法に対抗するかたちで立法権に対する違憲立法審査権を行使しても、権力分立には反しないとされる（普通裁判所による違憲立法審査権の行使）。

3　日本国憲法と権力分立

　日本国憲法は、41条で、「国会は、……国の唯一の立法機関である」と定め、65条で、「行政権は、内閣に属する」と定め、76条で、「すべて司法権は、最高

裁判所及び法律の定めるところにより設置する下級裁判所に属する」と規定し、権力分立制を採用しているが、アメリカ憲法に定められるような徹底した権力分立制をとらず、またイギリス型の議院内閣制とも異なるさまざまな制度を導入することによって、議会たる国会や行政府たる内閣の権限を憲法上制約しようと試みている。

（1）　国会と内閣との関係（議院内閣制）

　国会は国権の最高機関であると定める憲法41条の立法趣旨は、明治憲法下の制限的立憲主義に基づく天皇中心主義を排除し、国家機関のうちで国会が主権者たる国民を最も密接なつながりをもって代表するものであるところからして、国会が国政の中心的地位を占めることを要請する政治的マニフェストであるとする見解が支配的である。ここで憲法は、議院内閣制を採用しているが、議院内閣制とは、行政権が立法権に対して政治的責任を負い、行政権の成立と存続が立法権の信任に依存する制度をいう*。憲法は、両者の関係を以下のように規定している。①内閣総理大臣は、国会議員の中から国会の議決で、これを指名する（67条）。②内閣総理大臣は、国務大臣を任命するが、その過半数は国会議員でなければならない（68条）。③衆議院で内閣の不信任決議をしたときには、内閣は、総辞職するかまたは衆議院を解散する。解散の途を選んだ場合でも、総選挙の後に初めて国会を召集したときは、内閣は総辞職しなければならない（69条・70条）。④内閣は、行政権の行使について国会に対して連帯して責任を負う（66条3項）。⑤内閣総理大臣その他の国務大臣は、議院出席の権利を有し、義務を負う（63条）。⑥国会の召集（7条2号・52条・53条）、衆議院の解散（7条3号・69条）、総選挙の施行の公示（7条4号）は、いずれも天皇の国事行為であるが、内閣が実質的決定権を有し、天皇に助言することによってなされる。もっとも、かかる議院内閣制度の下では、選挙制度あるいは政党政治の実態いかんによっては、相対的多数による絶対的支配が民主主義という仮面を被って行われる危険性が常につきまとっているといわざるをえない。

　　*議院内閣制の本質　　議院内閣制の本質的要素として、内閣が議会の解散権を有することをもその内容とすることが要請されるか。議会と内閣の対等性を重要視し、議会の不信任決議権に対し内閣が解散権をもって対抗することによって両者か均衡するところ

に議院内閣制の本質があると説く見解がある（均衡本質説）。確かに、国王（実質的には内閣）による議会解散権と議会の内閣不信任決議権が相互の抑制と均衡を保ってきたイギリスの古典的議院内閣制を念頭に置いた場合、解散権をもってその本質とみるべきであろう。しかし、従来、議院内閣制を採用してきた国においては、①議会優位の構造の確立に伴って徐々に内閣による解散権が制限ないし廃止されてきたこと、②国民→議会→内閣という直線的連結関係がより民主主義の実現に資すること、③内閣が議会と密接に結びつき、内閣が議会を背景として議会と協働することによって国政のより円滑な能率的遂行が期待されること等を勘案した場合、議院内閣制の本質は、内閣の成立と存続が議会の意思に依存している点に求められるべきであると解される（責任本質説）。

（2）　国会と裁判所との関係

　国会と裁判所の間には、以下のような相互制約が憲法上働いている。①最高裁判所の構成、下級裁判所の設置およびその構成、裁判官の定年、最高裁判所裁判官の国民審査に関する事項は法律でこれを定める（79条・80条）。②国会は、罷免の訴追を受けた裁判官を裁判するため両議院の議員で組織する弾劾裁判所を設置する（64条・78条）。③裁判所は、法律が憲法に適合するか否かを決定する権限を有する（81条）。

（3）　内閣と裁判所との関係

　内閣と裁判所の間には、以下の相互制約がある。①最高裁判所の長たる裁判官は、内閣の指名に基づいて天皇が任命する（6条2項）。②その他の裁判官は、内閣が任命する（79条1項・80条1項）。③内閣その他の行政機関の命令、規則、処分は、裁判所がその憲法適合性を審査する（81条）。また、裁判所は、行政処分が違法であるかどうかについて審査する。

4　政　党

　カール・レーヴェンシュタイン（Karl LoewenStein, 1891-1973）は、政党は立憲民主主義の政治過程にとって不可欠なものであり、自由な政党間の競争なしには立憲民主主義のいかなる統治類型も機能しないだろうとし、政党を「政治権力への参加ないしその獲得を目的とし、この目的を達成するために永続的な組織を利用する、共通のイデオロギー的見解を有する人びとの統合体」と定義し（*Verfassungslehre*, 1959）、カール・シュミットは、今日たいていの国家では

確固たる政党組織が選挙人大衆の特定の部分の常設的代理となり、個々の議員の立場は党によって決定され、党議拘束は今日の議会主義の慣行に属し、個々の無所属議員は何の意味をももたない。諸党派は、議席の数の上からはっきり計算される強さをもって相互に対抗していると述べている（*Verfassungslehre*, 1928）。かかる政党に対する国家の態度をハインリッヒ・トリーペル（Heinrich Triepel, 1868-1946）は、歴史的に敵視（Bekampfung）、無視（Ignorierung）、法的承認（Anerkennung und Legalisierung）、憲法的融合（Verfassungsmässige Inkorporation）の四段階に変化してきたとする（*Die Staatsverfassung und die politische Parteien*, 1928）。

　日本国憲法は、政党に関する規定を置いていないが、一般に政党の憲法上の根拠は、憲法21条で保障される結社の自由に求められ、政党の設立の自由、組織運営の自由、政党の活動の自由、解散の自由がその保障内容としてあげられる。学説は、日本国憲法が国会議員の全国民の代表制（43条）、免責特権（51条）といった政党に対する消極的な規定を置く一方で、政治資金規正法、公職選挙法、国会法、政党助成法などの法律で政党に関する規定を置いていることからして、国法と政党との関係は、トリーペルのいう第三の段階である法的承認の段階にあると解している。

　最高裁判所は、八幡製鐵政治献金事件で「憲法は政党について規定するところがなく、これに特別の地位を与えてはいないのであるが、憲法の定める議会制民主主義は政党を無視しては到底その円滑な運用を期待することはできないのであるから、憲法は、政党を当然に予定している」ものというべきであると判示し（最大判昭和45・6・24民集24巻6号625頁）。また、共産党袴田事件において、政党は「議会制民主主義を支える上においてきわめて重要な存在」であり、「政党に対しては、高度の自主性と自律性を与えて自主的に組織運営をなしうる自由を保障しなければならない」と判示している（最判昭和63・12・20判時1307号113頁）。さらに、最高裁は、日本新党繰上当選無効訴訟で、参議院比例代表選出議員選挙において「政党本位の選挙制度である拘束名簿式比例代表制を採用したのは、議会制民主主義の下における政党の役割を重視したことによるものである。そして、政党等の政治結社は、政治上の信条、意見等を共通する者

が任意に結成するものであって、その成員である党員等に対して政治的忠誠を要求したり、一定の統制を施すなどの自治権能を有するものであるから……政党等に対しては、高度の自主性と自律性を与えて自主的に組織運営をすることのできる自由を保障しなければならない……したがって、名簿届出政党等による名簿登載者の除名が不存在又は無効であることは、除名届が適法にされている限り、当選訴訟における当選無効の原因とはならない」と判示し、政党の規制に関して消極的態度をとっている（最判平成7・5・25民集49巻5号1279頁）。

> ＊政党助成法　　政党助成法4条1項は、「国は、政党の政治活動の自由を尊重し、政党交付金の交付に当たっては、条件を付し、又はその使途について制限してはならない」と規定している。政党の一般的活動に対する助成について、①助成金の使途の報告義務の公表（31条・32条）によって政党の内部自治が脅かされ、ひいては結社の自由を侵害しないか、②助成を受ける政党と助成を受けない政党との間で差別が大きく、大政党に有利に働かないか、④国民の政治的意思形成への国家による財政的介入のおそれがあるのではないか等の点が指摘されている。
>
> ＊＊ドイツ連邦共和国基本法21条　　21条1項3文は、「政党の内部秩序は、民主主義の諸原則に適合していなければならない」と規定し、同条2項は、目的または党員の行動が自由で民主的基本秩序を侵害若しくは除去し、または共和国の存立を危うくすることを目指す政党は違憲であると定めている。わが国では、通説は、①政党は私的な自発的結社であり、基本法21条と同様に解することは思想・良心の自由に反する、②表現には表現をもって対抗すべきであるとし、政党の内部秩序については、可能なかぎり政党内部の自律的規制に委ねるべきである、と解している。

第2節　国会の地位

1　国民の代表機関としての国会

　近代議会制度は、ヨーロッパの等族会議から進化し、近代イギリスにおいてその原型が確立、発展した。そして自由主義、民主主義の進展とともにアメリカ、フランスさらにはヨーロッパ諸国で18世紀から19世紀にかけて導入され、今日では世界の各国がこれを採用するに至っている。ここにいう議会または国会とは、立法その他の重要な国家作用に参与する機関をいい、少なくとも議会を構成する一院が国民による公選によって選出された議員をもって構成される

組織体をいう。

　明治憲法も帝国議会を設け、立憲主義を採用したが、それはいまだ不十分の
ものであったといわざるをえない。すなわち、「天皇ハ帝国議会ノ協賛ヲ以テ
立法権ヲ行フ」（5条）ものであり、帝国議会は、立法の府というより、天皇の
立法大権翼賛の府にすぎなかった。のみらず、明治憲法は、議会の発言が許さ
れない強大な権力を天皇の「憲法上の大権」として天皇に留保していたのであ
る。このことは、議会の発言権が限定され、国民代表としての議会の意思とは
無関係に、国務各大臣の輔弼によってのみ（55条1項）、国権が行使されたこと
を意味し、まさに明治憲法の立憲主義がいわゆる「見せかけの立憲主義」とい
われるゆえんがここにある。

　日本国憲法は、前文1項において「そもそも国政は、国民の厳粛な信託によ
るものであつて、その権威は国民に由来し、その権力は国民の代表者がこれを
行使」すると謳い、憲法43条1項において国会は、「全国民を代表する選挙さ
れた議員でこれを組織する」と規定し、代表民主制の実現を意図している。さ
らに憲法41条は、「国会は、国権の最高機関であって、国の唯一の立法機関で
ある」と定めている。加うるに、憲法は、議院内閣制を明文をもって規定し、
議会無視の政府の成立を許さず、およそその国家統治の権能は、国会の意思に反
して行われえないとしているのである。

　このように憲法は、国民は主権者として直接国政に参与する場合、すなわち、
憲法改正の承認（96条）、地方特別法の同意（95条）、最高裁判所裁判官の国民審
査（79条2・3・4項）などの場合を除いては、「正当に選挙された国会における
代表者を通じて行動」（前文1項）するとし、国会を国民の代表機関としている。
近代国家においては、全国民が一同に会し事を議し、国家意思の決定に参加す
ることはもはや一般に不可能であり、ここに必然的に間接民主制が国民の政治
参加の手段として登場してくる。かかる国民の公選によって選出された議員で
組織された議会の意思決定を国民の意思決定とする間接民主制における議会の
地位を国民代表と呼ぶ。

　ここに国民代表の観念は、国民は代表機関である国会を通じて行動し、国民
の意思は国会の行為によって反映されるものとみなされるとする政治的代表

（純粋代表とも呼ばれる）の意味に解される。つまり、個々の議員は、特定の地域・職域、特定の階層のごとき国民の一部を代表する者ではなく、全国民を代表する者であることを意味し、さらに議員は、選挙人、党派その他から法的に独立した地位にあり、いかなる命令にも拘束を受けず、自己の信念に従って自由に討議し、表決しうることを意味する（自由委任の原則）。

　ところで、政治的代表の観念は、近代議会制度の成立とともにその本質とされてきたが、普通選挙制度の発展により国民の大多数が選挙に参加するようになってくると、議員は必然的に選挙民の意向を尊重するようになってきた。そこで、選挙民の意思と議会の意思の類似性をもって代表と呼ぶとする社会学的代表の観念が提唱されることになったのである＊。

　なお、政党政治の発展とともに議員は、全国民の代表というより所属政党の代表者として党議拘束のもとに発言・表決をせざるをえなくなっている。しかし、議員は、特定政党に所属し、当該政党の決定に従って発言・表決することによって国民の代表者として行動しうると考えるのならば、党議拘束は自由委任の原則に矛盾しないものと解される。ただし、党議拘束に従わないことを理由に党からの議員の除名は許されるが、それによって議員資格を喪失させること、あるいは議員の所属政党変更の自由を否認することは、自由委任の原則に反するといわざるをえない。

　＊半代表　　フランスでは、ナシオン主権を前提とする純粋代表の理論と区別し、議会は建前として民意をできるだけ正確に反映・代弁すべきであるとするプープル主権を前提とする半代表の理論が唱えられる。社会学的代表概念と同一のものではないが、両者は大きく重なり合う。

2　唯一の立法機関としての国会

　憲法41条は、全国民の代表機関としての国会が全体としての憲法構造の中でいかなる地位を占めているかを明らかにしている。同条は、「国会は、……国の唯一の立法機関である」と規定している。

　ここにいう立法とは何かが、問題となる。立法とは、法律を定立する国家作用であるが、形式的意味に用いられる場合と実質的意味に用いられる場合とが

ある。形式的意味の法律とは、国法の一形式である「法律」という法形式で国会の議決によって制定される成文法であり、実質的意味の法律とは、一定の内容と性質を有する法規範のことである。憲法41条にいう「立法」は、後者の意味と解される。けだし、もしこれを前者の意味に解すれば、国会は国会の制定する形式的意味の法律を制定する唯一の立法機関であるということになり、憲法41条は意味のない規定になるからである。

　実質的意味の法律の解釈をめぐっては、国民に義務を課し、権利を制限する成文の法規範とする見解（狭義説）、一般的・抽象的法規範とする見解（広義説）および国民の権利義務に関する一般的・抽象的規範とする見解に分けることができるが、広義説の立場が有力である。

　国会が「唯一」の立法機関であるというのは、国の立法は、すべて国会を通し、国会を中心として行われ、かつ国会の議決のみで成立することを意味する。前者を国会中心立法の原則といい、後者を国会単独立法の原則という。

　かかる国会中心立法の原則により、行政権による立法は、「憲法及び法律の規定を実施するため」（憲法73条6号）の執行命令と法律の委任に基づく委任命令に限られ、明治憲法下の緊急勅令（明治憲法8条）や独立命令（同9条）は、認められないことになった。この原則に対する例外として憲法自ら、国会の各議院による議院規則制定権（58条2項）、最高裁判所による最高裁判所規則制定権（77条1項）および地方公共団体の条例制定権（94条）を認めている。

　次に、国会単独立法の原則により、法律案は、通常の場合、両議院で可決したときは法律となる（59条1項）。したがって、明治憲法下のように、法律の制定については、天皇の裁可権はなく、天皇はただ有効に成立した法律を内閣の助言と承認により国事行為として公布するにすぎないのである（7条1号）。この原則に対して憲法が定める例外として、一の地方公共団体のみに適用される特別法（95条）をあげることができる。

　なお、内閣による法律案の提出権が、国会単独立法の原則を侵犯するか否かが問題となる。しかし、議院内閣制の下においては、内閣総理大臣および過半数の国務大臣が国会議員の資格で法律案を提出できること、内閣提出の法律案について国会は独自に審議し、修正可決あるいは否決を行うことができ、法律案

の成立決定権は国会の議決のみであることを勘案すれば、上記原則に反するものとは解されない。内閣法も、「内閣総理大臣は、内閣を代表して内閣提出の法律案、……を国会に提出し」と規定し（5条）、同趣旨に立っている。

＊名城大学紛争調停事件（処分的法律の合憲性）　　本件は、学園紛争が激化していた名城大学にのみに適用される時限立法たる「学校法人紛争の調停に関する法律」、いわゆる「処分的法律」（措置法）の合憲性が争われた事案である。東京地裁は、「かりに調停法の立法過程において被告（文部大臣）と国会の議員団との間に原告（当該大学の理事長）主張のような約束があったとしても、調停法はその約束のような学校法人名城大学の紛争という単一の事件のみを規律する法律として成立したものでないことは法文上明白であるから、調停法がそのような法律であることを前提とする原告の主張は理由がない」と判示している（東京地判昭和38・11・12判タ155号143頁）。

＊＊国家公務員法違反被告事件（委任命令の合憲性）　　本件は、国家公務員の政治的行為を制限する必要性と妥当性が、かりに認められるとしても、それは法律によることが憲法31条の要請するところであり、人事院規則をもって制限することは違憲無効であるとして争われた事案である。最高裁は、以下のように判示し、憲法31条違反の主張を避けている。すなわち、「所論人事院規則14―7は、国家公務員法102条1項の委任に基き制定せられたものであり、そして国家公務員法102条が憲法14条又は28条に違反するものでないことは当裁判所の判例とするものであるところ……、前記人事院規則は、右国家公務員法102条1項に基き、一般職に属する国家公務員の職責に照らして必要と認められる政治的行為の制限を規定したものであるから、……実質的に何ら違法、違憲の点は認められないばかりでなく、右人事院規則には国家公務員法の規定によって委任された範囲を逸脱した点も何ら認められず、形式的にも違法ではないから、憲法31条違反の主張はその前提を欠くものというべきである」（最判昭和33・5・1刑集12巻7号1272頁）。

＊＊＊酒税法違反被告事件（再委任の可否）　　酒類製造業を営むXは、1948年、ぶどう酒のかす等の他の桶への入れ替え（酒類の容器移動）を行ったが、本件事件当時、酒類の容器移動は、税務署長が指定する帳簿記載義務事項に属し（酒税法（昭和15法35、昭和23法107による改正前のもの）54条、酒税法施行規則（昭和15勅145、昭和23政148による改正前のもの）61条9号）、当該義務違反に対しては、罰則規定が置かれていた（酒税法65条1号）ことから、Xは、同条号違反で起訴された。Xは、酒税法65条1号の実質的内容を税務署長の指定に委ねた同法施行規則61条9号は憲法31条の要請に反し違憲無効である等主張した。最高裁は、以下のように述べ、上告を棄却した。すなわち、酒税法54条は、「その帳簿の記載等の義務の主体およびその義務の内容たる製造、貯蔵又は販売に関する事実を帳簿に記載すべきこと等を規定し、ただ、その義務の内容の一部たる記載事項の詳細を命令の定めるところに一任しているに過ぎないのであって、立法権がかような権限を行政機関に賦与するがごときは憲法上差支ないことは、憲法73条

6号本文および但書の規定に徴し明白である」。酒税法施行規則61条1号ないし6号は、「帳簿に記載すべく事項を具体的且つ詳細に規定しており、同条9号は、これらの規定に洩れた事項で、各地方の実状に即し記載事項とするを必要とするものを税務署長の指定に委せたものであって、前記酒税法施行規則においてこのような規定を置いたとしても、前記酒税法54条の委任の趣旨に反しないものであり、違憲であるということはできない」（最大判昭和33・7・9刑集12巻11号2404頁）。

3　国権の最高機関としての国会

　憲法41条は、「国会は、国権の最高機関」であると定めている。ここに「最高」とは、法的に厳格に解釈すべき性質のものではなく、国会が一切の国家権力発動の中枢としての地位を占めていることを政治的に強調したものと見るべきである（政治的美称説）。法学的意味において国会が、国権の最高機関であるというためには、国会が他の一切の国家機関の上に立ち、他のいかなる国家機関の命令にも服さない機関でなければならないが、憲法は、三権相互の抑制と均衡を図り、内閣は衆議院の解散権をもち（69条・7条3号）、裁判所は法律が憲法に適合するか否かの審査権を有している（81条）。

　国会が国権の最高機関とされる理由は、国会が主権者たる国民を直接代表する機関たること、国家作用の階段構造において唯一の立法機関たる国会が行政機関たる内閣および司法機関たる裁判所に優位すること、議院内閣制の下では内閣の成立と存続が国会の意思に従属すること、さらには、国会が憲法改正発議権、条約承認権、財政監督権等の重要な権限を有することによるものと考えられる。

　かかる立場に立てば、国会の最高機関性を捉えて国会は三機関の上に立ち、国権を統括する立場にあると解釈し、国会の行動は立法活動に限定されず、国会は内閣および裁判所の行動に対して注意し、批判することができるとする立場（統括機関説）はとることができない。もっとも、国会の最高機関性から、国会の権限は原則として広範囲に及び、三機関との相互関係の上でいずれの機関に属するか不明確な事項に関しては、原則として国会の権限事項とされる推定が働くということはできよう。

第3節　国会の構成

1　衆議院と参議院の二院制

　日本国憲法42条は、「国会は、衆議院及び参議院の両議院でこれを構成する」と定め、いわゆる二院制を採用している。二院制とは、議会が一院のみではなく、別々の組織をもち、別々に活動する二院から構成され、原則として両院の意思の合致によって議会の意思が成立する制度をいい、近代立憲主義諸国において広く採用されている。これは、議会制度の母国であるイギリスにおいて両院制が行われていた影響だとされる。二院制の根拠と形態は、それを採用した国の統治形態や歴史的条件の相違によってさまざまであるが、第一院（下院）が国民によって選挙された議員によって組織されるという点では各国とも共通している。これに対して、第二院（上院）はその国の統治形態や実情に応じてさまざまな型に分かれており、①貴族院型（イギリス、19世紀のドイツ、明治憲法下の帝国議会など）、②連邦型（アメリカなど）、③参議院型（日本国憲法下の国会）に分類することができる。

　明治憲法もまた、「帝国議会ハ貴族院衆議院ノ両院ヲ以テ成立ス」と定め（33条）、二院制をとっていた。明治憲法下のいわゆる上院たる貴族院は、国民の代表者たる実質を何らもたず、皇族、華族および勅任議員をもって構成され、公選議員よりなる衆議院と対等の権能をもつことによって国民の多数が支持した政策あるいは立法を貴族院の一存で阻止することが可能であった。

　これに反して、現行憲法下の二院制は、衆議院も参議院もともに「全国民を代表する選挙された議員」（43条）で組織される。しかし、衆議院は、その権能において多くの点で参議院に対して優越性が認められている。このことは、衆議院の方が議員の任期が短く、解散が行われるなど参議院に比べて国民に対する直結度が一層高い点に着目してのことである。

　ところで、元来、国民の総意は唯一たるべきものであり、したがって、理論上は国民の総意を代表する機関たる国会は一院で足りるはずであり、かつ相当に徹底した民主的制度をもつ現行憲法においては一層然りである。それにもか

かわらず、二院制を採用した理由としては、次のような理由をあげることができる。第一に、一院制では審議の慎重を期待しえないことがあり、第二院が第一院の議決を批判、修正しうる。第二に、一院制では多数派が国政を専断的に支配する危険性が常に存在する。第三に、一院制では、選挙によって多数派が交代した場合、ただちに政策の転換が行われるが、このことは国政を不安定なものにならしめる。第四に、選挙に内在する欠陥とそれに伴う諸種の弊害が、理想的な国民代表選出の期待を裏切り、民意の忠実な反映がなされない。

2　衆議院の優越性

　衆議院と参議院は、各々独立の国家機関として意思決定を行い、両議院の議決が一致した場合に国会の議決が成立するが、両議院の議決が一致しないときは、その調整が図らねばならない。すなわち、その場合、憲法は、衆議院の単独の議決をもって国会の権限事項を処理しうるものとしている。これは、国政の渋滞を回避するために、参議院の抑制的権能に着目してこれを第二院的性格のものとし、その権限に関し衆議院の優越性を確保しようとするものである。

　衆議院の優越的権限は、第一に、権限の範囲について生じ、衆議院にのみ内閣不信任決議が認められること（69条）、衆議院に予算先議権があること（60条1項）があげられる。衆議院解散中の参議院における緊急集会（54条2項）は、この原則に対する唯一の例外である。

　第二に議決自体の価値の優劣についても、憲法は、以下の四つの場合について衆議院優越の原則を認め、参議院の議決いかんにかかわらず、衆議院の議決をもって国会の議決が成立したものとみなすとしている。すなわち、①法律案の議決（59条2・3・4項）、②予算の議決（60条2項）、③条約の承認の議決（61条）、④内閣総理大臣の指名の議決（67条2項）がそれである。その他、法律で衆議院の優越を定めている場合がある（国会法11条・12条・13条、会計検査院法4条2項）。

第4節　国会の活動

1　活動期間

（1）　国会の会期

　国会が活動能力をもつ期間を会期といい、国会は召集によって開会し、活動能力をもち、会期の終了によって閉会となり、活動能力を失う。このように会期の制度が定められているので、国会において会期中に議決に至らなかった案件は、後会に継続しない（国会法68条本文）。これを会期不継続の原則という。ただし、常任委員会および特別委員会が各議院の議決により閉会中審査した議案および懲罰事犯の件は、国会法の定めにより後会に継続する（同68条但書）。

　明治憲法39条は、両議院のいずれかにおいて否決された法律案は同一会期中再び審議しないという「一事不再議の原則」を定めていたが、日本国憲法および国会法にはかかる規定はない。しかし、会期制が採用されていること、各々の議院の意思は一回の議決によって確定するものであること、さらに会議の効率的運営に有用であることからして現行憲法下においても妥当するものと解される（但し、例外として憲法59条2項参照）。

　国会の活動期間として、召集の事情の相違により、常会、臨時会、特別会の区別がある。常会は、毎年1回定例として招集する国会の会で（憲法52条）、毎年1月中に召集するのを常例とし（国会法2条）、会期は150日間とする（同10条）。通常国会とも呼ばれる。臨時会は、臨時の必要に応じて召集される国会の会で（憲法53条）、臨時国会とも呼ばれる。臨時会の招集は、内閣が必要とするときのほか、いずれかの議院の総議員の4分の1以上の要求があれば、内閣はその召集を決定しなければならない（同53条後段）。国会議員の少数派保護が、その趣旨である。特別会は、衆議院の解散による総選挙があった後30日以内に召集される国会の会で（同54条1項）、特別国会とも呼ばれる。なお、これら三者は、国会としての権能には何らの相違もない。

（2）　参議院の緊急集会

　憲法54条2項は、「衆議院が解散されたときは、参議院は、同時に閉会とな

る。但し、内閣は、国に緊急の必要があるときは、参議院の緊急集会を求めることができる」と規定している。衆議院が解散され、参議院が閉会中に国会の議決を要する緊急の必要がある場合、国会中心主義の尊重のたてまえから規定されたのが、緊急集会の制度である。

　「国に緊急の必要があるとき」とは、総選挙後の特別会の招集を待つ余裕がない場合をいい、何が具体的に「国に緊急の必要があるとき」なのかの判断は、もっぱら内閣の判断するところである。それが、立法に関するか、予算その他に関するかは問うところではないが、緊急集会の性質上、憲法改正の発議および内閣総理大臣の指名はなしえないと解される。

　緊急集会においてとられた措置は、臨時のものであって、次の国会開会後10日以内に衆議院の同意を求めなければならない。衆議院の同意がない場合は、将来にむかってその効力を失う（憲法54条3項）。ここに「同意がない場合」とは、衆議院が積極的に同意を拒否した場合、および同意がなされないまま10日の期間が経過した場合の両者が含まれると解される。

2　会議の原則
（1）　定足数

　定足数とは、会議体が議事を開き議決をなすために必要とされる最小限度の出席者の数をいう。憲法56条1項は、「両議院は、各々その総議員の3分の1以上の出席がなければ、議事を開き議決することができない」と規定している。ここにいう「総議員」の意味について法定議員数と解する説と、現在議員数と解する説とが対立している。それぞれ相当の理由によっているが、両議院の先例は法定議員数としている。

　定足数を欠いた議事については、それを理由に後に争うことはできないとされる。他方、定足数を欠いた議決については争いがあるが、議決自体は違法ではあるが、議院自身の判断をもって最終とし、もはや他の国家機関はその違法性を争えないと解するのが通説である。

（2）　表決数

　表決数とは、会議体が意思決定を行うために必要な賛成表決の数をいう。憲

法は、「両議院の議事は、この憲法に特別の定のある場合を除いて、出席議員の過半数でこれを決し、可否同数のときは、議長の決するところによる」と規定している（56条2項）。ここにいう出席議員の中に棄権または無効投票を含めるか否かについて争いがあるが、多数説および先例は、それらを除くものではないとしている。ただし、「可否同数のときは、議長の決するところによる」として、議長の決裁権を認めている。この場合に議長とは、そのときの議事を主宰している者の意であり、議長であると、副議長または仮議長であることを問わない。

　「憲法に特別の定のある場合」とは、議員の資格争訟で議員の議席を失わせる議決（55条）、両議院の会議で秘密会を開く議決（57条1項但書）、両議院で議員を除名する議決（58条2項但書）、および衆議院における法律案の再議決（59条2項）を指し、いずれも出席議員の3分の2の多数を要する。これら特別多数を必要とする場合は、主として事項がとくに重要な場合とか、少数者の権利保護を必要とする場合とか、その他国会運営につき例外的措置を必要とする場合である。なお、憲法改正の発議をする場合には、各議院の総議員の3分の2以上の賛成が必要である（96条1項）。

3　会議の公開

　憲法57条1項は、「両議院の会議は、公開とする」と定める。議院の会議の公開の原則は、民主主義の要求するところであり、議会制にとって本質的な原則である。会議の公開は、傍聴の自由、報道の自由、および会議録の公表を含むものと考えられる。

　公開の原則に対する例外として、各議院の会議は、議長または議員10人以上の発議により、出席議員の3分の2以上の多数で議決したときは、公開を停止し、秘密会を開くことができる（憲法57条1項但書、国会法62条）。この意は、議事の内容によっては、あるいは個人の名誉のため、あるいは国家の機密のため、とくに公開を禁じ秘密会とすべき必要の生ずる場合が、必ずしも絶無とは言い難いからである。

　なお、国会法は、委員会について「委員会は、議員の外傍聴を許さない。但

し、報道の任務にあたる者その他の者で委員長の許可を得たものについてはこの限りではない」（52条1項）と定めている。しかし、国会審議の実質的な場が委員会であるところからして、公開原則をとることのほうが望ましいと考えられる。両院協議会は、傍聴を許されない（97条）。

4　国務大臣の議院出席

憲法63条は、「内閣総理大臣その他の国務大臣は、両議院の一に議席を有すると有しないとにかかわらず、何時でも議案について発言するため議院に出席することができる。又、答弁又は説明のための出席を求められたときは、出席しなければならない」と定めている。

本条の趣旨は、内閣が法律案、予算案その他の議案を国会に提出し、行政権の行使について国会に対して連帯責任を負うこと（66条3項）、および国会は内閣の施政を監視し、その職務を遂行するため内閣に対して説明を要求する必要があることにある。なお、本条に「議院」とあるのは、本会議および委員会の両者を含んでいる。

第5節　国会の権能 ●━━━━━━━━━━━━━━●

国会が、国権の最高機関であり、唯一の立法機関であるとの原則に基づいて、両議院からなる合成機関としての国会の権能は、単に法律や予算の議決のみでなく、広く憲法改正の発議権、条約締結の承認権、弾劾裁判所設置権、内閣総理大臣の指名権、財政処理の監督権など国政全般にわたり、憲法の基本的な性格を反映する重要な権能が認められている。これらの権能は、いずれも明治憲法下の帝国議会には見られなかったところである。

1　憲法改正の発議権

憲法96条1項は、「各議院の3分の2以上の賛成で、国会が、これを発議し、国民に提案してその承認を経なければならない」と定める。本条は、憲法改正の発議権を国政の中心的地位にある国会に与えたものである（第6章第4節2

参照）。

2 法律の議決権

憲法41条は、「国会は、……唯一の立法機関である」と定める。国会は、いわゆる国会中心立法の原則ならびに国会単独立法の原則により、法律の議決について中心的・独占的権能をもつ。この点については、第 1 章第 2 節 2 参照。

3 財政に関する権能

憲法は、第 7 章83条ないし91条において「財政」について規定し、財政に対する広汎な監督権を国会に与えている。憲法は、財政面においても、できうるかぎり「法律による行政」、すなわち法治主義・立憲主義の原則をつらぬき、議会の権能を拡大強化しようとしている。この点については、第 4 章参照。

4 条約締結の承認権

条約の締結は内閣の権能に属するが、憲法73条 3 号但書は、「事前に、時宜によっては事後に、国会の承認を経ることを必要とする」と定めている。条約が、全権委員の署名のみによって締結行為の完了となる場合は署名のとき、批准を要する場合は批准のときを基準として、事前または事後の承認となる。

元来、条約の締結は行政府の専権に属するものとされてきたが、次第に外交に対する民主的コントロールの必要性が認められたとともに、議会の承認に服するようになってきた。それ故に、本条にいう国会の承認は、条約が有効に成立するための効力要件と解される。

条約締結に対する国会の承認は、その趣旨からして事前承認が原則であり、事後承認は緊急時など必要やむをえない場合に限られる。国会の事前承認が得られなかった場合、条約は有効に成立しないが、事後に承認が得られなかった場合についての条約の効力については、学説の対立がある。有効説は、国内法的には無効であるが国際法的には有効であると説く。無効説は、国内法的にも国際法的にも無効であると説く。限定無効説は、原則として有効説の立場に立ち、条約が無効となる場合を限定して解釈し、たとえば憲法の明白な手続上の

制限に違反して締結された場合などに条約は無効となるとする。

　いずれの学説が妥当であろうか。従来は、無効説が通説的地位を占めていたが、現在は、「条約法に関するウィーン条約」*の規定を念頭に、国会の条約承認権を重視した上で国内法と国際法の均衡をはかる限定無効説（条件付無効説）が有力となっている（芦部『憲法（7版）』参照）。

　また、国会が条約を承認するにあたって、これを修正しうるかという問題については、次のように考える学説が妥当であろう。すなわち、事前の修正の場合には、条約原案を不承認とし、修正案を承認したと解するべきであり、事後の場合には、修正が重大なものであれば不承認として扱い、そうでないときには原案を承認したものとした上で、修正については、内閣の政治的責務と解するというものである（高橋『立憲主義と日本国憲法（5版）』）。

　　＊**条約法に関するウィーン条約**　　同条約（昭和56年条約16号）46条は、「いずれの国も、条約に拘束されることについての同意が条約を締結する権能に関する国内法の規定に違反して表明されたという事実を、当該同意を無効にする根拠として援用することができない。ただし、違反が明白でありかつ基本的な重要性を有する国内法の規則に係るものである場合には、この限りでない」と規定する。

5　弾劾裁判所の設置権

　憲法64条1項は、「国会は、罷免の訴追を受けた裁判官を裁判するため、両議院の議員で組織する弾劾裁判所を設ける」と定める。

　およそ裁判官は、最高裁判所裁判官が国民審査によって罷免されることのある（憲法79条2項）ほかは、「心身の故障のために職務を執ることができないと決定された場合」、および「公の弾劾」によらなければ罷免されない（同78条）。

　ここにいう「公の弾劾」を行うのが、両議院の議員で構成される裁判官弾劾裁判所であるが、その理由は、第一に、裁判官の弾劾の裁判を公正ならしめるためには、裁判所とは別の機関で裁判することが妥当であり、第二に、公務員の選定罷免権を国民固有の権利であると定める憲法15条1項の趣旨を裁判官にも及ぼすことが一層妥当するからである。法律として裁判官弾劾法があるほか、国会法もこれについて定めている（125条ないし129条）。

6　内閣総理大臣の指名権

　憲法67条1項は、「内閣総理大臣は、……国会の議決で、これを指名する」と定める。議院内閣制は、国会による内閣の監督を不可欠の要件とするところから、その一環として、本条は、内閣総理大臣の実質的選任権を国会に認めている。

第6節　議院の権能 ●━━━━━━━━━━━━━━━●

　衆議院・参議院の合成機関としての国会の権能に対して、両議院が各々独自に行使する権能を、ここに各議院単独の権能という。

1　議院の自律権

　二院制は、国会の権能を相互に独立した議院が協働して行使することにより、国会という機関内部においても権力分立の原理を生かそうとするものである。したがって、両議院は、権力分立の原理により、自らの内部組織を整え、その権能の行使について、行政権、司法権および他の院による干渉から自由であることが要請される。議院の自律権とは、両議院の、この憲法上独立した地位に由来する、各種の自主的権能を総称したものである（野中ほか『憲法Ⅱ（5版）』参照）。

（1）　議長その他の役員の選任権

　憲法58条1項は、「両議院は、各々その議長その他の役員を選任する」と定める。各議院の役員に、議長、副議長、仮議長、常任委員長および事務総長がある（国会法16条ないし31条）。

（2）　議院規則制定権

　両議院は、各々その会議その他の手続及び内部の規律に関する規則を定める権能を有する（憲法58条2項前段）。議院規則の内容は、議事手続と内部規律であり、衆議院規則、参議院規則、参議院緊急集会規則、衆議院面会規則、参議院傍聴規則などを挙げることができる。これら規則は、議院内部のみに実効性を有し、一般国民の権利義務に直接関わるものではなく、したがって公布され

ることを必要としない。

　なお、国会法もまた、議院の議事手続および内部規律を定めており、国会法と議院規則の抵触の問題が生ずるが、通説は、両者の制定手続に着目し、国会法が議院規則に優位すると説く*。

> **＊議院規則制定権と法律との関係**　　国会法と議院規則との関係をいかに解すべきか。通説は、本文で述べたように、国会法が優先すると説くが、①議院の自律権に対する評価においてあまりに低く国会法が議院の自律権を不当に侵害することを容認するものである、②法律は、参議院が不同意でも衆議院の優越の原理により成立しうるのであるから、参議院の自律性にとって致命的である等を根拠に、国会法の中の一院の内部規律または手続に関する部分は、議院規則と同位にあるものと解すべきであり、しかも、両者が矛盾するときは、国会法を一般法のごとく、議院規則を特別法のように解し、議院規則を優先的に適用すべきであるとする説が有力に主張されている。

（3）　議員の懲罰権

　憲法58条2項後段は、両議院は、「院内の秩序をみだした議員を懲罰することができる。但し、議員を除名するには、出席議員の3分の2以上の多数による議決を必要とする」と定める。議員の懲罰権は、議院が院内の秩序を維持するための自律権である。懲罰の理由は、不当欠席のみならず（国会法124条）、ひろく、「院内の秩序をみだした」行為はすべてその対象となるとするのが、憲法の趣旨である。懲罰には、公開議場における戒告、公開議場における陳謝、一定期間の登院停止および除名の4種類である（国会法122条）。

　議員の懲罰について、裁判所の審査権が及ぶか否かが問題となるが、理論上、裁判所の審理に服さないと解される。けだし、憲法構造の全体を支配する権力分立の原理からして、各議院の自律権をできるだけ尊重することが憲法上要求されていると見るべきであり、各議院の行う懲罰処分、とりわけ除名がはたして当を得ていたか否かは、次の選挙を通じて国民の政治的判断に委ねようというのが憲法の精神であるからである。

（4）　議員の資格争訟の裁判権

　憲法55条は、「両議院は、各々その議員の資格に関する争訟を裁判する」権能を有すると定めている。「議員の資格に関する争訟」とは、ある議員が法律

で定める議員の資格を備えているかどうかに関して争いがある場合をいい、具体的には、被選挙資格の有無（国会法109条、公職選挙法10条・11条・11条の2）および議員の兼職禁止（国会法39条・108条）がそれにあたる。資格争訟を提起しうるのは、その議院の議員であり、文書による訴状を議長に提出し、議長においてこれを受理したときは、委員会に付託し、委員会の審議を経て本会議で議決される（国会法111条）。議員の資格を失わせるには、出席議員の3分の2以上の多数による議決が必要とされる（憲法55条但書）。

2　国政調査権

（1）　意　義

憲法62条は、「両議院は、各々国政に関する調査を行ひ、これに関して、証人の出頭及び証言並びに記録の提出を要求することができる」と定める。国会がその権能を正しく十分に行使するためには、国政全般に関する正確な知識を得る必要がある。そのために、各議院に対して、国政調査権が認められている。

明治憲法には国政調査権に関する規定はなかったが、帝国議会は、事実上、調査を行った。ただ、議院法により、議院と国民、諸官庁および地方議会との間は遮断され、国務大臣と政府委員を通じてのみ事情を知りうるにすぎなかった。これに対して、現行憲法は、かかる制限を除去したのみならず、憲法62条、国会法および議院における証人の宣誓および証言に関する法律（議院証言法）により、一種の強制調査権を各議院に与えている。

（2）　国政調査権の性質

国政調査権の法的性格については、学説の対立がある。独立権能説は、国会が国権の最高機関（憲法41条）であるとは、国会が国権を統括する立場にあることを認めた趣旨と解し、国政調査権は、国会が国政全般にわたって調査し、批判する目的で行使できる独立の権能であると説く。これに対して、補助的権能説は、国会が最高機関であるとは政治的美称であると解し、国会が立法その他の本来の諸権能を適切に行使するために必要な手段として認められた権能であって、いわゆる補助的権能であると説く。

独立権能説は、三権分立主義を侵す危険性が大きいことからして、補助的権

能説が通説である*。もっとも、いずれの説をとるにせよ、国会の憲法上の権能はきわめて広範に及ぶため、両説の実際上の相違は比較的少ないと考えられ、問題はむしろ国政調査権の限界をいかに捉えるかにある。

（3）　国政調査権の限界

ⓐ　**行政権との関係**　　内閣は行政権の行使について国会に対して責任を負うことから、調査権は、内閣の権能に属するすべての事項に及ぶと解される。議院証言法5条は、公務員の職務上の秘密に関する証言・書類の提出が拒否された場合、当該公務所または監督庁による理由の疏明・内閣声明を議院もしくは委員会または合同審査会が要求しえる旨、規定している。しかし、国会の行政監督の権能の実を上げるために、職務上の秘密は限定して解釈されなければ、国政調査権本来の機能は果たされないと考えられる。またこのことは、国民の知る権利の観点からもいいうるところである。

検察事務にも調査は及ぶが、検察権の作用は準司法的作用であるから、刑事司法の公正を維持する見地から、司法権に準ずる独立性が確保されなければならない。したがって、検察権に政治的圧力をかけることを目的とする調査、起訴事件に直接関係する調査および公訴遂行の内容を対象とする調査、捜査の続行に重大な支障を来すような方法による調査は許されない**。

ⓑ　**司法権との関係**　　憲法で保障された司法権の独立を侵害する調査が許されないことは当然であるが、ことに国会が裁判官の弾劾裁判所設置権をもつことをあわせ考えるならば、調査権行使は、一層慎重でなければならない。

具体的には、現に裁判が進行中の事件について調査を開始したり、訴訟手続を批判するための調査を行うことは許されない。確定後の判決に対する調査も、判決内容を批判するそれは許されない。ただし、裁判所に係属中の事件の事実について、議院が裁判所とは異なる目的から裁判と並行して調査することは、司法権の侵害とはならない。

ⓒ　**人権との関係**　　基本的人権を侵害する調査は許されない。たとえば、個人のプライヴァシー、思想良心の自由等を侵害する調査権の行使は許されない。憲法38条の黙秘権の保障は、調査権行使においても保障される。また、強制力を有する住居侵入、捜索、押収、逮捕も許されない（札幌高判昭和30・8・

23高刑集 8 巻 6 号845頁）＊＊＊。

　　＊浦和充子事件　　夫が生業を顧みないので前途を悲観して親子心中をはかり、子ども
を殺したが自らは死にきれず、自首した母親に対して、浦和地方裁判所は懲役 3 年・執
行猶予 3 年の判決を下した。1949年 3 月、「検察及び裁判の運営に関する調査」を行っ
ていた（占領軍総司令部の示唆で始められていた）参議院法務委員会は、本件浦和充子
事件について、事実認定および量刑が失当である旨の決議を行った。最高裁判所は、上
記法務委員会の調査は国政調査権の範囲を逸脱してなされた違憲の措置であるとして、
これに強く抗議した。これに対し、当該法務委員会は、①最高裁判所が裁判以外におい
て憲法問題につき意見を発表することは越権であること、②調査権は独立の権能である
こと、③裁判の独立を侵害していないことを表明した。最高裁が、司法権の独立を守る
ためにとった行動は、まさに正当であり法務委員会の表明は失当である。なお、この事
件以降、国会側は自制して、係属中の事件はもとより、判決確定後の事件についても、
この種の調査を行わないことになった。
　　＊＊造船汚職事件　　1954年、衆議院決算委員会は、造船融資にかかわる汚職事件に際
して、佐藤栄作自由党幹事長（当時）の逮捕許諾請求を犬養健法務大臣（当時）が検察
庁法14条に基づき、指揮権を発動しこれを拒否したことに対して、検事総長および東京
地検検事正等の首脳陣を喚問して証言を求めた。法務大臣は、これを不服として、①公
訴維持に多大な支障を来す、②裁判所に予断を与え、裁判の公正維持に重大な障碍を来
す、③現在および将来の検察運営に重大な支障をもたらす、などのおそれがある旨の疏
明を出した。当該委員会は、これを受諾できないとして、内閣声明を要求し、疏明と同
旨の声明が発出された。
　　＊＊＊報道目的の調査　　故芦部信喜教授は、「国会の最高機関性を根拠に、国民主権
の意義を強調し国民に情報を提供する目的で行われる国政調査も許されるとする説があ
る。国民の知る権利に応える国政調査の『機能』を強調する趣旨ならばともかく、調査
権の『法的性質』として、議院の憲法上の機能と直接関係のない情報提供を目的とする
国政調査まで認めるのは、妥当でない」と説く（『憲法（7 版）』）。

第 7 節　国会議員

1　議員の地位の得喪

　国会議員は、選挙によってその身分を取得し（憲法43条）、議員は任期の満了
により、法上当然にその地位を失う。衆議院議員の任期は 4 年とし（同45条）、
参議院議員の任期は 6 年とし、3 年ごとに議員の半数を改選する（同46条）。両
議院の任期が違うのは、両議院の性格ないし機能の相違によるものと解するほ

かない。

　その他、議員が法上当然にその地位を失う場合に、他の議院の議員となったとき（憲法48条、国会法108条）、被選の資格を失ったとき（国会法109条）がある。

　なお、法上当然にではなく、特別の行為により議員たる資格を失う場合に、辞職したとき（国会法107条）、懲罰として除名されたとき（憲法58条2項、国会法123条）、資格争訟の裁判で資格がないとされたとき（憲法55条、国会法111条以下）、選挙訴訟ないし当選訴訟の判決によって選挙または当選が無効とされたとき（公職選挙法204条以下）、および衆議院議員についてのみ解散による場合（憲法45条但書）がある。

2　議員の特権

　国会議員は、国民の代表として、自由に活動し、その職務を果たすために、次のごとき特権が認められている。

（1）　不逮捕特権

　憲法50条は、「両議院の議員は、法律の定める場合を除いては、国会の会期中逮捕されず、会期前に逮捕された議員は、その議院の要求があれば、会期中これを釈放しなければならない」と定める。本条は、逮捕権に対する制限規定であって、行政権・司法権が逮捕権を濫用して、議員の自由な活動を妨害することのないように設けられたものである。不逮捕特権によって保障された権利の内容は、会期中逮捕されない特権であって、不起訴特権までも含むものではない。

　憲法50条にいう「法律に定める場合」として、国会法33条は、「院外における現行犯罪の場合」と会期中議院の許諾がある場合を規定している。ここにいう議院の許諾について、その許諾の基準をめぐって学説上争いがある。不逮捕特権の目的が議員の身体的自由の保障にあると解する立場からすれば、逮捕理由が正当ならば、議院はこれを許諾しなければならない。他方、その目的が議院の審議権の確保にあるとする立場からすれば、許諾しないことがありうる。前者の立場が正当であると考えられる。

　議院が許諾を与えるに際して、条件または期限を付すことができるか否かが

問題となる。学説は分かれるが、不逮捕特権の趣旨に照らして許されないと解される。

（2）　免責特権

憲法51条は、「両議院の議員は、議院で行った演説、討論又は表決について、院外で責任を問はれない」と定める。本条は、国会議員の自由な言論を保障し、その職務遂行にあたって他の諸権力・諸勢力から制約を受けることがないようにすることを目的として規定されている。

免責行為の対象となる人は、あくまでも議員であり、議員でない国務大臣の発言等は対象とならないと解するのが、多数説である。免責行為の対象となる行為については、厳密な意味の「演説、討論又は表決」に限定されるとする説と、これに限定されず、その他の意見表明と見られる行為や職務行為に付随する行為にも及ぶとする説が対立する。後説が妥当である。なお、暴行等の犯罪行為は含まれず、その場合、議院ないし議長の告発は必要とされないと考えられる。

「院外で責任を問はれない」とは、一般国民が当然負うべきものとされる責任、すなわち、刑事上および民事上の責任を問われない意味である＊。しかし、院内の秩序に服すべく、議院による懲罰を加えられることのあるのを否定するものではない（国会法119条ないし121条）。もっとも、所属政党、団体、組合等が、議員の議院における責任を問うことがあっても、それは、憲法、国会法の関知するところではない。

　＊**国会議員の名誉毀損的言論と免責特権**　　衆議院社会労働委員会での発言によって名誉が毀損された病院長が自殺し、その妻が国家賠償を請求した事件で、最高裁は、「国会議員が国会で行った質疑等において、個別の国民の名誉や信用を低下させる発言があったとしても、これによって当然に国家賠償法1条1項にいう違法な行為があったものとして国の損害賠償責任が生ずるものではなく、右責任が肯定されるためには、当該国会議員が、その職務とはかかわりなく違法又は不当な目的をもって事実を摘示し、あるいは、虚偽であることを知りながらあえてその事実を摘示するなど、国会議員がその付与された権限の趣旨に明らかに背いてこれを行使したものと認め得るような特別な事情があることを必要とすると解するのが相当である」と判示し、本件について、国の賠償責任を否定している（最判平成9・9・9民集51巻8号3850頁）。

（3）　歳費請求権

憲法49条は、「両議院の議員は、法律の定めるところにより、国庫から相当額の歳費を受ける」と定める。

3　議員の職務上の権能

議員は、その職務を行うために、憲法、国会法、議院規則により次のような権能を認められている。

すなわち、国会召集要求権（憲法53条）、発議権・修正動議提出権（国会法56条・57条）、質問権（同74条）、質疑権（衆議院規則118条、参議院規則108条）、討論権・表決権（衆議院規則135条以下・148条以下、参議院規則113条以下・134条以下）、少数意見報告権（国会法54条）などがある。

第2章

内　閣

第1節　内閣の地位

　憲法65条は、「行政権は、内閣に属する」と定める。およそ、すべての立憲主義憲法は、立法・司法・行政の三権がそれぞれ別個の国家機関を通じて発動されることを要請しており、その場合、行政権を担当し、またはこれに関係するものが、内閣、すなわち、政府である。

　わが国で、初めて内閣なる制度が設けられたのは、1885年のことであるが、明治憲法には、内閣について何ら明文をもって規定することなく、ただ55条1項で「国務各大臣ハ天皇ヲ輔弼シ其ノ責ニ任ス」と規定したにすぎず、もっぱら勅令たる「内閣官制」の定めるところに委ねたのである。明治憲法の下では、内閣は、国務各大臣が行う天皇に対する輔弼を通じて天皇の行政権行使に関与するとのたてまえに立つにすぎなかったのである。しかも、その場合、内閣は、軍部・重臣・内大臣府・枢密院・貴族院というような各種の特権的勢力からの圧力・干渉を受けることがしばしばであり、立憲主義の本旨に即して、その機能を十分に発揮しえない状況下にあった。

　これに対して、日本国憲法では、内閣は、天皇とは独立に、自ら行政権の担当者として広汎な行政権を掌握し、主宰することをもって本来の任務としている。憲法65条が、「行政権は、内閣に属する」と定めているのは、まさにこの意味である。それ故に、本条の意味するところは、権力分立のたてまえに立って、立法権を担当する国会、司法権を担当する裁判所とならんで、行政権の担当者としての内閣を明確に位置づけているのである。

1 行政の意義

　憲法65条にいう行政権とは、行政機関の行う作用を総称する形式的意味の行政ではなく、憲法41条、76条とともに実質的意味の行政を意味する。ここにいう実質的意味の行政が何を意味するのかについて、学説の対立がある。通説は、すべての国家作用から、立法作用と司法作用を除いた残りの作用であるとする（控除説または消極説とよばれる）。この説は、君主に全面的に属した統治権からまず立法権および司法権が独立し、君主に残った権力が行政権と呼ばれるようになったという国家作用の分化の歴史的経緯に即していること、および国家の統治権を三権に過不足なく分割するという要請を満していることが、その理由としてあげられる。

　これに対して、現代福祉国家における行政概念としては消極に失するとして、たとえば「法のもとに法の規制を受けながら、現実具体的に国家目的の積極的実現を目指して行われる全体として統一性をもった継続的な形成的国家活動」という積極的定義づけも、有力に主張されている。しかし、この概念規定では、定義として不明確であり、また多様な行政作用すべてを捉えていないことから、少数説にとどまっている。

　ところで、内閣が行政権の担当者であるということは、内閣の行う一切の作用が行政作用であることを意味するものではない。内閣は、政令を制定する（憲法73条6号）ことによって、立法作用を行い、また、行政について、内閣のほかに、あるいは内閣に対して独立的地位に立つ行政機関が存し、あるいは内閣の下に行政各部の機関が設けられている。このように、内閣が行政を独占する機関でないことは、憲法41条が国会は「国の唯一の立法機関」であると規定し、76条が「すべて司法権は、最高裁判所及び……下級裁判所に属する」と規定しているのに比べ、65条が、そのような「唯一」とか、「すべて」とかの文言を用いていない点からも首肯される。このような内閣は、また、自ら一般行政事務を行うとともに、行政各部の全体を統轄する作用を行うのである。したがって、ここに、内閣が行政権の担当者であるというのは、内閣は行政権を行使することを本来の使命とし、しかも、行政権の中枢機関であり、最高機関であるとの意味である。

2　独立行政委員会

　行政機関の中には、人事院（国家公務員法3条）、国家公安委員会（警察法4条）、公正取引委員会（独占禁止法27条）、中央労働委員会（労働組合法19条）、個人情報保護委員会（個人情報保護法59条）、原子力規制委員会（同委員会設置法）のように、内閣から独立して職務を行うことが認められている合議制の機関がある。かかる機関の多くは、裁決や規則制定など準司法的権限、準立法的権限を有するので、行政権は内閣に属するとする憲法65条、内閣は行政権の行使について国会に責任を負うとする66条3項、さらには内閣総理大臣は行政各部を指揮監督するとする72条に反しないかが問題とされる。

　今日、一般に、独立行政委員会の合憲性は肯定されている。その理由として、以下のことがいわれる。第一に、憲法65条の趣旨は、内閣が最高の行政機関であることを定めたものであって、立法機関や司法機関と異なり、内閣の下に多数の行政機関が存在することが予想されている。第二に、現代国家における行政権能の多様性からして、とくに政治的中立性が要請される事項、専門家による公正な判断を要請される事項などは、政治機関たる内閣から独立すべき合理的理由が存在する。第三に、準立法的権限については、法律の委任があれば許されうるものと解され、準司法的権限については、憲法76条2項後段が行政機関が終審としてでなければ裁判を行いうる旨を規定している*。

*解職意思表示無効確認請求事件（独立行政委員会の合憲性）　　人事院の設置が憲法に違背するかどうかについて、福井地裁は、次のように述べ、人事院設置の合憲性を容認している。「人事院は国家公務員法実施の責任を有し、内閣に対して強度の独立性を有する行政官庁である」が、憲法65条の趣旨は、「憲法の基本原則に反せず、且つ国家目的上必要のある場合には、例外的に内閣以外の国家機関に行政権の一部を行なわせることを禁ずるものではな」いのであって、また、「国家公務員法は、議院内閣制の下において政党の影響が国家公務員に及び、これをして国民の全体でなくその一部の奉仕者たらしめることがないようにするために、特別の国家機関を設けてこれに国家公務員に関するある種の行政を行なわしめることとしたもの」と考えられ、「右措置は必ずしも憲法の右規定に違反するとはいい得ない」（福井地判昭和27・9・6行集3巻9号1823頁）。

3　議院内閣制

（1）　議院内閣制と大統領制の相違

　行政権の担い手が議会とどのような関係に置かれるかに関する二つの型が、議院内閣制（イギリス型）と大統領制（アメリカ型）である。両者の基本的な相違は、①民主主義の観点と②権力分立の観点から論ずることができる。

　まず、民主主義の観点からみると、議院内閣制では、内閣の中心となる首相は議会の多数派から選任されるのに対し、大統領制では、大統領は国民から直接選出されるという相違がある。このことから、大統領が議会の多数派の支持を得られないことも起こり得るのであり、そこで生ずる対立をどう調整し解決するかが大きな課題となる。また、権力分立の観点からみると、大統領制が大統領と議会相互の抑制と均衡を重視して厳格な分離制度を採るのに対して、議院内閣制では、内閣と議会相互の協力関係を重視して緩やかな分離が図られる。具体的には、大統領制では、法律案提出権は議員のみが有し大統領にはなく、大統領は議会から不信任決議を受けることがない一方、議会の解散権をもたないが、議院内閣制では、内閣は法律案提出権を有し、内閣の成立と存続は国会の信任に基づくことから、基本的に両者は協力関係にある。ただ、内閣が議会の多数派の支持を失った場合には、不信任決議を受けることとなり、内閣は議会の解散権でそれに対抗することとなる。

（2）　日本国憲法における議院内閣制

　日本国憲法における議院内閣制とその本質については、第1章第1節3の（1）で、すでに述べた。

4　衆議院の解散

（1）　解散の意義

　衆議院の解散とは、衆議院議員の任期満了前に、全議員の議員たる資格を失わせる行為をいう。解散制度は、議会に対する政府の抑制手段としての機能を果たすが、さらに、立法権と行政権の間にぬきがたい対立が生じた場合、解散を通して、最終的には主権者たる国民の意思を問うことを目的とする制度である。ここに、解散制度の基礎に、権力分立主義と国民主権主義の原理的融合を

見出すことができる。

（2）　解散の実質的決定権の根拠

　憲法7条3号は、「衆議院を解散すること」を天皇に国事行為として規定しているが、天皇は形式的・儀礼的に外部に向かって解散を宣示するにすぎないのであって、解散を実質的に決定するのは内閣である。けだし、天皇は、国政に関する権能を有せず（憲法4条1項後段）、また議院内閣制がとられている以上、他の国家機関が解散権を行使することは、考えられないからである。しかし、その憲法上の根拠については、学説の対立がある。

　第一説は、憲法7条3号が天皇の国事行為の一つとして「衆議院を解散すること」をあげていることを根拠として、天皇の国事行為に「助言と承認」を与える内閣が、解散の実質的決定権を有すると説く（7条説）*。この説が通説的見解であるが、同説には、7条の国事行為は、「国政に関する権能を有しない」天皇の全くの形式的儀礼的な行為にすぎないはずであるにもかかわらず、それに対する「助言と承認」に解散の実質的決定権の根拠を求めるという大きな問題点がある。

　第二説は、7条の天皇の国事行為は、本来すべて形式的儀礼的な行為であり、内閣の「助言と承認」はその形式的儀礼的な行為について行うことが要求されているので、「助言と承認」は実質的決定権を含まない。したがって、解散の実質的決定権の根拠は、他の憲法規定に求めねばならないことになり、その根拠規定は憲法69条以外にはないと解し、解散権の行使は69条の場合に限定されると説く（69条説）。しかし、この説は、解散権の行使を著しく限定することとなり、現代の議院内閣制において、解散が国民の意思による政治的争点についての裁定を可能にするという役割を正当に評価していないことに難点がある。

　第三説は、7条の解釈については、第二説と同様の立場に立った上で、日本国憲法が議院内閣制を採用していることに解散の実質的決定権の根拠を求める。すなわち、この説は、議院内閣制の本質は内閣の存立が国会の信任に依存すること（内閣の対国会責任）にあるとする責任本質説の立場から、内閣不信任決議（69条）の場合だけでなく、内閣が行政権の行使について国会の信任を得られないような場合（次項「（3）解散権の限界」参照）には、解散を行う実質的

な理由があるとして、内閣の解散権の行使を認める説である（制度説）。この説によれば、無制約な解散は認められないことになり、理論的には最も優れた学説であると解される。

（3）　解散権の限界

衆議院の解散は、憲法69条による場合のほか、内閣提出の重要案件が否決された場合、内閣が基本政策の大転換を行う場合、総選挙の際争点とならなかった重大な政治課題が新たに生じた場合、国会の統一的意思形成が困難な場合など、解散を行う実質的な理由がある場合に限定される、と解される[**]。また、衆議院による自立解散も可能だと説く見解があるが、多数派の一方的意思によって、少数派議員の地位を剥奪することになるなど、明文上の規定がないかぎり、許されないと解される。

なお、解散は、会期中に行われるのが通例であるが、国会閉会中に行われることを妨げるものではない。

　　＊抜き打ち解散事件（解散権の所在とその要件）　　東京地裁は、解散権の所在並びに解散権行使の要件について、以下のように述べている。「国会が国権の最高機関であり、衆議院が国会の中においても参議院に優越する地位にあるものであることを思へば、純理論的にはかかる衆議院を解散し得るものは、主権を有する総体としての国民の外にはあり得ない筈である。憲法第7条は天皇が内閣の助言と承認とによつて『国民の為に』為す国事に関する行為の中に『衆議院を解散すること』を挙げて居るが、その趣旨は憲法第1条によつて国民の総意に基き日本国の象徴であり、日本国民統合の象徴であるとされて居る天皇に右の如く純理論的には総体としての国民のみが有し得る筈の衆議院解散の権限を形式上帰属せしめ、天皇をして……政治上の責任を負ふ内閣の助言と承認の下にこれを行使せしめむとするにあると解するのが相当である」。「原告が解散可能の唯一の根拠とする憲法第69条は、率直にこれを読めば、同条所定の決議があつた場合、10日以内に解散が行はれなければ内閣は総辞職しなければならないことを定めて居るにすぎないものであり、解散権の所在とその行使の仕方を定めて居るものである憲法第7条と対立する規定でもなければ、第69条所定の場合に限り解散ができるとする趣旨の規定でもないのであつて、憲法第69条所定の決議があつた場合における解散も、憲法第7条の手続による外はないのである」。（東京地判昭和28・10・19行集4巻10号2540頁）。東京高裁も、「解散権の所在並びに解散権行使の要件についての当裁判所の法律上の見解は、原判決がその理由に於て……説示するところと同様である」としている（東京高判昭和29・9・22行集5巻9号2181頁）。
　　＊＊2005年8月の衆議院解散　　2005年8月8日、小泉内閣（当時）は、参議院で郵政

民営化法案が17票の僅差で否決されたのを受けて、衆議院の即日解散を行った。この解散をめぐって学説は、両院協議会の開催（憲法59条3項）あるいは衆議院による3分の2以上の多数による再議決（同条2項）を要求することなく行われたとして違憲であるとする見解と、政党政治の現状を前提とした場合、かかる手続を経ることを要求するのは単なる形式論であって、実質的には内閣提出法案が衆議院によって否決されたと同視しえるのであって合憲であると説く見解とに分かれている。

5　行政権のコントロール

　現代国家においては、行政権が国政において中枢的な地位を確立（行政国家化）しており、この行政権のコントロールが現代立憲主義の重要な課題となる。そこにおける、議会（とくに野党）の役割は、議会単独で行政権をコントロールするというのではなく、政府が実施ないし実施しようとする政策や施策に関する情報を広く国民に提供することを通して、論ずべき争点を提起して、国民とともに行政権をコントロールすることである。この点では、議会が政府への質問権や国政調査権を用いて、国民に必要な情報提供を行うことが期待される。

　また、国民が議会と協働して行政権のコントロールを行うためには、情報源を議会に頼るだけでは十分ではなく、情報公開制度（第2部第6章第4節3の（2）参照）とその基礎となる公文書管理制度（公文書管理法（平成21年法律66号））を活用することが重要であり、それを通して、政府の説明責任（accountability）を明確にしていくことである。

第2節　内閣の組織

1　内閣構成員

　憲法66条1項は、「内閣は、法律の定めるところにより、その首長たる内閣総理大臣及びその他の国務大臣でこれを組織する」と定める。この規定に基づいて、内閣法は、「内閣は、国会の指名に基づいて任命された首長たる内閣総理大臣及び内閣総理大臣により任命された国務大臣をもって、これを組織する」（2条1項）と定め、「国務大臣の数は、14人以内とする。ただし、特別に必要がある場合においては、3人を限度にその数を増加し、17人以内とするこ

とができる」（2条2項）と規定している。したがって、内閣は、合議制行政官庁である。内閣の首長たる内閣総理大臣およびその他の国務大臣は、いずれも国務大臣として、合議体たる内閣の構成員（閣僚）であると同時に内閣法3条にいう「主任の大臣」として、それぞれ内閣府および各省の行政事務を分担管理する各省大臣であるのを原則とするが、別に、行政事務を分担管理しない大臣、いわゆる無任所大臣も認められている（内閣法3条2項）。

　内閣総理大臣は、国会議員の中から指名されるが、それは、単に被指名者が指名の際に国会議員であればよいというのではなく、指名後も内閣総理大臣の職にあるかぎり、常に国会議員でなければならないと解するのが、議院内閣制に合致した解釈である。また、国務大臣の任命についても、任命のときにおいてのみならず、常に国務大臣の過半数は国会議員たるべしとの意味であり、ここにいう過半数とは、定員の過半数ではなく、現在員の過半数を意味するものと解される。

　憲法66条2項は、「内閣総理大臣その他の国務大臣は、文民でなければならない」と定める。ここにいう文民について、解釈上、「職業軍人の経歴を有しない者」と解する説と、「国家の軍事組織において現に職業的地位を占めていない者」と解する説が存在する。今日、事実上の軍隊たる自衛隊が存在する以上、66条2項にいう文民とは、現在自衛官でない者と解するのが妥当である。

　＊内閣法の改正と内閣府設置法　　1999年、中央省庁等改革関連17法案の一部として、内閣法の改正（平成11年法律第88号）および内閣府設置法の制定（平成11年法律第89号）がなされた。その主な内容を箇条書きにすると以下のようになる。①国民主権の理念を明確化した（内閣法1条1項）、②内閣総理大臣の発議権を明確化した（4条2項）、③内閣官房の企画立案権を明確化した（12条2項）、④内閣官房副長官補等の特別職を新たに設けた（16条）、⑤内閣総理大臣補佐官等の定数を弾力化した（同19条・20条）、⑥内閣総理大臣を長とする内閣府を新たに設け、これに従来の内閣の行政各部と比し、一段高い位置づけを与え、内閣の総合戦略の企画立案機能を付与した（内閣府設置法3条・4条）、⑦内閣府の任務および所掌事務を遂行するため、特命担当大臣・副大臣・大臣政務官を新設した（9条・13条・14条）、⑧内閣府に内閣の重要政策に関する企画立案等に資するため、経済財政諮問会議・総合科学技術会議・中央防災会議・男女共同参画会議を置いた（13条）。

2　内閣総理大臣の地位と権限

（1）　内閣総理大臣の地位

　内閣の組織において、とくに注目すべきは、内閣総理大臣の地位・権限が強大なことである。明治憲法は、単に国務各大臣と称し（55条）、したがって、内閣総理大臣は他の国務大臣と憲法上何らの差異なく、たかだか同輩中の首席（primus inter pares）たるにとどまったのである。これに対し、日本国憲法では、内閣総理大臣をもって明らかに他の国務大臣の上位に立つ首長（head）としている。

　すなわち、内閣総理大臣は、内にあたっては内閣なる合議体の総括者として、外に対してはその合議体を外部にむかって代表する任務をもつのである。ことに、他の国務大臣に対する罷免権が認められていることは（憲法68条2項）、その地位・権限を強大なものたらしめている。かくして、内閣総理大臣の存否そのものが、内閣自体の存否の前提条件とされるのである。すなわち、まず国会における内閣総理大臣の指名は、「他のすべての案件に先立って、これを行ふ」（67条1項後段）とあり、また内閣総理大臣が欠けたときは、内閣は総辞職しなければならない（70条）。

（2）　内閣総理大臣の権限

　ⓐ　**国務大臣の任免権**　　内閣総理大臣は、国務大臣を任命し、任意に罷免することができる（憲法68条）。国務大臣の罷免権は、内閣総理大臣の内閣自体に対する統制権のいわば実質的裏づけともいうべきものであり、内閣総理大臣による内閣の統一性と一体性を保障しうるにある。ここに「任意」にとは、内閣総理大臣単独の意思による意味であり、その適否、当不当などは、単に政治上の問題にとどまり、法律上はまったく不可争的な絶対的な権限である。閣議による決定も必要としない。

　ⓑ　**閣議の主宰権**　　内閣という合議制官庁が、その職権を行うためには、閣議によらなければならないが、その閣議は、内閣総理大臣がこれを主宰する（内閣法4条1・2項）。各大臣は、閣議を求めることができる（3項）。

　閣議の議決方法について、明文上の規定はないが、内閣の連帯責任の精神からして、その一体性、統一性の確保のため、全会一致によるものと解される。

けだし、閣内に意見対立があり、内閣の一体性が破られるような事態が生じた場合には、内閣総理大臣が罷免権を行使しうるものであり、また、反対者自ら辞職する途があるからである。なお、閣議決定の方法について、法律による多数決主義の導入も憲法上可能であるとする見解が、近時有力に主張されている。

ⓒ　**内閣代表権と行政各部の指揮監督権**　　憲法72条は、「内閣総理大臣は、内閣を代表して議案を国会に提出し、一般国務及び外交関係について国会に報告し、並びに行政各部を指揮監督する」と定める。ここに「内閣を代表して」とは、内閣の首長として内閣総理大臣が、内閣を代表して、外に向って、内閣としての任務を遂行すべき地位・権限をもつことを意味する。

内閣総理大臣が閣議にかけて決定した方針に基づいて行政各部を指揮監督する（内閣法6条）にあたり、執るべき具体的手段について、内閣法は、権限疑義の裁定権（7条）および行政各部の処分または命令の中止権（8条）を掲げている。

　　＊ロッキード事件丸紅ルート（内閣総理大臣の職務権限）　　最高裁は、内閣総理大臣の行政各部の指揮監督権について、「閣議にかけて決定した方針が存在しない場合においても、内閣総理大臣の……地位及び権限に照らすと、流動的で多様な行政需要に遅滞なく対応するため、内閣総理大臣は、少なくとも、内閣の明示の意思に反しない限り、行政各部に対し、随時、その所掌事務について一定の方向で処理するような指導、助言等の指示を与える権限を有するものと解するのが相当である」と判示している（最大判平成7・2・22刑集49巻2号1頁）。

ⓓ　**国務大臣の署名に対する連署権**　　憲法74条は、「法律及び政令には、すべての主任の国務大臣が署名し、内閣総理大臣が連署することを必要とする」と定める。本条は、法律、政令に対する主任の国務大臣の署名および内閣の首長であり代表者である内閣総理大臣の連署を要求し、もって執行の責任を明らかにすることを目的とする。

ⓔ　**国務大臣の訴追に対する同意権**　　憲法75条は、「国務大臣は、その在任中、内閣総理大臣の同意がなければ、訴追されない。但し、これがため、訴追の権利は害されない」と定める。国務大臣が、検察機関の裁量により、随意に訴追されることは、司法権によって行政権の円滑な運用が害されるという結果にな

らないとは限らない。そこで、司法権・行政権の均衡・抑制を保持するため、国務大臣の在任中の訴追を内閣総理大臣の同意にかからしめたのである。ここにいう「訴追」には、公訴の提起のみならず、逮捕・拘留など職務遂行を妨げる身体の拘束を含むと解される。なお、但書は、これがため訴追の権利は害されないとしているから、公訴時効の進行が停止するにすぎない。もっとも、本条は、検察機関が、法務大臣の指揮監督下に置かれているところよりすれば（検察庁法14条）、その実際的価値は少ないといわなければならない。

　　ⓕ　その他の権限　　内閣総理大臣には、その他、緊急事態を布告し、一時的に警察を統制すること（警察法71条・72条）、自衛隊に防衛出動および治安出動を命ずること（自衛隊法76条・78条）、防衛出動待機命令および治安出動待機命令を発すること（77条・79条）、行政処分の執行停止の申立てないし決定があった場合、異議を述べることができること（行政事件訴訟法27条）などの権限が定められている。

第3節　内閣の権限　●━━━━━━━━━━━━●

1　憲法73条に定める事務に関する権限

　内閣は、行政権の最高の担当者として、独立して、広汎な行政作用を自己の固有の権限として行うのであるが、憲法73条は、「内閣は、他の一般行政事務の外、左の事務を行ふ」と定め、とくに、七つの事務を内閣の職権として掲げている。なお、「他の一般行政事務」とは、行政の消極的な残余的概念の中から、次の7項目を除いた残余の事務の全体を指すものというほかない。

（1）　法律の誠実な執行と国務の総理（1号）

　「法律を執行し」とは、行政府としての内閣は、民事法および刑事法を除き、行政の基準たる法を執行することを任務とすること、および法治主義ならびに議院内閣制のたてまえから、その執行については誠実でなければならないことを示したものである。内閣は、国会制定の法律が違憲であると判断した場合でも、最高裁判所が終審として違憲を下さないかぎり、これを誠実に執行する義務を負う。「国務を総理する」とは、一般行政事務の主催者として内閣の権限

に属する事務全般について統括の任にあたることをいう。

（2）　外交関係の処理（2号）

外交関係の処理は、原則として、外務大臣の主管に属すべきものであるが、重要な外交関係の処理は、条約の締結を含めて、国にとって重大事であるから、外務大臣単独の処理にまかせず、とくに内閣の所管として、慎重を期している。

（3）　条約の締結（3号）

内閣は、条約を締結するにあたって、内閣が任命した全権委員をして、条約案に調印または署名をさせ、それを内閣が批准することによって条約案を確定させる。批准（ratification）とは、調印された国家間の合意を確認し、条約の内容たる国会意思を確定する行為である。批准書の交換または寄託によって国際法上の効力が生ずる。批准書には、天皇の認証が必要であるが（憲法7条8号）、条約の効力要件ではない。例外的に、全権委員の調印によって、ただちに条約が確定する場合がある。なお、条約の国会承認については、第1章第5節4を見よ。

（4）　官吏に関する事務の掌理（4号）

明治憲法下にあっては、官吏は天皇の使用人として、その任免、服務、分限、懲戒などの天皇の大権に属し、その一般準則は勅令をもって定められていたが、日本国憲法は、国民主権の立場から、官吏に関する一般基準は、法律の定めることにした。国家公務員法が、それである。

なお、国会ならびに裁判所の職員は、広義における国家公務員であるが、ここにいう官吏、すなわち、内閣が所掌する官吏には属さないものと解される。

（5）　予算の作成および提出（5号）

予算（案）の作成・提案権は、内閣にのみ属し、これを審議し、決議するものは、いうまでもなく国会である。予算については、第4章第4節を見よ。

（6）　政令の制定（6号）

政令は、日本国憲法によって認められた命令の形式である。政令の制定権は内閣に属する。明治憲法における勅令に相当するものであるが、勅令のような広範囲にわたる規定事項をもたない。明治憲法では、法律と勅令の関係は複雑であったが、日本国憲法は、国会をもって唯一の立法機関となし、法律に代わ

る緊急命令や、法律に独立する独立命令は、これを廃止し、憲法および法律の規定を執行するための執行命令と法律の委任に基づく委任命令の二種に限定している。

　ここに「この憲法及び法律の規定を実施するために」とは、憲法を直接に実施するための政令を制定することができるという意味ではない。国会が、唯一の立法機関である以上、憲法を実施するためには、すべての法律によるべきであって、政令は、その法律を実施するための細則規定でなければならない。したがって、「この憲法及び法律」とあるのは、一体として理解すべきであり、政令は、もっぱら法律を実施するための国法の一形式である。

　また、憲法73条6号の規定の仕方を見るに、政令の内容は、執行命令に限るかのように解せられ、法律の委任が憲法41条に抵触しないかが一応問題となる。しかし、73条6号但書は、「特にその法律の委任がある場合を除いては、罰則を設けることができない」としている点から推測すれば、委任命令も認められている趣旨と解され、また、行政活動が増大している現代国家にあっては委任命令が実際上必要であることも否定できない。もっとも、法律の委任は、憲法41条の原則を侵すようなものであってはならず、一般的・包括的委任であってはならず、個別的・具体的なそれでなければならないと解される。政令による再委任が許されるか否かについて、判例は、委任事項の限られた一部を再委任しても法律の委任の趣旨に反しないとし、積極に解している（最大判昭和33・7・9刑集12巻11号2407頁）。

（7）　恩赦の決定（7号）

　明治憲法の下では、天皇の恩赦大権として、勅令によって定められていたが、日本国憲法は、恩赦は内閣において決定し、天皇はただこれを認証すべきものとし、そのために恩赦法を制定している。

2　その他の憲法上の事務に関する権限

　憲法が、73条以外に内閣の権限として定めるものに、次のごときものがある。それぞれの箇所で説明し、ここでは項目を列記するにとどめる。

（1）　天皇との関係

天皇の国事行為に対する助言と承認（3条）……第1部第4章第2節3

（2）　国会に関する権限

国会の召集を決定すること、参議院の緊急集会を求めること（54条2項但書）、衆議院の解散を決定すること（69条）、議案を国会に提出すること（72条前段）……第2章第4節1

（3）　裁判所に関する権限

最高裁判所の長たる裁判官を指名すること（6条2項）、最高裁判所の長たる裁判官以外の裁判官を任命すること（79条1項）、下級裁判所の裁判官を任命すること（80条1項）……第3章第2節

（4）　財政に関する権限

予備費を支出すること（87条1項）、決算を国会に報告すること（90条1項）、国会および国民に財政状況を報告すること（91条）……第4章第6節

第4節　内閣の責任

1　内閣の責任の意義

　憲法は、天皇の国事行為に対する内閣の「助言と承認」に関する責任（3条）のほかに、66条3項で、「内閣は、行政権の行使について、国会に対し連帯して責任を負ふ」と定め、内閣の責任の態様を具体的に示し、その一般原則を明らかにしているものといわなければならない。本条は、議院内閣制に関する本質的規定である。明治憲法では、その55条で「国務各大臣ハ天皇を輔弼シ其ノ責ニ任ス」と定めるだけであって、国務大臣の責任が連帯的であるのか、個別的であるのか、また、その責任が議会に対するものか、天皇に対するものか、それとも双方に対する責任であるのかも明らかではなく、民主的責任政治の実現は困難であった。これに対し、日本国憲法は、内閣が行政権の行使全般について、国会に責任を負うものとした。ここにいう行政権とは、形式的意味における行政権と解される。

　内閣は、国会に対して責任を負うが、その責任は政治的責任か法的責任かに

ついて、必ずしも明確ではない。国会は、内閣の責任を追及する方法として、国会の場で質疑・質問をなし、国政調査権（62条）に基づいて行政調査をなすことによって、内閣の施政を批判し、釈明を求め、さらには問責の決議をなすなど、種々の方法で内閣の責任を追及するが、しかしながら、これらの方法は、明白な法的効果を伴うものではなく、したがって、内閣の責任は政治的責任といわざるをえない。ただ、その法的効果を明示しているのは、衆議院の不信任決議（69条）のみである。

2　内閣の責任の性格

　次に、内閣の責任が連帯的である結果、いったん閣議で内閣の意思が決定された以上、内閣は、外部に対して一体として行動すべきであって、その責任を一体として負わなければならない。したがって、内閣にあって、自己の意見がいれられず、閣議決定との間にいかしても一致を見出しえない国務大臣は辞職すべきであり、また内閣総理大臣は、かかる大臣を罷免して内閣の一体性を確保し、もって連帯責任を保障すべきである。

　もっとも、内閣の連帯責任が要請されるということは、各国務大臣の単独責任が否定されることを意味するものではない。個人的な行為はもとより、公の行為であっても、単独に行われたものは、本来、その国務大臣ひとりの責任である。それ故に、個々の国務大臣に対する不信任決議をなすことも差支えなく、かつ有効である。

3　内閣の更迭

　現在の内閣が総辞職し、これに代わる新内閣が成立することを更迭という。憲法が明文をもって内閣の更迭を予定する場合としては、「内閣総理大臣が欠けたとき、又は衆議院議員総選挙の後に初めて国会の召集があったとき」（70条）、および衆議院で不信任決議がなされたとき（69条）があげられる。

第3章

裁判所

第1節　司法権　●━━━━━━━━━━━━━━━━━━━●

1　司法権の意味

　憲法76条1項は、「すべて司法権は、最高裁判所及び法律の定めるところにより設置する下級裁判所に属する」と定める。明治憲法の下では、司法権は天皇に属し、裁判所は「天皇ノ名ニ於テ」(57条) これを行使する機関にすぎなかったが、日本国憲法は、司法権はすべての裁判所に属するものとした。

　本条にいう司法権とは、裁判所に属する国家作用を指す形式的意味の司法権ではなく、実質的意味の司法権を指す。ここにいう実質的意味の司法権とは、「当事者間に、具体的事件に関する紛争がある場合において、当事者からの争訟の提起を前提として、独立の裁判所が統治権に基づき一定の争訟手続きによって、紛争解決のために、何が法であるかの判断をなし、正しい法の適用を保障する作用」と定義される。

2　司法権の範囲

　明治憲法の下においては、司法権は、フランス、ドイツなどの大陸法の観念に従って、民事および刑事の裁判作用、すなわち、私人相互間における私法上の権利義務に関する具体的な争いを裁断する作用、および刑事法を適用し刑罰を科す作用に限定されていた。このことは、61条が「行政官庁ノ違法処分ニ由リ権利ヲ侵害セラレタルトスル訴訟ニシテ別ニ法律ヲ以テ定メタル行政裁判所ニ属スヘキモノハ司法裁判所ニ於テ受理スルノ限ニアラス」と規定したことによって明らかである。そして、これに基づいて、行政裁判所法が制定されたが、すべての違法な行政処分に対して出訴の道が開かれていたわけではなく、法律

によって認められた事項に限られた。

　これに対して、日本国憲法は、76条において民事および刑事の裁判のほかに、さらに、行政事件の裁判、すなわち、行政処分によって違法に権利または利益を侵害された者と行政主体との間の公法上の権利義務に関する争い、その他公法上の権利義務に関する争いを裁断する作用を司法権とし、これを通常裁判所に属するものと解されている。その理由として、憲法76条2項が特別裁判所の設置を禁止し、行政機関による終審裁判所を禁止していること、81条が裁判所に「処分」の憲法適合性を決定する権限を認めていること、32条が裁判を受ける権利を保障していること、さらには日本国憲法が英米流の司法制度を採用したことなどがあげられる。

3　司法権の本質的要素

　司法権の概念の本質的要素として、「事件性」ないし「争訟性」があげられる（事件性の要件）。このことは、裁判所法3条1項の「一切の法律上の争訟」という文言に示されている。判例は、「法律上の争訟」とは、当事者間の具体的な権利義務ないし法律関係に関する紛争であって（事件性の要件Ⅰ）、かつ、それが法令の適用によって終局的に解決することができるものに限られる（事件性の要件Ⅱ）としている（最高裁判所事務総局総務局『裁判所法逐条解説（上）』）。

　事件性の要件Ⅰを満たさない事例として、個人の主観的意見の当否（最判昭和29・2・11民集8巻2号419頁）、国家試験における合否判定の当否（最判昭和41・2・8民集20巻2号196頁）、インフレによる郵便貯金の目減りに対する損害賠償請求の訴え（最判昭和57・7・15判タ478号163頁）などがあげられる。事件性の要件Ⅱを満たさない事例として、純然たる信仰の対象の価値または宗教上の教義に関する判断（最判昭和56・4・7民集35巻3号443頁）、単なる宗教上の地位の確認の訴え（最判平成元・9・8民集43巻8号889頁）などがあげられる。

　事件性の要件から派生する法理として、「訴えが裁判によって解決するほどに熟していなければならない」とする成熟性の法理（ライプニスの法理）、「事件・争訟として成立しても、その後の事情で事件・争訟性の要素の一つないしそれ以上を欠くに至った場合にはもはや司法権の対象となりえない」とする

「ムートネスの法理」などが説かれている。

　なお、裁判所法3条1項の「その他法律において特に定める権限」として、選挙訴訟（公職選挙法203条・204条）、住民訴訟（地方自治法242条の2）などの民衆訴訟と機関訴訟（学説上両者を合わせて客観訴訟*という）、非訟事件手続法や家事審判法における家事審判といった非訟事件、行政処分の執行停止（行政事件訴訟法25条）が挙げられる。

　　＊客観訴訟　　個人の権利利益の保護を目的とする通常の訴訟（主観訴訟）とは異なり、行政活動の適法性の確保や客観的な法秩序の維持を目的とする訴訟。この客観訴訟は、本文で述べた通り、裁判所法3条1項の「法律において特に定め」られた場合にのみ提起することができる例外的な訴訟であり、「民衆訴訟」と「機関訴訟」に分けられる。「民衆訴訟」とは、行政機関による法規に適合しない行為の是正を求める訴訟で、選挙人たる資格その他自己の法律上の利益に関わらない資格で提起するもの（行政事件訴訟法5条）であり、住民訴訟と選挙訴訟がこれにあたる。「機関訴訟」とは、行政機関相互間における権限の存否又は権限の行使に関する紛争についての訴訟（同法6条）である。

　　＊＊義務付け訴訟と差止請求訴訟　　従来、法定外抗告訴訟・無名抗告訴訟としてその許容性が論じられてきた行政訴訟の「義務付け訴訟」は、行政庁に対して公権力の行使（処分または裁決）を命ずることを求める訴訟を指していうが、2004年の行政事件訴訟法の改正で抗告訴訟の一類型として認められることになった（行政事件訴訟法3条6項・37条の2・37条の3）。改正前の事件であるが、補助金交付決定等を求めて争われた事件で、大津地方裁判所は、義務付け訴訟は「三権分立制度との関係上、（a）行政庁が当該行政処分をなすべきことについて法律上き束されており、行政庁に自由裁量の余地が全く残されていないために第一次的な判断を行政庁に保留することが必ずしも重要でないと認められ（……「明白性の要件」という。）、しかも、（b）事前審査を認めないことによる損害が大きく、事前の救済の必要性が顕著であり（……「緊急性の要件」という。）、（c）他に適切な救済方法がない（……「補充性の要件」という。）という各要件を満たし、行政庁に一定の作為を命じても、行政機関の第一次的判断権を害さない場合においてのみ許されるものと解するのが相当である」と判示している（大津地判平成9・12・8判例地方自治175号34頁）。予防訴訟ないし予防的不作為訴訟と呼ばれ、法定外抗告訴訟の一類型として論じられてきた「差止請求訴訟」もまた、2004年の行政事件訴訟法の改正で抗告訴訟の一類型として認められることになった。同法3条7項は、「行政庁が一定の処分又は裁決をすべきでないにかかわらずこれがされようとしている場合において、行政庁がその処分又は裁決をしてはならない旨を命ずることを求める訴訟をいう」と定義している（37条の4参照）。

4　司法権の限界

　ある法的紛争が、事件性の要件を満たしたとしても、司法権の介入が許されない場合がある。これを司法権の限界という。

（1）　憲法上および国際法上の例外

　日本国憲法が、明文をもって他の国家機関に委ねている事項に、両議院による議員の資格争訟（55条）、弾劾裁判所による裁判官の弾劾裁判（64条）および内閣による恩赦の決定（73条7号）がある。また、国際法上、司法権が及ばないとされる事項に、治外法権や条約による裁判権の制限がある。

（2）　国会および内閣の自律権

　国会および内閣の行為には、その自律的決定をもって最終判断とし、司法権が及ばないとされるべき事項がある*。たとえば、両議院による議員の懲罰（58条2項）、議院内部の議事手続、閣議のあり方などがそれである。その根拠は、一般に権力分立、国民主権、技術的理由、裁判所の非政治性に求められる。ただし、議院内部の議事手続については、明白な憲法違反がある場合、司法審査権が及ぶとする有力説がある。

　　＊警察法改正無効事件　最高裁は、国会の両院における新警察法案制定の議事手続の適否が争われた事件で、警察法は、「両院において議決を経たものとされ適法な手続によって公布されている以上、裁判所は両院の自主性を尊重すべく同法制定の議事手続に関する……事実を審理してその有効無効を判断すべきではない」と判示している（最大判昭和37・3・7民集16巻3号445頁）。

（3）　自由裁量行為

　行政機関ないし立法機関の自由裁量に委ねられている行為には、司法審査は及ばないとされる。ただし、裁量権を濫用したとき、および裁量権を逸脱したときには司法審査権は及ぶ。

　近時、立法裁量がとくに社会経済立法、社会保障立法および選挙に関する立法について問題とされてきているが、判例は、立法機関の広い裁量権を前提とし、緩やかな司法審査を行っている*。学説上、異論が少なくない。

　　＊小売市場事件　最高裁は、小売市場の許可規制および距離制限に関し、「個人の経済活動に対する法的規制措置については、立法府の政策的技術的な裁量に委ねるほかは

なく、裁判所は、立法府の右裁量的判断を尊重するのを建前とし、ただ、立法府がその裁量を逸脱し、当該法的規制措置が著しく不合理であることの明白である場合に限って、これを違憲として、その効力を否定することができるものと解するのが相当である」と判示している（最大判昭和47・11・22刑集26巻9号586頁）。

（4）　統治行為

　ある種の国家行為のうち、それが高度の政治性を有する行為であるとき、その性質上、裁判所の審理に服さないとされる行為を統治行為または政治行為という。およそ、国家行為に対する司法的統制をきわめて厳密に要求するとすれば、そこに上記のような統治行為の存在を容認しえないであろう。しかし、それにもかかわらず、諸国外においても特殊の国家行為について、裁判所の判例を通じて司法審査の対象から除外する方向がとられてきたのである。アメリカにおいて政治問題（political question）、イギリスにおいて国家行為（act of state）、フランスにおいて統治行為（acte de government）といわれるものがそれである。
　統治行為論については、学説上、肯定説と否定説の対立がある。否定説は、日本国憲法が徹底した法治主義の立場に立っている以上、法的に有効無効を判断すべきであって、明文で規定されていない統治行為の存在は認められないこと、憲法81条がすべての国家行為についての違憲立法審査権を裁判所に付与している以上、審査権行使は裁判所の職務であること、「高度の政治性」の内容が不明確であることなどをその論拠としている。
　しかし、多数説は、統治行為の存在を容認した上で、その論拠と範囲を問題とする。学説上、裁判所が自制すべきであるとする自制説と内在的制約説とがある。前者は、裁判所は本来すべての国家行為についての司法審査権を有するが、高度の政治性を有する行為については国会、内閣の判断を尊重すべきであり、これに介入した場合に生ずる混乱を回避するためには裁判所は自制すべきであるとする立場に立っている。後者は、立法権、行政権の行為のうち、それらに自律性ないし最終的決定権が認められる行為については、はじめから審査権をもたないのであって、もしもそれらについて何らかの統制が必要であるとするならば、それは一般世論の判断に委ねることが、合理的であり、適当であるとする見地である。判例は、内在的制約説の立場に立つが*、統治行為は、

本来事件性の要件を満たす法的紛争について、裁判所による最終的判断になじまない問題とされる点からして、法的紛争の高度の政治性の故に裁判所が自制していると解されよう。

＊抜き打ち解散事件（苫米地訴訟）　最高裁は、1952年8月のいわゆる抜き打ち解散の効力が争われた事件において、「直接国の統治の基本に関する高度に政治性のある国家行為のごときはたとえそれが法律上の争訟となり、これに対する有効無効の判断が法律上可能である場合であっても、かかる国家行為は裁判所の審査権の外にあり、その判断は主権者たる国民に対して政治的責任を負うところの政府、国会等の政治部門の判断に委され、最終的には国民の政治的判断に委ねられているものと解すべきである。この司法権に対する制約は、結局は、三権分立の原理に由来し、当該国家行為の高度の政治性、裁判所の司法機関としての性格、裁判に必然的に随伴する手続上の制約等にかんがみ、特定の明文による規定はないけれども、司法権の憲法上の本質に内在する制約と理解すべきである」と判示している（最大判昭和35・6・8民集14巻7号1206頁）。

　統治行為の範囲について、学説上、しばしば、条約の締結、国家の承認または不承認、領土に関する取決めといった外交上の問題に関する基本事項、議事手続、議院における議員の懲罰、閣議決定といった国会や内閣の組織・運営に関する基本事項、衆議院の解散などの国会と内閣との相互関係に関する事項があげられる。

　これに対して、機関の自律権や自由裁量権で説明できるものは除外すべきであり、さらに、基本的人権、なかんずく、精神的自由権の侵害が争われる事件には統治行為論は適用されるべきではないという説が、有力に主張される。後説が妥当である。

（5）　部分社会の法理

　司法権の限界に関し、判例上、形成されてきた法理に、部分社会の法理がある。判例によれば、部分社会の法理とは、地方議会、国立大学、政党、労働組合、弁護士会、宗教団体などの自律的な法規範をもつ社会ないし団体における紛争は、内部的問題にとどまるかぎり、その自主的、自律的な解決に委ねるのを適当とし、裁判所の司法審査の対象にはならないとされる法理をいう。ただし、上記のような社会ないし団体の内部紛争であっても、それが一般市民法秩序と直接関係を有する場合は、司法審査が及ぶとされる。

＊**懲罰決議等取消請求事件**（地方議会議員の懲罰）　　地方議会の議員に対する出席停止の懲罰決議の効力が争われた事件で、最高裁は、裁判所法3条にいう「一切の法律上の争訟とはあらゆる法律上の係争という意味ではない。一口に法律上の係争といっても、その範囲は広汎であり、その中には事柄の性質上司法裁判権の対象の外におくを相当するものがある。けだし、自律的な法規範をもつ社会ないし団体にあっては、当該規範の実現を内部規律の問題として自律的措置に任せ、必ずしも、裁判にまつを適当としないものがあるからである。本件における出席停止の如き懲罰はまさにそれに該当する」。ただし、議員の除名処分は、「議員の身分の喪失に関する重大事項で、単なる内部規律の問題に止まら」ず、司法審査が及ぶと判示している（最大判昭和35・10・19民集14巻12号2633頁）。

＊＊**富山大学事件**（大学の単位不認定）　　国立大学の単位不認定処分が争われた事件で、最高裁は、「大学は、国公立であると私立であると問わず、学生の教育と学術の研究とを目的とする教育研究施設であって、その設置目的を達成するためには必要な諸事項については、法令に格別の規定がない場合でも、学則などによりこれを規定し、実施することのできる自律的、包括的な権能を有し、一般市民社会とは異なる特殊な部分社会を形成している……。単位の授与（認定）という行為は、学生が当該授業科目を履修し、試験に合格したことを確認する教育上の措置であり、卒業の要件をなすものではあるが、当然に一般市民法秩序と直接の関係を有するものではないことは明らかである。それゆえ、単位授与（認定）行為は、他にそれが一般市民法秩序と直接の関係を有するものであることを肯認するに足りる特段の事情のない限り、純然たる大学内部の問題としての大学の自主的、自律的な判断に委ねられるべきものであって、裁判所の司法審査の対象にはならないものと解するのが、相当である」と判示している（最判昭和52・3・15民集31巻2号234頁）。

＊＊＊**家屋明渡等請求事件**（共産党袴田事件）（政党の除名処分）　　党員が除名処分を受け、党所有の家屋の引渡しを請求された事件で、最高裁は、「政党の結社としての自主性にかんがみると、政党の内部的自律権に属する行為は、法律に特別の定めのない限り尊重すべきであるから、政党が組織内の自律的運営として党員に対してした除名その他の処分の当否については、原則として自律的な解決に委ねるのを相当とし、したがって、政党が党員に対してした処分が一般市民法秩序と直接の関係を有しない内部的な問題にとどまる限り、裁判所の審判権は及ばないというべきであり、他方、右処分が一般市民としての権利利益を侵害する場合であっても、右処分の当否は、当該政党の自律的に定めた規範が公序良俗に反するなどの特段の事情のない限り右規範に照らし、右規範を有しないときは条理に基づき、適正な手続に則ってされたか否かによって決するべきであり、その審理も右の点に限られる」と判示している（最判昭和63・12・20判時1307号113頁）。

しかし、この部分社会論には、問題点が少なくない。第一に、部分社会論は、

さまざまな性格を有する団体を一括して論ずるが、おのおのの団体の目的、組織、人員構成などは一律ではなく、司法審査が及ぶか否かは、これらの要素に応じて個別に考えられなければならない。第二に、結社の自由に基づいて団体の自律的判断が尊重されるべきであるとしても、なお司法審査が及ばないとする理由が不明確である。第三に、部分社会論によって司法審査が否定されると、団体構成員に対する団体内部の不利益処分は、司法的救済の途が閉ざされたまま、是認されることになる。部分社会論の有用性が乏しいゆえんである。

5　司法権の帰属

憲法76条1項は、「すべて司法権は、最高裁判所及び法律の定めるところにより設置する下級裁判所に属する」と規定し、同条2項は、「特別裁判所は、これを設置することができない。行政機関は、終審として裁判を行ふことができない」と定める。

（1）　特別裁判所の禁止

ここに特別裁判所とは、通常の裁判所組織の体系とまったく関連のない裁判所をいい、したがって、そのようなものは、必然的に、特別の人または事件についてのみ裁判権を有することになる。明治憲法下の軍法会議や皇室裁判所のごときは、その例である。日本国憲法は、かかる特別裁判所を排除することによって、憲法が保障する法の下の平等（14条）と裁判を受ける権利（32条）の保障をつらぬいている。

ただし、特定の人または特定の事件のみを扱う裁判所であっても、それが通常の裁判所の系列に属する裁判所であるかぎり、特別裁判所にあたらず、その例として家庭事件や少年事件の審判などを行う家庭裁判所があげられる（最大判昭和31・5・30刑集10巻5号756頁）。労働裁判所ないし行政裁判所の設置も、それら裁判所が、通常の裁判所の組織系列に属するかぎり、憲法上可能と解される。

（2）　行政機関による終審裁判の禁止

「行政機関は、終審として裁判を行ふことができない」とは、終審としてでなく、したがって、それに対して、さらに通常の裁判所に訴えて争うことが許

される裁判としてならば、行政機関が裁判を行うことは憲法76条2項後段の禁ずるところではないとの意である。この点について、裁判所法3条2項は、「行政機関が前審として審判することを妨げない」とし、同様の法理を明らかにしている。公正取引委員会の審決、人事院の裁定、海難審判所の審判などが、その例である。

　ここで、行政機関の事実認定が、裁判所を絶対的に拘束するか否かが問題となる。司法権の行使は、証拠主義に基づく事実認定と認定された事実に対する法の適用という過程からなり、行政機関の事実認定が裁判所を絶対的に拘束することは、憲法32条および76条2項に違反するものと解される。

　たとえば、独占禁止法80条2項は、公正取引委員会の審決の取消しの訴えについて、同委員会の認定した事実を立証する実質的な証拠の有無は、裁判所がこれを判断するものとすると規定している。したがって、公正取引委員会の認定した事実は、裁判所の事実認定作用を侵害することにはならず、合憲と解される。

（3）　内閣総理大臣の異議

　行政事件訴訟法27条1項は、裁判所が行う行政処分の執行停止（25条）に対して、内閣総理大臣は、裁判所に異議を述べることができるとし、同条4項は、異議があったときは、裁判所は執行停止を行うことができず、すでに執行停止の決定をしているときは、これを取消さなければならないと定めている。

　通説は、処分の執行停止をその性質上行政作用であるとして、これを合憲としている。しかし、処分の取消しが司法権の行使になるにもかかわらず、処分に付随する執行停止権限を行政作用と解する理由がないとする説が、有力に主張されている。

第2節　裁判所の構成　●━━━━━━━━━━●

1　最高裁判所の構成

（1）　構　成

　最高裁判所は、その長たる裁判官および法律の定める員数のその他の裁判官

で構成される（憲法79条1項）。裁判所法は、最高裁判所の長たる裁判官を最高裁判所長官とし、その他の裁判官を最高裁判所判事とし、その員数は14人とすると定めている（5条1項・3項）。

　最高裁判所長官は、内閣の指名に基づいて天皇が任命し（憲法6条2項）、その他の裁判官は、内閣がこれを任命し（79条1項）、天皇が認証する（7条5号）。

（2）　審　理

　裁判所法7条は、上告および訴訟法においてとくに定める抗告について裁判権を有すると定めている。訴訟事件を審理し、裁判するに際しては、大法廷または小法廷で行う。大法廷は、15名全員の裁判官による合議体、小法廷は、最高裁判所の定める員数の裁判官の合議体と定められ（裁判所法9条1項・2項）、最高裁判所裁判事務処理規則により、小法廷の員数は5人とされ、大法廷では9人以上、小法廷では3人以上の裁判官が出席すれば、審理および裁判を行うことができる。

　事件を大法廷または小法廷のいずれで審理するかについては、最高裁判所の定めるところによるが、法令の憲法適合性を判断するとき、また判例を変更するときなど、一定の場合は大法廷で審理されなければならない（裁判所法10条参照）。法律、命令、規則または処分が憲法に適合しないとの裁判をするには、8人以上の裁判官の意見が一致しなければならない（最高裁判所事務規則12条）。

（3）　国民審査制度

　憲法79条2項は、「最高裁判所の裁判官の任命は、その任命後初めて行われる衆議院議員総選挙の際国民の審査に付し、その後10年を経過した後初めて行はれる衆議院議員総選挙の際更に審査に付し、その後も同様とする」と定め、最高裁判所裁判官については、とくに、国民審査の制度を設けている。この制度は、違憲立法審査権をはじめとする広範な権限を有する最高裁判所裁判官について、その選任に対して民主的コントロールを及ぼすことを目的としている。

　国民審査制度の法的性格が問題となるが、不適格者を罷免する解職制度と解する説、任命行為を確定する公務員選定作用と解する説、任命の事後審査としての意味をもつと解する説に分かれる。通説、判例は、解職制度説の立場に立つ。

　投票の方式について、最高裁判所裁判官国民審査法15条は、罷免を可とする裁判官については、投票用紙の当該裁判官に対する記載欄に×の記号を記載し、罷免を可としない裁判官については、何らの記載をしてはならない旨定めている。この投票方式によれば、無記入の票はすべて罷免を可としない票に加えられることになり、審査人の棄権の自由を奪い、思想および良心の自由の侵害になるのではないかが問題となる。判例は、国民審査は解職制度であるから、罷免するほうがいいか悪いかわからない者は、積極的に「罷免を可とするもの」に属しないことは勿論であると判示している（後掲判例参照）。しかし、学説では、現行の投票方式が違憲だとまではいえないにしても、信任は○、不信任は×、棄権は無記入という方法がより適当である、とする見解が有力である。

> **＊最高裁判所裁判官国民審査の効力に関する異議事件**　　最高裁発足後初めて行われた国民審査に対して、記載のない投票に「罷免を可としない」という法律上の効果を付与することは、思想・良心の自由および表現の自由を侵害するとして審査無効の訴えが提起された事件で、最高裁は、国民審査は「かくの如く解職の制度であるから、積極的に罷免を可とするものと、そうでないものとの二つに分かれるのであって、前者が後者より多数であるか否かを知らんとするものである」。「罷免する方がいいか悪いかわからない者は、積極的に『罷免を可とするもの』に属しないこと勿論」であるから、「法が連記投票にして、特に罷免すべきものと思う裁判官にだけ×印をつけ、それ以外の裁判官については何も記さずに投票させ、×印のないものを『罷免を可としない投票』……の数に算えたのは……何等意思に反する効果を発生せしめるものではな〔く〕……論旨のいうように思想の自由や良心の自由を制限するものではない」と判示している（最大判昭和27・2・20民集6巻2号122頁）。

2　下級裁判所の構成

　下級裁判所に、高等裁判所、地方裁判所、家庭裁判所および簡易裁判所があり（裁判所法2条1項）、その設立、廃止および管轄は、法律の定めるところである（同条2項）。各高等裁判所は、高等裁判所長官および相応な員数の判事でこれを構成し、主として控訴事件および抗告事件を処理する（裁判所法15条・16条）。原則として、3人の裁判官の合議体で事件を取り扱う（18条2項）。各地方裁判所は、相応の員数の判事および判事補でこれを構成し、原則として、第一審を担当する。単独制を原則とするが、事件によっては3人の裁判官の合議体

で裁判を行う（裁判所法23条以下）。各家庭裁判所は、相応の員数の判事および判事補でこれを構成し、主として、家事審判法で定める事件の審理および調停、少年法で定める事件の審判を行う。原則として、単独制である（裁判所法31条の2以下）。各簡易裁判所に相応の員数の簡易裁判所判事を置き、軽微な事件を処理する。1人の裁判官で事件を取り扱う（裁判所法32条以下）。

　憲法80条1項は、「下級裁判所の裁判官は、最高裁判所の指名した者の名簿によって、内閣でこれを任命する。その裁判官は、任期を10年とし、再任されることができる」と定める。本条の規定は、司法権の独立の原則からして、司法部の自律性を尊重し、最高裁判所が人事の基本的権限をもつことを意味する。ここに任命とは、高等裁判所長官、判事、判事補および簡易裁判所判事の4種に関する任命であって、実際にどこの裁判所でいかなる執務をとるかは、これを補職といい、それは最高裁判所の命ずるところである。

　再任の意味について、最高裁判所は、再任は新たな任命であり、それは任命権者の自由裁量に委ねられると解している。これに対して、学説では、再任されることは権利であると解する説があるが、通説は、再任を希望するかぎり、原則として再任され、心身の故障に基づく職務不能の場合や弾劾事由に該当する場合（憲法78条）のほか、成績不良など不適格者であることが客観的に明らかである場合にのみ、再任を拒否できると解する。自由裁量説は、キャリア裁判官制を採用するわが国では、裁判官の独立を脅かすおそれがある。また、再任されることを権利と解した場合、司法に対する民主的コントロールに欠けることになる。通説をもって妥当とすべきである。

3　裁判員制度

　司法に対する国民参加の制度としてわが国でも、司法の民主化をはかり、裁判への国民の信頼を保つべきであるとの要請から、2004年5月、「裁判員の参加する刑事裁判に関する法律」が制定・公布され、2009年5月に裁判員制度が開始された。比較法的にいえば、イギリスやアメリカ合衆国においては、起訴の決定や一定範囲の裁判を法律の専門家ではない一般の人びとの中から参加させる者を選び、その者の意見を判決に反映させる陪審（jury）制度が発達して

いる。アメリカ合衆国憲法を例にとれば、被疑者を起訴するか否かを判断する大陪審（修正5条）、刑事事件において事実について判断する刑事小陪審（修正6条）、一定額（20ドル）以上の訴額の民事事件の事実について判断する民事小陪審（修正7条）が定められている。一方、ヨーロッパ大陸諸国に見出される参審制は、一般国民の中から選任された参審員が職業裁判官とともに合議体を構成して裁判を行う制度である（ただし、通例、量刑は行わないとされている）。

　我が国において採用された裁判員制度のもとにおける裁判員は、衆議院議員の選挙権を有する者の中からくじで選んで作成した名簿に基づき、一定の手続を経て選定される（法13条、裁判員の参加する刑事裁判に関する規則35条）。地方裁判所における裁判員の参加する合議体の構成は、原則として3人の職業裁判官および6人の裁判員とされ、裁判官のうち1人を裁判長とする（法2条2項）。制度が適用される事件は、①死刑または無期の懲役もしくは禁錮にあたる罪に係る事件、②短期1年以上の有期懲役もしくは禁錮にあたる罪であって、故意の犯罪行為により被害者を死亡させた罪に係るものである（2条1項）。評議は、構成裁判官および裁判員の双方の意見を含む合議体の員数の過半数をもって行われ（67条1項）、その権限は①事実の認定、②法令の適用、③刑の量定とされている（6条1項）。裁判員は、独立してその職権を行い（8条）、評議の秘密その他職務上知り得た秘密を漏らしてはならないとされる（9条・108条）。

　日本国憲法には、裁判の公開（37条1項・82条1項）以外に司法への国民参加を直接定める規定はおかれてはいないが（ただし、裁判所法3条3項参照）、①憲法76条1項の規定によってすべて司法権が裁判所に属するとしても、それは訴訟手続のすべてが裁判官によって運営されなければならないということを直ちに意味するものではなく、現に検察官や弁護士が訴訟に参加し、重要な役割を果たしていること、②素人が裁判に参加したとしても、職業裁判官が「その良心に従ひ独立してその職務を行」う（憲法76条3項）かぎり、すなわち裁判官の独立が保障されるかぎり、資格ある裁判官の裁判を受ける権利（32条）は奪われることはないと解されること、③日本国憲法が採用する司法制度は、アメリカの制度を取り入れたものであり、そのことが上記裁判所法3条3項に端的に表れていること等からして、裁判員制度が憲法に抵触するものであるとは解さ

れないであろう*。

> *覚せい剤取締法違反、関税法違反被告事件　　第1審で有罪となった被告人が、裁判員裁判は憲法に違反すること（①裁判員が加わった裁判所は、憲法32条、37条1項の保障する「裁判所」とはいえない、②裁判官が裁判員の意見に拘束されるのは、裁判官の職権行使の独立を保障した憲法76条3項に反する、③国民に裁判員になることを強制するのは、憲法18条の「苦役」を課すものであるなど）を理由として、最高裁まで争った事件の上告審判決において、最高裁は、①裁判員制度においては、制度的に公平な「裁判所」における法と証拠に基づく適正な裁判が行われることが十分に保障されていること、②裁判官が法令の解釈に係る判断や訴訟手続に関する判断権限を有するなど、裁判官を刑事裁判の基本的な担い手として、法に基づく公正中立な裁判の実現が図られていること、および③裁判員の職務は、司法権の行使に対する国民の参加という点で参政権と同様の権限を国民に付与するものであり、憲法18条が禁止する「苦役」にあたらないことは明らかであること等を理由として、合憲と判断している（最大判平成23・11・16刑集65巻8号1285頁）。

第3節　最高裁判所の権限

1　一般裁判権

　最高裁判所は、上告および訴訟法においてとくに定める抗告についての裁判権をもつが（裁判所法7条）、刑事訴訟法は、上告理由を憲法違反があること、憲法解釈に誤りがあること、最高裁判所の判例と相反する判断をしたこととしている（405条）。同時に、それ以外の場合であっても、法令の解釈について重要な事項を含むものと認められる事件ならびに原判決を破棄しなければ著しく正義に反すると認める事件については、職権で審査できるものとしている（406条・411条）。民事事件については、民事訴訟法312条により、判決に憲法解釈の誤りがあることその他憲法違反があることを理由とするときに、上告することができる。

　抗告については、憲法解釈に誤りがあること、憲法違反があることを理由とするときに、とくに抗告することができるものとされている（刑事訴訟法433条、民事訴訟法336条）。

2　最高裁判所規則制定権

（1）　規則制定権の意義

　憲法77条1項は、「最高裁判所は、訴訟に関する手続、弁護士、裁判所の内部規律及び司法事務処理に関する事項について、規則を定める権限を有する」と定める。この規定は、国会を唯一の立法機関とする国会中心立法の原則に対する例外をなすものといわざるをえない。かかる例外を採用した理由は、外に向っては裁判所の自主独立性を確保し、内に向っては司法部内における最高裁判所の統制権、監督権を強化しようとすると同時に、技術的見地から裁判の実際に通じている裁判所に実際に適している規則を制定させようとしている点に求められる。

（2）　規則制定の範囲

　規則が定めうる事項の範囲は、「訴訟に関する手続、弁護士、裁判所の内部規律及び司法事務処理に関する事項」に限定されている。この場合、これらの事項が裁判所規則の専属的管轄事項であるか否かが問題となる。「裁判所の内部規律及び司法事務処理に関する事項」は、直接、国民の権利義務に関するものではなく、司法部内の問題であるから、これらの事項について法律をもって定めることは、場合によっては、司法権の自主制ないし独立性を侵害することも起こりうるであろう。それ故に、これらの事項は、原則として、裁判所規則の専属的管轄事項と解するのが妥当であろう。これに対して、「訴訟に関する手続、弁護士」に関する事項は、直接、国民の権利義務に関係する場合が多い。ことに、憲法31条は、刑罰を科するには「法律の定める手続」によらなければならないとし、また、憲法22条の職業選択の自由の保障よりして弁護士資格の得喪等については法律をもって定めることが要請される。したがって、「訴訟に関する手続、弁護士」に関する事項は、第一次的には法律の管轄事項と解すべく、裁判所規則は専門技術的細目的事項に限定すべきであろう。

　とはいえ、実際問題としては、法律事項と規則事項との分解線上の事項については、競合的事項とせざるをえず、両者が矛盾する場合、その効力関係が問題となる。規則優位説、両者同位説も主張されるが、法律優位説が妥当と解される。けだし、国会が唯一の立法機関であること、法律は民主的な国会により

民主的手続に従って制定されること、またそのように解することが、憲法31条や76条3項の規定からも導き出しうるからである。

3　司法行政事務の監督権

　裁判所法80条1項1号は、「最高裁判所は、最高裁判所の職員並びに下級裁判所及びその職員を監督する」権限を有すると定めている。もっとも、この場合の監督権は、「裁判官の裁判権に影響を及ぼし、又はこれを制限することはない」(81条)とされており、したがって、最高裁判所の監督権は、あくまでも司法行政事務に対する監督に限られるべきである。

　なお、違憲審査権については第6章を、下級裁判所裁判官の指名権については、第3章第2節2を見よ。

第4節　司法権の独立　●━━━━━━━━━━━━●

1　司法権の独立の意味

　司法権の独立は、近代立憲主義のためもっとも重要な要請の一つである。けだし、裁判が公正に行われ、裁判による人権保障が確保されるためには、裁判に対するいかなる外部からの圧力や干渉をも排除し、裁判官が公正な立場からその職務を遂行する必要があるからである。しかして、司法権の独立は、第一に裁判所組織自体の他の国家機関からの独立と、第二に裁判官の職権の独立を要請するのである。

2　裁判官の職権の独立

　憲法76条3項は、「すべて裁判官は、その良心に従ひ独立してその職権を行ひ、この憲法及び法律にのみ拘束される」と定め、裁判官の職権の独立の原則を宣言している。ここに裁判官が職権を行使するにあたって従わなければならない「良心」とは、憲法19条にいう「思想及び良心」、すなわち裁判官の個人的、主観的良心ではなく、裁判官としての客観的良心を意味すると解さなければならない。「独立して」とは、立法府あるいは行政府をはじめ、いかなる権

力または勢力の恣意的な干渉にも左右されることなくとの意味である。かくて
法文は、「憲法及び法律にのみ拘束される」とあるが、それは形式的な憲法お
よび法律のみでなく、命令、規則その他一切の成文法のほか、判例法をはじめ
習慣法にも拘束されることを排斥するものではない。

　裁判官の職権の独立の侵害は、外部勢力によるもののみならず、司法部内に
おいてもまま生ずるところであるが、一般国民やマス・メディアによる裁判批
判は、表現の自由の問題であり、裁判の公正確保に「明白かつ現在の危険」を
及ぼす場合は格別、批判されるべきではない。

> **＊立法府からの独立の侵害事例**　　1953年7月、反戦運動に際して騒擾罪で起訴された
> 吹田騒擾事件の裁判で、事件担当の佐々木裁判長が、法廷内での被告人らの朝鮮戦争休
> 戦への拍手および戦死者のための黙禱を制止しなかった訴訟指揮の当否が問題となった
> 「吹田黙禱事件」がある。国会の裁判官訴追委員会は、裁判長の訴訟指揮の調査に乗り
> 出したが、最高裁判所は、1954年7月、訴追委員会に対して、現に裁判に継続している
> 訴訟事件の訴訟指揮に関して調査を行うことは、司法権の独立を侵害するおそれがある
> との申し入れを行い、訴追委員会は、同年11月、罷免の訴追猶予を決定した。
> **＊＊行政府からの独立の侵害事件**　　1970年7月、長沼ナイキ基地訴訟に関連して、事
> 件担当の福島裁判長に対し、国が青年法律協会の会員であることを理由に、裁判長の忌
> 避の申立てをしたが、札幌地裁は、理由なしとして却下し、札幌高裁も抗告を棄却した。
> **＊＊＊裁判所内部における事例**　　1969年8月、長沼ナイキ基地訴訟に関連して、平賀
> 札幌地裁所長が、事件担当の福島裁判長に対して、自衛隊の違憲判断は避けるべきであ
> る旨の「書簡」を私信として送った平賀書簡事件がある。このことが、福島裁判官によ
> って公開され、事態を重くみた札幌地裁裁判官会議は、平賀所長を厳重注意処分に付し、
> 最高裁判所もまた、同所長を注意処分に付し、東京高裁に転任させた。

3　裁判官の身分保障

　裁判官が、職権を行使するに際し、直接に権力の干渉を受けることがないと
しても、裁判官の地位が不安定であっては、司法権の独立は最終的には確立さ
れえない。ここに裁判官の地位の独立が要請されるゆえんがあり、日本国憲法
は、次のような方法で特別の身分保障その他の保障を考慮している。

（1）　裁判官の罷免

　憲法78条前段は、「裁判官は、裁判により、心身の故障のために職務を執る
ことができないと決定された場合を除いては、公の弾劾によらなければ罷免さ

れない」と定め、恣意的な罷免から、裁判官の地位を保障している。罷免事由の一つは、執務不能の裁判による場合で、詳細は裁判官分限法の定めるところであるが、同法1条1項は、「回復の困難な心身の故障のために職務を執ることができないと裁判された場合」と定め、分限事由を限定している。

　罷免事由の第二は、公の弾劾に基づく場合である。ここに「公の弾劾」とは、国民的基盤に立って一定の官職にある者の職務の不当行為について、公的な訴追手続に基づき裁判を行うことをいう。憲法64条1項は、「国会は、罷免の訴追を受けた裁判官を裁判するため、両議院の議員で組織する弾劾裁判所を設ける」と定める。その詳細は、国会法ならびに裁判官弾劾法の定めるところである。弾劾による罷免事由は、職務上の義務に著しく違反し、または職務を甚だしく怠った場合、および職務の内外を問わず、裁判官としての威信を著しく失うべき非行があったときである（裁判官弾劾法2条）。なお、最高裁判所裁判官に対する国民審査による罷免については、すでに述べたところである。

（2）　裁判官の懲戒

　憲法78条後段は、「裁判官の懲戒処分は、行政機関がこれを行ふことができない」と定め、裁判所法49条は、「裁判官は、職務上の義務に違反し、若しくは職務を怠り、又は品位を辱める行状があったとき」は、裁判によって懲戒されると規定している。これは、懲戒について司法部内の自律性を認め、かつ、その手続の慎重を期していることを意味するものである。裁判官の懲戒は、戒告または1万円以下の過料に限られ（裁判官分限法2条）、懲戒による免官は認められない。なお、裁判官は、その意に反して、免官、転官、転所、職務の停止または報酬の減額をされることはないことが保障されている（裁判所法48条）。

（3）　裁判官の報酬

　司法権の独立とは、直接には一応無関係であるが、経済的な保障を通じて、身分の保障を意図するものとして、憲法は、最高裁判所ならびに下級裁判所の裁判官は、すべて定期に相当額の報酬を受け、この報酬は、在任中、減額することができないと定めている（79条6項・80条2項）。

第5節　裁判の公開 ●────────────────────────────●

1　裁判公開の原則

　近代立憲主義憲法下の裁判制度は、司法権独立の原則とともに、裁判の手続そのものについて裁判公開の原則が保障されることをその指導原理としている。日本国憲法は、裁判公開の原則について、まず37条1項において基本的人権の保障という立場から規定しているが、82条1項で「裁判の対審及び判決は、公開法廷でこれを行ふ」と定め、裁判手続に関する司法機関への制約という形でかかげている。

　ここに「対審」とは、訴訟当事者が裁判官の前面で口頭で主張を述べることをいい、刑事訴訟における公判手続、民事事件における口頭弁論がこれにあたる。「判決」とは、訴訟当事者の申立てに対する裁判官の最終的な判断をいう。また、ここにいう「裁判」について最高裁判所は、「固有の司法権の作用に属するもの、すなわち、裁判所が当事者の意思のいかんにかかわらず終局的に事実を確定し、当事者の主張する実体的権利義務の存否を確定することを目的とする純然たる訴訟事件についての裁判のみを指す」と判示している（最大判昭和45・6・24民集24巻6号610頁）。

2　裁判公開の制限と停止

　裁判公開の原則は、裁判を自由に傍聴することを認めるが、法廷の秩序維持のため一定の制限を受ける（裁判所法71条2項、裁判所傍聴規則1条）。報道機関による傍聴もまた報道の自由の一環として保障されるが、取材の自由に関して刑事訴訟規則215条は、「公判廷における写真の撮影、録音又は放送は、裁判所の許可を得なければ、これをすることができない」と定めている。最高裁判所は、上記規定は法廷の秩序維持や被告人等の利益保護のため必要と解し、合憲と判断している（最大判昭和33・2・17刑集12巻2号253頁）。

　憲法82条2項は、「裁判所が、裁判官の全員一致で、公の秩序又は善良の風俗を害する虞があると決した場合には、対審は、公開しないでこれを行ふこと

ができる」とし公開停止の制度をおいている。その趣旨は、公序良俗を維持することおよび訴訟当事者の名誉を保護することにあたる。もっとも、この制約も、「政治犯罪、出版に関する犯罪又はこの憲法第三章で保障する国民の権利が問題となってゐる事件の対審は、常にこれを公開しなければならない」（82条2項但書）として、絶対的な公開を要請している。また、対審の公開を停止しうる場合はありえても、判決は絶対に公開の法廷でされなければならないこと、本条の当然の帰結である。

　　＊レペタ事件　　法廷でのメモ採取を許可されなかった傍聴人が、傍聴の権利は憲法21条の知る権利に含まれ、憲法82条は傍聴の権利を規定したものであり、メモする権利を含むとして国家賠償を請求した事件で、最高裁は、憲法82条の趣旨は、「裁判を一般に公開して裁判が公正に行われることを制度として保障し、ひいては裁判に対する国民の信頼を確保」することにあり、これに伴い各人は裁判を傍聴することができるが、右規定は、「各人が裁判所に対して傍聴することを権利として要求できることまでを認めたものではないことはもとより、傍聴人に対して法廷においてメモを取ることを権利として保障しているもので〔も〕ない」と判示している（最大判平元・3・8民集43巻2号89頁）。

第4章

財　政

第1節　財政民主主義　●━━━━━━━━━━━━━●

1　財政民主主義の意義

　国の財政に関する基本的事項について、国民代表の府である議会が関与し、これを統制しなければならないという原則は、近代憲法の一般原則であり、これを財政民主主義と呼ぶ。この財政民主主義は、近代憲法の諸原則の中でも、特異な地位を占めるものである。そのゆえんの第一は、財政民主主義の要求が近代憲法を生む機縁となった点に求められ、第二に行政に対する監督が、財政民主主義の要求に基づいて最も厳密に行われるべきものとされている点である。

　第一の点は、たとえばイギリスでは、1215年のマグナカルタに始まり、1628年の権利請願、1689年の権利章典などを通じて、国王の課税権に対し、国民の代表機関は承諾権を有すべきものであるという要求をその重要な内容の一つとし、またいかに管理するかに対しても強く要求されているのである。そこで、財力の使用、すなわち予算の議決と予算支出の裏づけとしての法律の制定、あるいは固有財産の管理等も法律によるべきものとして、財政民主主義の尊重にきめこまかな配慮が払われているところにその特質が見出される。

2　内　容

　憲法83条は、「国の財政を処理する権限は、国会の議決に基づいて、これを行使しなければならない」と定め、国会議決主義を明らかにし、国の財政処理はすべて国会の意思に基づくことを要すとの財政全般に通ずる基本原則を宣明している。ここに「国の財政を処理する権限」とは、租税の賦課・徴収などの財政権力作用のほか、国費の支出・固有財産の管理などの財政管理作用を含む

ものと解される。

　国の財政処理の権限が「国会の議決」として行使されるにあたって、それが一般的・抽象的な基準を決定するにとどまる場合と、個別的・具体的な議決としてなされるべき場合とがある。たとえば、租税の賦課・徴収の基準を定めるための国会の決議は、当然に法律の制定であり、したがって一般的・抽象的な規範の制定である。これに対し、国費の支出や国庫債務負担行為（財政法15条1項）に関する国会の議決は予算の議決として行われるが、それは可能なかぎり個別的・具体的であることが要求される（26条）。このように、財政に関する国会の監督が、個別的・具体的でなければならないという点にこそ、財政民主主義の特質がある。

　憲法は、国会の権限について、83条の一般原則をさらに具体化すべく、租税法律主義（84条）、国費の支出および債務負担行為の議決（85条）、予算の議決（86条）、予備費の議決（87条）、皇族経費の議決（88条）、決算の審議（90条）、財政状況の報告（91条）について、個別的諸原則を定めている。

第2節　租税法律主義

1　意　義

　憲法84条は、「あらたに租税を課し、又は現行の租税を変更するには、法律又は法律の定める条件によることを必要とする」と定め、租税法律主義ならびにそれに加うる永久税主義の原則を明示し、もって国会による立法の権限を確立している。国民の納税の義務を定める憲法30条との表裏の関係にある。租税法律主義の内容として、課税要件法定主義、課税要件明確主義、遡及立法の禁止などがあげられるが、中でも最も重要なのは、課税要件法定主義であり、それは、課税物件、課税標準、税率、納税義務者などの課税要件ならびに税の賦課・徴収手続が法律において定められていなければならない原則である。

　次に、永久税主義とは、イギリスやフランスの歳入法または予算法として毎年議会の議決を経ることを要するとしている一年税主義と異なり、ひとたび議会の議決を経たのちは、これを変更する場合のほかはあらためて議会にかける

ことを要せず、毎年ひきつづき賦課・徴収しうる制度をいう。もっとも、憲法
84条は、一年税主義を否定する趣旨を含むものではないと解せられる。

　最高裁は、長期間非課税品目として取り扱われてきたパチンコ球遊器を国税
庁長官が通達によって物品税法の課税物件たる遊戯具（旧物品税法1条1項2種丁
類38）に該当するとして課税対象にしたことが、租税法律主義に反しないかが
争われたパチンコ球遊器事件で「本件の課税がたまたま所論通達を機縁として
行われたものであっても、通達の内容が法の正しい解釈に合致するものである
以上、本件課税処分は法の根拠に基く処分と解するに妨げがなく、所論意見の
主張は、通達の内容が法の定めに合致しないことを前提とするものであって、
採用し得ない」と判示して、通達課税の合憲性を認めている（最判昭和33・3・
28民集12巻4号624頁）。

2　租税法律主義の適用範囲

（1）　地方税

　地方自治法は、地方公共団体の課税権の根拠を定め（223条）、地方税法は、
地方税の種類および一般標準を定めているが、同法3条1項は、「地方団体は、
その地方税の税目、課税容体、課税標準、税率その他賦課徴収について定をす
るには、当該地方公共団体の条例によらなければならない」と定める。条例に
よる地方税の賦課・徴収は、単なる法律による条例への委任に基づくと解すべ
きではない。けだし、地方公共団体の課税権は、地方自治を保障する憲法92条
により直接に地方公共団体に授与されたものと考えられるからである。したが
って、地方公共団体は、独自の課税権をもつと解するのが妥当である（租税条
例主義）。

（2）　関　税

　関税の賦課・徴収は、関税法および関税定率法によるのが原則であるが、条
約に特別の協定にある貨物はその協定により（関税法3条但書）、また一定の物
品については、政令で関税を決定することができるとされている（関税定率法5
条ないし20条の2）。これは、関税の特殊性に基づくものである。しかして、こ
れら条例は、文字どおり例外の場合として厳密に解すべく、租税法律主義の本

旨よりして、一般委任条項と解してはならないとするのが正当な見解というべきであろう。

（3）　経済的公課

　財政法3条は、「租税を除く外、国が国権に基づいて収納する課徴金及び法律上又は事業上国の独占に属する事業における専売価格若しくは事業料金については、すべて法律又は国会の議決に基づいて定めなければならない」と規定している。従来、通説は、憲法84条にいう「租税」に財政法3条にいう負担金、分担金、手数料、専売価格、事業料金などの経済的公課も含まれるとし、財政法3条の規定は、憲法84条の規定を確認した規定であると解してきた。

　これに対し、最近の有力な学説は、憲法84条にいう「租税」を限定的に解し、経済的公課がまたは国会の議決に基づいて定められなければならないとしても、それは憲法84条によるのではなくして、憲法83条の原則規定によると解すべきであると解している。

第3節　国費の支出および国の債務負担

1　国費の支出

　憲法85条は、「国費を支出し、又は国が債務を負担するには、国会の議決に基づくことを必要とする」と定める。財政民主主義の原則規定を、国の支出の面で具体化したものである。「国費の支出」についての国会の議決は、法律の形式によらないで予算の形式で行われる。憲法86条の規定と重複の感があるが、これは予算に関する形式的手続的規定ともいうべく、85条はその前提をなす実質的な内容規定であり、両者は別異のものである。この両者をいわば架橋しているものとして、財政法14条の「歳入歳出は、すべてこれを予算に編入しなければならない」との規定がある。

2　国の債務負担

　国の債務負担には、国会の議決を必要とする。国の債務負担行為には、公債を発行すること、一時借入金をなすこと、外国人との雇用契約や土地建物賃貸

借契約をすること、などが挙げられる。国会の議決がなされる形式については、憲法は何らふれていない。財政法によれば、法律の形式による議決の方法、予算の一部をなす国庫債務負担行為・継続費として議決する方法などがある（財政法15条・16条・22条・26条）。

第4節　予　算

1　予算の意義

（1）　意　義

憲法86条は、「内閣は、毎年会計年度の予算を作成し、国会に提出して、その審議を受け議決を経なければならない」と定める。

予算とは、一会計年度における歳入歳出の予定的見積もりを主たる内容とする国の財政行為の準則であるが、とくに歳出予算は、支出の金額・目的・時期を限定する意味において一種の法規範として法的効力をもち、国家機関を拘束する。もっとも、国会の議決は政府に国費の支出をなしうる権能を与えるものにすぎないから、議決があっても、政府は支出をなすべき義務を負うものではない。

（2）　予算の法的性格

予算の法的性格について、学説は、予算は本来行政行為であると解し、国会は予算によって政府の支出に承認を与えるにすぎないとする予算行政説（承認説）、予算は「法律」の形式で議決さるべきであるとする予算法律説、予算は法律とは異なる独自の法形式と解する予算法形式説に分かれる。予算行政説は、明治憲法下にあっては、通説的見解であったが、予算が一種の法規範として法的効力をもつことを認めない点で不当であり、日本国憲法がよって立つ財政民主主義とは相容れない見解である。予算法律説を説く論者は、一般にそのメリットとして、国会の予算修正権に限界がなくなること、予算と法律の不一致現象が解消されることを挙げている。

しかし、憲法上予算と法律は、区別して規定されてきている。すなわち、73条5号は、予算の作成および提出を内閣の事務とし、59条と60条は法律と予算

の議決方法について異なって規定している。予算については公布の手続が定められていない。また、予算法律説によっても、予算と法律の不一致現象は解消されない。けだし、予算が同説のいうところの法律として成立したとしても、その支出目的を実体的に定める法律が成立しないかぎり、両者の不一致を回避することはできないからである。憲法の体系的・文言的解釈からして、予算法形式説が妥当であると考えられよう。

2 予算の成立

（1） 予算の発案権

　予算の発案権は、内閣にのみ属する（憲法73条5号・86条）。予算作成事務は、財務大臣が主管し、閣議を経てこれを決定する（財政法21条）。内閣総理大臣は、内閣を代表して予算案を国会に提出する（憲法72条）。予算は、先に衆議院に提出されなければならない（60条1項）。予算は、両議院で可決したとき成立する。ただし、予算の議決については法律の場合よりも強く衆議院の優越が認められている（60条2項）。予算は、官報に公示される。予算の発案・審議過程において、憲法上、二つの問題が生ずる。

（2） 予算と法律の不一致

　国会による予算の議決は、政府に国費の支出をなしうる権能を与えるものにすぎないから、議決があっても政府はその支出目的を実体的に定める法律が制定されていないかぎり、予算を執行することはできない。法律と予算は、その法形式、議事手続、所管事項をそれぞれ異にするため、両者に不一致が生ずる場合がある。すなわち、予算措置を裏づける法律は成立しているが予算が成立していない場合と、予算は成立しているが予算執行を根拠づける法律が成立していない場合とがある。ここにおいて、両者の不一致を調整する具体的方法が問題となる。

　第一に、法律は成立しているが、予算が成立していない場合がある。憲法73条1号は、内閣に対して「法律を誠実に執行する」義務を課している。したがって、内閣は、当該法律実施のために必要な予算を成立させるべく努力しなければならない。また、必要に応じて補正予算を組み（財政法29条）、経費の流用

（33条2項）や予備費の支出（憲法87条、財政法35条）などの措置を講ずる必要がある。

　第二に、予算は成立しているが法律は成立していない場合は、内閣は予算執行に必要な法律案を国会に提出し、法律案の成立に向けて努力することになるであろう。しかし、国会には、当該法律案を可決させる法的義務はないと解される。

（3）　国会による予算の減額修正と増額修正

　国会による予算の減額修正について、これを認めること、学説に異論はないが、無制限の減額修正は可能であろうか。通説は、日本国憲法は財政民主主義に立脚していること、明治憲法と異なり（67条）、減額修正を制限する憲法規定がないこと、などを理由に減額修正は無制限に許されると解している。

　増額修正についても、学説は、これを認めると解している。国会法ならびに財政法もまた、増額修正のあることを前提としている（国会法57条但書・57条の3、財政法19条）。国会による予算の増額修正に限界があるか。多数説は、予算の作成ならびに発案権が内閣に属することを理由に予算の同一性を損なうような大幅な増額修正はできないと解している（政府見解もこの立場に立っている）。これに対して、日本国憲法は、財政民主主義を強調しており、予算案の審議過程でこれを修正に加えることができるのは当然のことであること、国会は予算案そのものを否定する権限を有すること、国会が予算措置を伴う法律を制定した場合、内閣は当該法律の実施に必要な支出を予算に組み込む義務を負い、予算の使途・配分についても国会が発動権をもつことは当然であること、などを理由に増額修正無限界説が有力に主張されている。増額修正無限界説をもって妥当と考える。

3　予備費

　国費の支出は、すべて予算に基づいて行われなければならないが、予算の執行に際して予算額が不足し、しかも支出を要するとする場合（予算超過支出）や、予算作成後にまったく新たな目的のために支出しなければならない必要が生ずる場合（予算外支出）がある。これらの事態に備えて、財政法は、補正予

算の制度（29条）を設けているが、憲法87条1項は、「予見し難い予算の不足に充てるため、国会の議決に基づいて予算費を設け、内閣の責任でこれを支出することができる」と規定し、予備費の制度を認めている。

　予備費は、形式的には予算の一部であるが、その性質上、あらかじめ支出目的を限定されておらず、部款項目という予算の区分のうちでは、一つの部としてのみ国会の議決を受けるにすぎない。すなわち、後者の議決は、限定された目的に対する支出の最高額を限定すると同時に、あらかじめその支出を承認する意味をもっている。これに対し、前者の議決は、一定金額を予備費とすることについてのみの承認であって、支出目的を限定したり支出についての承認を与えるものではない。それ故に、内閣の予備費の現実の支出が適当であったか否かについては、国会事後審査をまつことを要し、憲法は「すべて予備費の支出については、内閣は、事後に国会の承諾を得なければならない」としている（87条2項）。もっとも、ここにいう国会の承諾は、内閣の政治的責任を解除するにとどまり、国会の承諾が得られなかったとしてもすでになされた支出に影響を与えるものではない。

第5節　公金支出の禁止

　憲法89条は、「公金その他の公の財産は、宗教上の組織若しくは団体の使用、便益若しくは維持のため、又は公の支配に属しない慈善、教育若しくは博愛の事業に対し、これを支出し、又はその利用に供してはならない」と定める。

1　宗教上の組織・団体に対する公金支出

　本条前段の規定は、憲法20条に定められた国家と宗教との分離（政教分離）の原則を財政面においても保障しようとするものであり、国家の非宗教性を厳に要請する条項である。ただ、文化財保護というような一般的法政策に基づき公金が支出され、その結果として特定の宗教団体に利益が及んだとしても、それは本条に抵触するものとは解されない。

　ここに「宗教上の組織若しくは団体」とは何かが問題となる。従来の通説的

見解は、「特定の信仰を有する者たちによる、当該宗教目的を達成するために制度化・組織化された団体」をいうとして、厳格に解している（狭義説）。これに対して、最近の有力説は、政教分離原則の趣旨を重視する立場から、「宗教上の事業もしくは活動を行う共通の目的をもって組織された団体」を意味するとして広く解している（広義説）＊。

> ＊箕面忠魂碑・慰霊祭訴訟　大阪府箕面市が、忠魂碑の所有者である市遺族会に市の所有地を無償貸与した行為が争われた事件で、最高裁は、「宗教と何らかのかかわり合いのある行為を行っている組織ないし団体のすべてを意味するものではなく……特定の宗教の信仰、礼拝、又は普及等の宗教的活動を行うことを本来の目的とする組織ないし団体を指すものと解するのが相当である」と判示し、狭義説の立場に立ち、本件遺族会は宗教上の組織若しくは団体にあたらないとしている（最判平成5・2・16民集47巻3号1687頁）。

2　慈善・教育・博愛事業に対する公金支出

　憲法89条後段の立法趣旨ないし目的は、必ずしも明確ではなく、また「公の支配に属しない」の意味も明確ではない。したがって、解釈いかんによっては、現行の私立学校法・私立学校振興助成法や社会福祉事業法・児童福祉法・社会教育法に基づく私立学校、保育所等への公費助成措置は、違憲とも合憲とも解される。

　従来の通説的見解は、89条後段の立法趣旨は、主として、私的な慈善または教育事業の自主性から公権力による干渉の危険性を排除するにあるとする。そして、「公の支配」とは、「国又は地方公共団体が、その事業の予算を定めその執行を監督し人事に関与するなど、その事業の根本的な方向に重大な影響を及ぼすことのできる権力を有すること」を意味するとして、その意義を厳格に解している（厳格説）。この見解によると厳格な監督がなされていない団体に対する公金支出は、違憲とされ、あるいは違憲視されることになる。

　これに対して、最近の多数説は、89条後段の立法趣旨を財政民主主義の見地から公費濫用の防止にあるとし、「公の支配」を厳格説のように解することは、本条後段の立法目的および社会的現実に鑑み妥当とはいえず、国が財政的援助をなす限度でその不当な利用がないように監督することもまた「公の支配」に

属すると解している（緩和説）。この見解によれば、関連する現行法に基づいて国や地方公共団体が、業務や会計の状況に関し報告させ、質問調査を行い、予算変更を勧告する権限を有しているのは、「公の支配」に属するものといえる。

　後説をもって妥当とする。すなわちその理由として、国家と宗教との分離は、厳格に解されるべきであるが、慈善・教育・博愛事業者は国家との厳格な分離を本質的に必要とするものではなく、89条後段を前段と同様に厳格に解する必要性は存在しないこと、また、私立学校事業も本来公共的性格を内在し、国の行うべき事業の補助的役割を果たしていること、などをあげることができる＊。

　＊**公金支出差止等請求事件**　　町長が、幼児教室に町の公の財産である土地および建物を無償で貸与するとともに、毎年補助金を支出した行為が、憲法89条に違反するかが争われた事件で、東京高裁は、「教育の事業に対して公の財産を支出し、又は利用させるためには、その教育事業が公の支配に服することを要するが、その程度は、国又は地方公共団体等の公の権力が当該教育事業の運営、存立に影響を及ぼすことにより、右事業が公の利益に沿わない場合にはこれを是正しうる途が確保され、公の財産が濫用されることを防止しうることをもって足り……必ずしも、当該事業の人事、予算等に公権力が直接的に関与することを要するものではない」と判示し、本件教室は「公の支配」に服するとした（東京高判平成2・1・29高民集43巻1号1頁）。

第6節　決算と財政状況の報告　●───────●

1　決　算

　憲法90条1項は、「国の収入支出の決算は、すべて毎年会計検査院がこれを検査し、内閣は、次の年度に、その検査報告とともに、これを国会に提出しなければならない」と定める。決算とは、一会計年度における国の現実の収入支出の実績を計数表示で確定的に明らかにする国家行為の一形式である。予算と異なり、決算は、法規範としての性格を有しない。決算は、国の財政行為に対する国会の事後的コントロールを通して予算執行者たる内閣の政治責任を明らかにすると同時に、将来の財政計画や予算編成に備えるものである。

　決算は、財務大臣がこれを作成し（財政法38条1項）、内閣は、決算を会計検

査院に送付する（同39条）。内閣に対して独立の地位を有する会計検査院は、決算の検査を行い、決算を確認する（憲法90条、会計検査院法20条・21条）。内閣は、次の年度に、会計検査院の報告とともに決算を国会に提出しなければならない（憲法90条1項）。さらに内閣は、決算を翌年度開会の常会において国会に提出するのを常例とする（財政法40条）。

2　財政状況の報告

憲法91条は、「内閣は、国会及び国民に対し、定期に、少なくとも毎年一回、国の財政状況について報告しなければならない」と規定し、財政状況の公開原則をとっている。本条の趣旨は、国会による財政監督権を強化するとともに、国の財政は国民生活に深い関係をもつので、国民に国政批判の資料を提供することにある。

内閣は、予算成立後ただちに、予算、前前年度の決算ならびに公債、借入金、国有財産の現在高その他財政に関する一般事項について、印刷物、講演その他適当な方法で国民に報告しなければならない（財政法46条1項）。そのほか、内閣は、少なくとも毎四半期ごとに予算使用の状況、国庫の状況等について、国会ならびに国民に報告しなければならない（同条2項）。

第5章

地方自治

第1節　地方自治の基本原則

1　地方自治の意義

　日本国憲法は、明治憲法が地方自治について、何らの規定をももたなかったのに対して、一章を設け、第8章92条ないし95条において、「地方自治」についての憲法的保障を試みている。その根本精神は、地方自治は民主主義の礎石であり、地方自治の完成なくして、完全な民主主義を期待することができないとの観点から出発している。「地方自治は、民主主義の小学校である」といわれるゆえんがここにある。

2　地方自治保障の性質

　地方自治の淵源をめぐる論議については、かなり古くから二つの学説が対立している。その一つは、地域共同体の自治権能は他の何ものかから与えられたものではなく、それ自体の固有するところであるとの固有権説（自然権説ともいう）であり、他の一つは、国家の存在を前提とし、国家から伝来されたものであるとする伝来説（授権説・承認説ともいう）である。

　前者の固有権説によれば、地域共同体の自治権能は、少なくとも統一的な統治権力によって支配される近代的な国家形態に対し先行するとの考え方に立脚している。なるほど個々の地域共同体の発生のルーツを沿革的に遡及して考察するならば、いわば地方自治権先行説に到達すること、必ずしも否定しえないところではある。しかし、今日の世界が主権国家の並存をノーマルな姿としている以上、地域共同体の自治権能は、そのような主権国家の実存を予定し、それとの関連においてのみ容認される観念として理解すべきであろう。

　ところが、伝来説的な考え方には、一つの危険が潜在しているかに思われる。何故ならば、かかる考え方を、最後まで突き進めた場合には地方共同体の自治権能は国家から授権され、国家によって承認された場合にのみ初めて存在しえることになり、その行きつく先は地方自治全面的否認、完全官治行政の容認ということになる。しかし、これは、民主主義を根幹とする日本国憲法の到底認めえないところである。

　そこで、通説的見解は、地方自治の保障の法的意味を憲法は地方自治という公法上の制度を保障したものであり、地方自治制度の本質的内容ないし核心部分については法律をもってしても侵すことができないと解している（制度的保障説）。

　なお、近年、地方公共団体の自主的活動に重きを置き、地方自治をもって憲法の人権保障ならびに人民主権を具体化するものと解し、地方公共団体は住民の人権保障に必要な場合は、法律の根拠の有無にかかわらず、活動をなし得るとする見解が主張されている。しかし、地方公共団体が、独自の人権としての地方自治権を有すると主張する根拠の当否は疑わしいといわざるをえない。

3　「地方自治の本旨」の意味

（1）　概　説

　日本国憲法は、地方自治について、まず、その92条で「地方公共団体は組織及び運営に関する事項は、地方自治の本旨に基づいて、法律でこれを定める」と規定している。本条は、地方自治そのもののあり方に関する一般的基本原理を明示したものであり、具体的には、第一に地方公共団体の組織および運営に関する事項は法律で定められなければならないこと、第二にその法律は地方自治の本旨に基づいて定められなければならないことを明らかにしている。

　92条にいう「地方自治の本旨」とは何か。通説に従えば、国民主権の日本国憲法が目指す地方自治は、何よりも地域住民の民主的にして自主自律的精神を基本として、地方自治の実状に即し、それぞれの地方公共団体が国の干渉・監督を排して地方政治ないし行政運営にあたることをもって本旨とすべきとの意味である。さらには簡約すれば、「団体自治」・「住民自治」の原理によるべし

との意味であり、前者は、自由主義思想をその基礎とし、後者は民主主義思想
をその根拠としている。

（2）　団体自治の原理

団体自治とは、国家の中にあって一定の地域を基礎とする団体が自己の機関
によってその地域の事務を処理することをいう。憲法94条は、「地方公共団体
は、その財産を管理し、事務を処理し、及び行政を執行する権能を有し、法律
の範囲内で条例を制定することができる」と規定し、団体自治の原理を明示す
ることによって地方自治の憲法的保障を確実なものとしている。

この規定は、地方公共団体の主たる権能を例示的に列記したものであるが、
前三者は地方公共団体が行う行政作用の内容を一般的・抽象的に掲げたもので
あり、最後の条例の制定は、地方公共団体に立法権限を付与したものである。

（3）　住民自治の原理

住民自治とは、団体の行政を地域住民が自らの意思に基づいて自主的に決定
し、これを処理することをいう。憲法は、93条2項において地方公共団体の長、
議会の議員および法律の定めるその他の吏員について、住民による直接選挙を
定め、95条で一の地方公共団体にのみ適用される特別法の住民投票制度を定め、
住民自治の原理を明らかにしている。

第2節　地方公共団体　●━━━━━━━━━━━━━━●

1　地方公共団体

地方公共団体とは、地域団体として、国の領土の一部およびその区域内の住
民を構成要素とし、その区域内の住民等に対し法の認める範囲内の支配権を有
する団体である。

これを分節すれば、第一に地方公共団体は、公共団体である。地方公共団体
は、公共的事務を行うことを目的とする点において私的団体と異なる。第二に
地方公共団体は、地域団体である。地方公共団体は、その地域に関して包括的
行政権を付与されている点において特定の目的のために設立された公共団体と
異なる。第三に地方公共団体は、法人格を付与された公法人である。地方公共

団体は、国と独立した存在として自ら権利・義務の主体となり、地方行政を行う。この点において、私法人と異なる。

2　憲法上の地方公共団体

　憲法92条以下にいう地方公共団体とは、何を指すか。憲法は、これについては何ら具体的に明示していない。したがって、それは立法政策の問題であるとの説もなしうるが、しかし、この見解によるならば、現在の都道府県・市町村をすべて廃止して、まったく別の地方公共団体に政策的に改編することも可能となる。しかし、地方自治は、元来、住民の地域的共同団体意識の上に初めて成り立ちうるのであって、国の恣意的改編を許すものではない。むしろ、国は、社会的に実在する地域共同団体の自治権を尊重し、これを承認するところに地方自治が保障されるのである。明治憲法から現行憲法への過程において、市町村が基礎的地方公共団体としてその存立を尊重されただけでなく、不完全自治体であった都道府県をも完全自治体として、ここに重層的地方自治組織が地方自治法で明文化された経過の中に現行憲法が地方自治のために一章を設けたのに即応した地方自治尊重の動向がうかがわれる。このような経過から推論するならば、都道府県と市町村とが、いわゆる憲法上の地方公共団体に該当するわけである。それ故に、地方自治法も、この両者を普通地方公共団体とし、特別地方公共団体たる特別区、地方公共団体の組合、財産区および地方開発事業団と区別しているのである（1条の3）。

　もっとも、現行憲法制定以来、今日に至る間の産業・交通・通信の発達、人口移動、大都市生活圏の拡大、社会生活の多元化その他諸条件の変化が地方公共団体の基盤たる地域社会に大きな変容をもたらしつつある事実を考慮するとき、社会の実態に即した地方公共団体の整理・統合が、住民意識を十分に吸収しつつ行われ、かつ、それに地方公共団体としての諸権能が維持されているならば、そのことまで一切排除すべきものと断定することはできない。ただし、留意すべき点は、都道府県を廃して全国に地方ないし州を置き、その長は内閣等が任命する（道州制論）ことまでも憲法は許容するものではないと思われることである。

3 特別区

特別区とは、都に置かれる区とのことである（地方自治法281条1項）。特別区は、憲法上の地方公共団体にあたるか。1952年の地方自治法の改正により特別区の区長の公選制を廃止したことが、憲法93条2項に反しないかが争われた事件で最高裁判所は、憲法上の地方公共団体というためには、「単に法律で地方公共団体として取り扱われているということだけでは足らず、事実上住民が経済的文化的に密接な共同生活を営み、共同体意識をもっているという社会的基盤が存在し、沿革的にみても、また現実の行政の上においても、相当程度の自主立法権、自主行政権、自主財政権等地方自治の基本的権能を附与された地域団体であることを必要とする」と判示し、以上の諸点を検討した上、特別区は憲法93条2項にいう地方公共団体にあたらないとした（最大判昭和38・3・27刑集17巻2号121頁）。

その後、特別区の区長公選制は、1974年の地方自治法の一部を改正する法律（昭和49年法律第71号）で改正され、公選制に立ち返っている。現在の特別区の自治体としての権能、実績および地域共同体意識からして、なお最高裁のいう基準を充足していないとみることは困難であろう。

第3節　地方公共団体の組織 ●━━━━━━━●

1　地方公共団体の組織

憲法93条1項は、「地方公共団体には、法律の定めるところにより、その議事機関として議会を設置する」と規定し、同条2項は、「地方公共団体の長、その議会の議員及び法律の定めるその他の吏員は、その地方公共団体の住民が、直接これを選挙する」と定める。

これによれば、第一に地方公共団体の議事機関として、住民の直接公選する議員をもって構成される議会が設置される。議会の組織・権限およびその他の活動運営などの具体的内容については、憲法に別段の定めはない。ただ、憲法92条の趣旨により、地方自治の本旨に基づいて法律でこれを定められるべきことが要請されているにすぎない。地方自治法第2編第6章の規定は、この要請

に応じて規定されている。

　第二に地方公共団体の執行機関である地方公共団体の長も、当該地方公共団体の住民が直接これを選挙する。明治憲法下にあっては、都道府県知事は国の官吏として天皇によって任命され、市町村長は、身分的には公吏であったが、その選任は市町村会の意思に基づくものとしながら、しばしば国の意思にかからしめることによって官僚的色彩を強めていた。それに対して、現行憲法は、住民自治の理想を徹底的に実現し、議会と長との相互の牽制と均衡によって公正な地方自治行政の運営を保障しようとの見地に立って、地方政治に関しては、首長制をとり、都道府県知事ならびに市町村長はすべてその住民の直接選挙によることとしたのである。

2　地方公共団体の議会

　地方公共団体の議会は、住民の代表機関であるとともに議決機関である（地方自治法96条）点において、国会と共通する性格をもつが、地方公共団体の長と独立・対等の関係に立ち、地方公共団体の最高機関ではない。また、地方公共団体の議会は、国会に認められるような自律権をもたない。

　地方自治法89条は、「普通地方公共団体に議会を置く」と定めると同時に、町村は、議会を置かず、選挙権を有する者の総会（町村総会）を設けることができるとしている（94条）。町村総会は、住民意思を直接代表する機関であるから、憲法93条1項に反しないと解されている。また、現行の一院制を廃止し、二院制を採用することも、憲法違反とはいえない。議会の議員の定員数は、各地方公共団体の人口に応じて定められる（90条・91条）。

　地方議会の権限には、条例の制定・改廃のほかに、予算、決算認定、地方税等に関する議決、契約締結、財産の取得処分、負担附きの寄付の受領等の議決などがある（96条1項各号参照）。また、地方公共団体は、条例で地方公共団体に関する事件（法定受託事務に係るものを除く）につき、議会の議決すべきものを定めることができる（96条2項）。

3　地方公共団体の長

　地方公共団体の長として、都道府県に知事が置かれ、市町村に市町村長が置かれる（地方自治法139条）。長の任期は4年とされ（140条）、衆議院議員または参議院議員、地方公共団体の議会の議員および常勤の職員と兼ねることができない（141条）。

　地方公共団体の長は、当該地方公共団体を統括し、これを代表する（147条）。長は、当該地方公共団体の事務および法律または政令によりその権限に属する国または他の地方公共団体の事務を管理、執行する（148条）。

4　住　民

　市町村の区域内に住所を有する者は、当該市町村およびこれを包括する都道府県の住民である（地方自治法10条1項）。住民は、法律の定めるところによりその属する地方公共団体の役務の提供を等しく受ける権利を有し、その負担を分任する義務を負う（10条2項）。住民は、憲法上、地方公共団体の長および議会の議員を選挙し、一つの地方公共団体にのみ適用される特別法について住民投票を行う（憲法95条）。

　住民は、地方自治法に基づいて条例の制定または改廃の請求（74条）、監査の請求（75条）、議会の解散請求（76条）、議員・長・役員の解散請求（80条・81条・86条）を行うことができる。地方自治法が広く住民の直接請求制度を取り入れているゆえんは、地方自治が直接住民の意思に基づいて行われることを要請しているからである。

第4節　地方公共団体の権能

1　地方公共団体の事務

　憲法94条は、「地方公共団体は、その財産を管理し、及び行政を執行する権能を有し、法律の範囲内で条例を制定することができる」と定めている。

　「財産の管理」とは、公用財産であると公共用財産であると収益財産であるとを問わず、一切の財産の取得・維持・保存・運用・処分を含めて財産の管理

と解される。「事務の処理」とは、次の「行政の執行」との対比において、公権力の行使たる性質を具えない事務の処理を意味するものと解せられる。「行政の執行」とは、公権力の行使を伴うものを意味し、警察権とか、統制権とか、公用負担特権とかが、これに属する。この権限があるが故に、地方公共団体が単なる事業団体以上に統治団体としての実質を具えたものといいうるのである。

　地方自治法1条の2は、「地方公共団体は、住民の福祉の増進を図ることを基本として、地域における行政を自主的かつ総合的に実施する役割を広く担うものとする」と定め、地方自治体の役割分担を明記し、地方公共団体の処理すべき事務を「地域における事務」（地域事務）と「その他の事務で法律……により処理することとされるもの」（非地域的事務）に分類し（2条2項）、他方では、「自治事務」（同条8項）と「法定受託事務」（同条9項）に分類している。

　「自治事務」とは、「法定受託事務」以外の事務をいい、「法律に定めのない自治事務」と「法律に定めのある自治事務」に分類される。「法定受託事務」とは、法令の定めにより地方公共団体が処理することとされる事務のうち、「国が本来果たすべき役割に係るものであって、国においてその適正な処理を特に確保する必要があるものとして」法令にとくに定めのあるもの（第一号法定受託事務）と、これと同様の形で「都道府県が本来果たすべき役割」を市町村または特別区が処理するもの（第二号法定受託事務）をいう。

2　条例制定権

（1）　条例制定権の意義

　地方公共団体は、地方自治の本旨を実現するために、その区域内において自主法を制定する自主立法権を有しなければならない。かかる自主法の形式として、地方議会がその権限に属する事項についてその議決によって制定する条例（地方自治法14条）と地方公共団体の長や委員会が定める規則（15条・138条の4第2項）との2種がある。条例は、地方公共団体の地域においては、当該地方公共団体の住民のみならず、他の地方公共団体の住民をも拘束する。

（2）　条例制定権の範囲と限界

　地方公共団体の条例制定権には、憲法上、三つの限界が考えられる。第一に、条例制定権は、地方公共団体の自治事務に関するものでなければならないという限界がある（憲法94条、地方自治法14条2項）。すなわち、国の専属事務とされる司法事務・刑罰事務・外交・国防・幣制に関する事務には及ばない。第二に、憲法が、法律事項であると規定している（29条2項・31条・84条）ことから来る限界がある（法律留保事項）。第三に、憲法94条が、地方公共団体は「法律の範囲内」で条例を制定することができると規定していることからの限界がある（法律先占論）。

ⓐ　法律留保事項と条例

　①財産権法定主義との関係　　憲法29条2項は、「財産権の内容は……法律でこれを定める」と規定しているため、条例で財産権の内容の規制が許されるか否かの問題が出てくる。学説には、条例による規制は法律の委任がなければ不可能であるとする説や、財産権の「内容」と「行使」とを区分し、後者については規制可能であるとする説もある。しかし、通説は、条例による財産権の内容規制も許されると説く。その根拠としては、条例が住民の代表機関である議会によって制定される民主的立法であること、憲法29条2項の立法趣旨は、社会国家化現象の下で財産権の絶対不可侵性が変容してきたことを示すものであり、条例による規制を許さないとする趣旨ではないこと、といった点が挙げられる。

　最高裁は、奈良県ため池条例事件で、条例で財産権に規制を加えることは災害を未然に防止するという社会生活上のやむをえない必要からくることであって、ため池の損壊または決壊の原因となる提とうの使用行為は、「憲法、民法の保障する財産権の行使の埒外にあるものというべく、従って、これらの行為を条例をもって禁止、処罰しても憲法および法律に抵触またはこれを逸脱するものとはいえない」と判示している（最大判昭和38・6・26刑集17巻5号521頁）。

　②罪刑法定主義との関係　　憲法31条は、「何人も、法律の定める手続によらなければ……刑罰を科せられない」と規定し、一方、地方自治法14条3項は、条例で2年以下の懲役もしくは禁固、100万円以下の罰金、拘留、科料もしく

は没収の刑または5万円以下の過料を科す旨の規定を設けることができると定めている。ここに罰則を定めた条例が、合憲か否かの問題が生ずるが、通説は、条例が住民の代表機関である議会によって制定される民主的立法であることから、当該地方公共団体の事務に関する事項であるかぎり、とくに法律による委任を必要とせず、条例で罰則を科すことができると解している。

　最高裁判所は、大阪市売春勧誘等取締条例事件において、「条例は、法律以下の法令といっても……公選の議員をもって組織する地方公共団体の議会の議決を経て制定される自治立法であって、行政府の制定する命令等とは性質を異にし……国会の議決を経て制定される法律に類するものであるから、条例によって刑罰を定める場合には、法律の授権が相当な程度に具体的であり、限定されておればたりると解するのが相当である」と判示している（最大判昭和37・5・30刑集16巻5号577頁）。

　③租税法律主義との関係　　地方税3条1項は、「地方団体は、その地方税の税目、課税客体、課税標準、税率、その他賦課徴収について定をするには、当該地方団体の条例によらなければならない」と規定している。ここに憲法84条にいう租税法律主義との関連で、条例による課税が憲法上問題となる。今日の学説は、条例による課税を一般に認めているが、公共団体の課税権は地方税法の委任によるとする説、租税法律主義の例外であるとする説、自治権に基づく条例事項とする説など、その根拠づけは分かれている*。

　　*大牟田市電気税訴訟　　福岡地裁は、「憲法上地方公共団体に認められる課税権は、地方公共団体とされるもの一般に対し抽象的に認められた租税の賦課、徴収の権能であって、憲法は特定の地方公共団体に具体的税目についての課税権を認めたものではない」としている（福岡地判昭和55・6・5判時966号3頁）。

　ⓑ　法律先占論と条例　　憲法94条の規定を受けて、地方自治法14条1項は、地方公共団体は「法令に違反しない限りにおいて」、「地域における事務及びその他の事務で法律又はこれに基づく政令により処理することとされるもの」（2条2項）について条例を定めることができると規定している。かかる規定をめぐる解釈論としての法律先占論とは、法令がある事項についてすでに規律を

行っている場合、当該事項については条例をもって規律することができないとするにある。そして、その趣旨は、第一に法令の規律内容と条例の規律内容が矛盾抵触する場合、第二に条例の規律が法令の規律内容ないし程度を超える場合がこれにあたるとされてきた。

　しかし、公害問題の深刻化に伴い、地方自治体が公害防止条例で国の定める法令によりも厳しい規律を行う「上乗せ条例」や法令が規律対象としていない事項について規制する「横だし条例」を制定するようになってきた今日、従来の解釈ではかえって当該条例が無効となり、不当な結果を招くことになる。そこで、今日では、法令違反となるのは、法令が条例による規制を明らかに認めていないと解釈される場合に限定されるとする解釈（明白性の理論）が有力に主張されている。

　最高裁は、徳島市公安条例事件で、「普通地方公共団体の制定する条例が国の法令に違反する場合には効力を有しないことは明らかであるが、条例が国の法令に違反するかどうかは、両者の対象事項と規定文言を対比するのみでなく、それぞれの趣旨、目的、内容及び効果を比較し、両者の間に抵触があるかどうかによってこれを決しなければならない。例えば、ある事項について国の法令中にこれを規律する明文の規定がない場合でも、当該法令全体からみて、右規定の欠如がとくに当該事項についていかなる規制をも施すことなく放置すべきものとする趣旨であると解されるときは、これについて規律を設ける条例の規定は国の法令に違反することになりうるし、逆に、特定事項についてこれを規律する国の法令と条例とが併存する場合でも、後者が前者とは別の目的に基づく規律を意図するものであり、その適用によって前者の規定の意図する目的と効果をなんら阻害することがないときや、両者の同一の目的に出たものであっても、国の法令が必ずしもその規定によって全国的に一律的に同一内容の規制を施す趣旨ではなく、それぞれの普通地方公共団体において、その地方の実状に応じて、別段の規制を施すことを容認する趣旨であると解されるときは、国の法令と条例との間にはなんらの矛盾抵触はなく、条例が国の法令に違反する問題は生じえないのである」と判示し（最大判昭和50・9・10刑集29巻8号489頁）、法律と条例とを調和的に解釈する見解をとっている。

　本判決を踏まえ問題を整理すれば、以下のようになる。①そもそも地方公共団体の事務に属しない事項は、条例でこれを定めることができないのは勿論、法律の明文規定に抵触する条例を制定することはできない。②条例が規制しようとしている事項についてそもそも法律の規定が存在せず、空白状態の場合、㋐法律が規定していない理由が当該事項についていかなる規制もすべきではないという趣旨である場合は、条例でこれを定めることはできないが、㋑法律が規定していない理由が国としては全国一律に規制する必要がないからであって、各々の地方の特殊事情から規制を行うことを妨げない趣旨である場合は、条例でこれを定めることができる。③法律が一定の事項について一定の目的で規制している場合、㋐条例の適用によって法律の規定の意図する目的と効果を何ら阻止しないときには、条例制定は許されるが、㋑条例が法律と同一の目的で法律の範囲外の事項を規制し（いわゆる横だし条例）、あるいは同一の事項について法律より高次の規制を行う（いわゆる上乗せ条例）場合、法律が必ずしも当該規定により全国一律に同一内容の規制を施す趣旨ではなく、各々の自治体においてその地方の実情に応じて別段の規制を施すことを容認する趣旨である場合は許されるということになる*。

　　＊高知市普通河川等管理条例事件　　高知市普通河川等管理条例と河川法との関係について、最高裁は、「普通地方公共団体は、法令の明文の規定又はその趣旨に反する条例を制定することは許されず、そのような法令の明文の規定又はその趣旨に反する条例は、たとえ制定されても、条例としての効力を有しないものと言わなければならない。……河川法は、普通河川については、適用河川または準用河川に対する管理以上に強力な河川管理は施さない趣旨であると解されるから、普通地方公共団体が条例をもって普通河川の管理に関する定めをするについても……河川法が適用河川等について定めるところ以上に強力な河川管理の定めをすることは、同法に違反し、許されない」と判示し（最判昭和53・12・21民集32巻9号1723頁）、本件条例による規制の上乗せを認めていない。

　ⓒ　地域的取扱いの差異と平等原則　　憲法94条は、条例制定権を各地方公共団体に認めているために、各地方公共団体の特殊性により、制定する条例の内容にそれぞれ差異が生じ、このことが憲法14条1項に違反しないかが問題となる。最高裁は、売春等取締条例違反被告事件において「社会生活の法的規律は通常、全国にわたり画一的な効力をもつ法律によってなされているけれども、

中には各地方の特殊性に応じその実情に即して規律するためにこれを各地方公共団体の自治に委ねる方が一層合目的的なものであり、またときにはいずれの方法によって規律しても差支えないものもある。これすなわち憲法94条が、地方公共団体は『法律の範囲内で条例を制定することができる』と定めている所以である。……憲法が各地方公共団体の条例制定権を認める以上、地域によって差別が生ずることは当然に予期されることであるから、かかる差別は憲法みずから容認するところであると解すべきである。」としている（最大判昭和33・10・15刑集12巻14号3305頁）＊。

　　＊**本件判決における補足意見**　　「〔憲法94条が〕条例制定権は、法律の範囲内で許されることを規定している以上、法律の上位にある憲法の諸原則の支配をも受けるものと解すべきことは当然であって、各公共団体の制定した条例も、憲法14条の『法の下の平等原則』に違反することは許されないものと解する。……例えば、同種の行為について一地域では外国人のみを処罰したり、他の地域では外国人のみにつき処罰を免除するが如き各条例は、特段の合理的理由のない限り、憲法14条に反することになろう。これを要するに、……各条例が各地域の特殊な地方の実情その他の合理的根拠に基いて制定され、その結果生じた各条例相互間の差異が、合理的なものとして是認されて始めて、合憲と判断すべきものと考える。多数意見が……無条件に地域的差別取扱を合憲とする趣旨であるとするならば、……賛同し得ないところである」(同上)。

第6章

憲法の保障と違憲審査制

第1節　憲法の保障の諸類型

　フランス革命の直後に制定された1791年のフランス立憲君主制憲法は、自らの保障のため、以下の規定を置いている。すなわち、第一に、最初の二立法期においてはいかなる改正をも禁止し、以後引き続き三立法期において改正の提案がなされた場合には特別多数の議員により構成された憲法改正会議を選挙・召集し、憲法改正を決議しうるとしている。第二に、三権および三機関の厳格な分立を定め、憲法の存立を保障している。このことは、「憲法制定国民会議は、憲法の存立を立法部、王及び裁判官の誠実に委ねる」という規定に見てとることができる。そして第三に、「憲法制定国民会議は、憲法の存立を家庭の父、主婦および母の監視と若き市民の愛とすべてのフランス国民の勇気に委ねる」と規定している。

　「憲法の保障」という用語が成文憲法典で用いられたのは、19世紀ドイツの諸ラント憲法からである。たとえば、1831年のザクセン憲法は、「憲法の保障」（138条ないし153条）と称する1章を設け、国王・官吏および臣民の憲法遵守義務や憲法改正の制限規定を置いている。第二次世界大戦後の憲法では、1947年イタリア共和国憲法が有名であるが、同憲法は、第2部第6章に「憲法の保障」の章題の下に、第1節「憲法裁判所」（134条ないし137条）、第2節「憲法の改正、憲法的法律」（138条・139条）の規定を置いている。

　学説史的には、イェリネックが、『一般国家学』第22章「公法の保障」（Die Garantien des öffentlichen Rechtes）中で、社会的保障（宗教、習俗、社会的道徳、すなわち文化的諸力の全体ならびにそれらによって形成される諸利益および諸組織による不断の法形成と発展への働きかけ）、政治的保障（国家機関の力関係、とく

に権力の分割という方式)、法的保障(統制、個人的責任、裁判、法的救済)に分けて論じている(*Allgemeine Staatslehre*, 1900)。

ここに、憲法の保障とは、憲法は国の最高法規であるが、時として憲法の下位にある法律および命令などの法規範ならびにその他の国家行為によって憲法に対する侵害行為がなされることもありうる。そこで、憲法典は、かかる侵害行為から憲法を守り、憲法の規範的効力を確保するため、これを事前に防止し、若しくは事後に匡正するための装置を設ける必要が生じる。かかる装置ないし制度を一般に憲法の保障といい、憲法保障制度という。

憲法保障制度は、①憲法典に直接定められている制度(「組織化された制度」)、②超憲法的根拠によって認められると考えられる制度(「組織化されない制度」・「超憲法的保障」)に大別できる。前者①は、さらに実体的保障方法と手続的保障方法に分類できる。

日本国憲法に則していえば、実体的保障方法として、憲法典の最高法規性の宣言(98条1項)、天皇および公務員の憲法尊重擁護義務の宣言(99条)、基本的人権の永久不可侵性(11条・97条)国民による基本的人権の不断の保持義務(12条)、権力分立制の採用(41条・65条・76条)をあげることができる。手続的保障の方法としては、厳格な憲法改正手続(96条)ならびに違憲立法審査制(81条)があげられる。

後者②の超憲法的保障の典型としては、抵抗権(Widerstandsrecht)と国家緊急権(Staatsnotrecht)とが、通例、あげられる。法律のレベルでは、刑法77条の内乱罪の規定や破壊活動防止法による憲法秩序の維持をあげることができよう。

1 抵抗権

ここに抵抗権とは、国家権力が極度に不法な公権力の濫用によって立憲的な憲法を侵害したとき、ほかにとるべき合法的な手段・方法が存在しない場合、国民が自らの権利・自由を守り、人間の尊厳を確保するために実力をもってこれに対抗し、憲法秩序を回復する権利と定義される。抵抗権をもって合法的に成立している義務を何らかの義務、たとえば道徳や宗教上の義務を根拠として

拒否することのできる自然法上の義務と解する見解があるが、それは広きに失し、とることはできない。また、抵抗権の行使は、憲法を保障する機能を前提とするものであるという観点からして、革命権はこれに含まれないと解すべきである。

抵抗権の思想は、古くは中世のモナルコマキに見出され、国民主権、人権思想の確立に大きな役割を演じたが、とくに18世紀の近代市民革命の時代には重要な意味をもって革命に寄与した。抵抗権を実定化したものとして、たとえば、1776年のヴァージニア権利章典第3条は、「いかなる政府でも、それがこれらの〔人民、国家もしくは社会の利益、保護および安全という〕目的に反するか、あるいは不十分であることが認められた場合には、社会の多数の者は、その政府を改良し、変改し、あるいは廃止する権利を有する」と規定し、1789年フランス人権宣言2条は、「あらゆる政治的団結の目的は、人の消滅することのない自然権を保全することである。これらの権利は、自由・所有権・安全および圧制への抵抗である」と謳っている。これらの宣言は、たとえ国家権力といえども人間の尊厳を侵しえない基礎的領域があることを認め、それが侵害された場合には、国民はそれに抵抗する権利を本来的に有するとの思想を基盤としている。

その後、近代立憲主義の確立・進展とともに、憲法保障の諸制度が整備され、抵抗権は理念としては意義があるものの、実際に行使される可能性はきわめて限定されたものとなっていった。しかし、抵抗権思想は、その後、ナチズムないしファシズムという政治的独裁体制を経験することによって、第二次世界大戦後、ドイツのいくつかの州およびボン基本法に実定化されることになる。1947年ヘッセン州憲法147条は、「憲法に違反して行使された公権力に対する抵抗は、各人の権利であり、義務である。憲法破壊または憲法破壊を目的とする企図を知った者は、国事裁判所へ出訴して責任者の刑事訴追を要求する義務がある」と規定し、ボン基本法20条4項は、「この秩序〔憲法20条1項ないし3項に定める自由で民主的な基本秩序〕を排除しようと企図するすべての者に対し、他の救済手段（Abhilfe）が可能でない場合には、すべてのドイツ人は抵抗権を有する」と定めている。ヘッセン州憲法は、抵抗権の行使の対象が伝統的

な「公権力」に限定して規定しているのに対して、ボン基本法の場合には、その対象が「基本秩序を排除しようと企図するすべての者」に向けられている。したがって、後者の規定は、本来的意味での抵抗権規定というよりも、「憲法忠誠」規定の性格を帯びたものということができる。

　ドイツ連邦憲法裁判所第一法廷は、1956年8月17日の共産党を違憲として解散するとした判決（BVerGE 5, 85 (1956)）の中で、抵抗権を自然法上の権利として認め、「個々の違法に対する抵抗権は、単に保守的な意義で、すなわち法秩序の維持または再建のための緊急権としてのみ、存在しうる。さらに、抵抗権をもって闘われる不法は、明白なものでなければならない。法律秩序により用いうるすべての法的手段は、有効な救済たるの見込みがほとんどなく、抵抗権の行使が、法の維持または再建のために最後に残された手段であるものでなければならない」と判示している。

　日本国憲法の下で、抵抗権の存在をいかに考えるか。抵抗権に関する明文規定はないが、日本国憲法は、自然法思想に基づく基本的人権の尊重をその本質的構成要素として存立している。個人の尊厳（人間の尊厳）を中心価値とする民主主義的法秩序の否定に対する抵抗権は、超国家的、前憲法的人権として認められると考えられる。日本国憲法の基本原理を根本的に否定する政治勢力が出現し、国家権力を簒奪し、人権およびこれを認める憲法それ自体が重大な侵害を受け、その存在が否定されるに至った場合、国民は、権力者の行為に対して服従する義務はもはや存在しないと考えて然るべきである。憲法に権利保障の制度が設けられているという理由を、抵抗権を否定する根拠とすることはできない。いかなる法制度といえども、現実には権力者による圧政が起こりうる可能性が常に存在することは、人類の長年の経験が教えるところであって、かかる例外状態を法学の彼岸に留め置くべきではないであろう。

　抵抗権の成立要件は、厳格でなければならない。国家権力の行使が、憲法の個々の条項に抵触する場合には、①裁判所の違憲立法審査権の行使による救済、②国民に認められた参政権行使による政治的コントロールを通じての匡正であらねばならず、かかる場合にまで抵抗権行使を広く認めることは許されるところではない。抵抗権の成立要件は、①民主主義的基本秩序に対する重大な侵害

行為が存在し、憲法の存在自体が否定されようとする場合であること、②前記の不法が客観的に明らかであること、③憲法、法律をはじめとする現行法制度の下で定められた法的匡正手段をもってしてももはや有効に目的を達成する見込みがないこと、④法秩序回復のための最後の手段として抵抗のみが残されていること、が必要であると考えられる*。

> **＊公安条例違反事件第一審判決**　集会およびデモ行進は正当な抵抗権の行使であるとして違法性がない旨の超法規的違法性阻却事由が主張された事件において、札幌地裁は、1962年、「憲法の各条規の単なる違反ではなく民主主義の基本秩序に対する重大なる侵害が行われ憲法存在自体が否認されようとする場合であり、又不法であることが客観的に明白でなければならな〔い〕。……憲法法律等により定められた一切の法的救済手段がもはや有効に目的を達する見込がなく、法秩序の再建のための最後の手段として抵抗のみが残されていることが必要であると云わねばならぬ」と判示している（札幌地判昭37・1・18下刑集 4 巻122号69頁）。

2　国家緊急権

　国家緊急権とは、国家が、戦争、内乱、経済恐慌、大規模な自然災害など平時の統治機構をもってしては対処できない緊急・非常事態において、国家自らの存立を維持するために憲法秩序を一時停止して非常措置をとる権限をいい、①憲法が当該条項の中で憲法秩序を一時的に停止しうることを規定する場合と、②憲法典の一切の制約を無視し、超憲法的・独裁的権力行使がなされる場合に二分される。国家緊急権は、実定法上の根拠なくして発動しうる国家の自然権であるとしてこれを認めると説く学説があるが、かかる学説は、緊急権の発動を事実上国家権力に委ねることを容認するものであり、立憲主義それ自体の破壊につながるものであって、採用することはできない。

　国家緊急権を実定法化した例として、1958年フランス第五共和国憲法16条は、「共和国の制度、国家の独立、領土の安全または国際協約の執行が直接かつ重大に脅かされる場合、および憲法に定める公権力の正常な運営が阻害される場合、大統領は、内閣総理大臣、両院議長、憲法評議会議長に諮問した後、状況に応じて必要とする措置をとる」と定めている。また、1988年ブラジル連邦共和国憲法137条は、国家的影響を有する重大な騒乱または国土防衛事態の期間

にとられた措置の非実効性を証明する事実が発生した場合、および戦争状態または外国軍隊の侵略に対する反撃の宣言がなされた場合、共和国大統領は、共和国顧問会議および国防会議の聴聞を経て国会に対して戒厳事態の許諾を請求するものとすると定める。そして、戒厳事態布告の実施期間中、個人に対する措置として、139条は、①所定の場所に滞在する義務、②普通犯罪により告訴されまたは有罪とされた者のためのものではない建物での拘禁、③信書の不可侵、通信の秘密、情報の提供および新聞、ラジオ、ならびにテレビ放送の自由に対する制限、④集会の自由の停止、⑤家宅捜索および押収、⑥公益事業に対する介入、⑦財産の徴用、を掲げている。

　わが国の明治憲法下においては、8条で「緊急命令権」を定めていた。14条1項では「天皇ハ戒厳ヲ宣告ス」と定め（「戒厳令」）、軍司令官が立法権と行政権を行使するとされ、また、31条は、「本章（第2章・臣民権利義務）ニ掲ケタル条規ハ戦時又ハ国家事変ノ場合ニ於テ天皇大権ノ施行ヲ妨クルコトナシ」と規定し（「非常大権」）、戦時または国家事変に際して臣民の権利義務規定の一部または全部が停止される場合を定めていた。

　これに対して、日本国憲法は、明治憲法の下での体験とその反省に基づき、戦争放棄の規定（9条）を置くことによって国家緊急権に関する何らの規定をも定めてはいない。これに対して、国家は、本来的に緊急権を有するとして緊急・非常事態に備えるべく立法の制定を是認する見解も存するが、憲法に緊急権に関する規定が置かれていない以上かかる主張はとることができない。

　なお、わが国現行法制上、警察法6章71条ないし75条に定められている「緊急事態の特別措置」規定、自衛隊法76条の「防衛出動」、77条の4の「国民保護等派遣」および78条の「治安出動」の各規定は、それぞれ警察および自衛隊の活動の集中強化を想定し、規定を置いていると解すべきであって、国家緊急権に連結して解釈されてはならない。

第2節　違憲審査制と憲法訴訟　●━━━━━━━●

1　違憲審査制の意義

（1）　違憲審査制度

　違憲審査制とは、法律、命令、処分等の国家行為が憲法に適合するか否かを、他の国家機関が審理・判断する制度をいう。いかなる国家機関が違憲審査を行うかは、国によってそれぞれ制度が異なるが、大別して三つの形態が挙げられる。すなわち、第一の形態は、フランスの憲法評議院に見られるように独立の政治的機関による審査制度である。第二の形態は、特別な裁判所を設置し、具体的争訟事件とは関係なく抽象的に違憲審査を行う制度であり、この特別な裁判所を一般に憲法裁判所という。ドイツ、イタリア、オーストリアなどの国に見られる審査制度である。第三の形態は、通常の司法裁判所が具体的な争訟事件を審理する際に付随的に違憲審査権を行使する制度である。その母国は、アメリカであるが、アメリカ合衆国憲法に明文規定はなく、判例法によって確立されたものである。

（2）　違憲審査制の意義

　このような違憲審査制の意義は、第一に憲法の最高法規性の観念に照らして、それに反する国家行為は当然無効とさるべきであり、そのための制度を確立することにある。第二に立法機関ならびに行政機関の専断から、憲法とくに国民の基本的人権を守ろうとする立憲主義の理念を制度として保障することにある。さらに、第三に通常の司法裁判所に違憲審査権を認める制度の下では、立法機関ならびに行政機関の行為を司法機関が統制し、権力相互の抑制と均衡を図るという点にその意義を求めることができる。

　日本国憲法81条は、「最高裁判所は、一切の法律、命令、規則又は処分が憲法に適合するかしないかを決定する権限を有する終審裁判所である」と定め、通常裁判所に違憲審査権を認める制度を採用し、裁判所、とりわけ最高裁判所に、いわゆる「憲法の番人」としての機能を要請している。

2　違憲審査権の性格

（1）　違憲審査の形態

　最高裁判所が、具体的な訴訟事件を裁判する際に、適用さるべき法令の合憲性について、最終的に審査する権限を有するという点については、学説上異論はない。しかし、憲法81条が、最高裁判所に抽象的審査権を行使する憲法裁判所としての性格を認めているか否かについては、学説上争いがある。

　第一説は、憲法81条は、アメリカ型の付随的審査制を明文化したものであると解する見解である（付随的審査制説）。その根拠は、81条が、「司法」の章に置かれ、司法の観念は伝統的に具体的な権利義務に関する争訟事件の解決ということをその要請としていること、抽象的審査権が認められているとすれば、それを積極的に明示する規定が憲法上定められていなければならないこと、などである。

　第二説は、最高裁判所は、司法裁判所としての付随的審査権のほかに、具体的争訟事件とは関係なく、法令などの合憲性を審査する権限を有すると解する（憲法裁判所説）。その根拠は、裁判所が付随的審査権を有することは司法権の本質上当然のことであり、81条があえて司法審査権に言及しているのは、最高裁判所に付随的審査権以外の特別の権限を付与しようとしたものであること、81条の「決定する」という文言は、最高裁判所に憲法裁判所的権限を付与することを意味するものであること、などである。

　第三説は、憲法裁判所としての権限や裁判手続を法律でとくに定めれば、最高裁判所に憲法裁判所としての権能を与えることができると解する（立法政策説）。その根拠は、81条は憲法裁判所としての権限を認めているわけでも、否定しているわけでもないこと、司法権の観念は流動的なものであり、抽象的審査権を含みうること、などである。通説、判例は、第一説の立場に立つ＊。

　　＊**警察予備隊違憲訴訟**　　日本社会党の代表者であった鈴木茂三郎が、自衛隊の前身である警察予備隊が違憲無効であることの確認を求めて、最高裁判所に訴えを提起した事件で、最高裁は、「わが裁判所が現行の制度上与えられているのは司法権を行う権限であり、そして司法権が発動するためには具体的な争訟事件が提起されることを必要とする。わが裁判所は具体的な争訟事件が提起されないのに将来を予想して憲法及びその他

の法律命令等の解釈に対し存在する疑義論争に関し抽象的な判断を下すごとき権限を行い得るものではない」。最高裁判所が抽象的審査権を有するものとするならば、「最高裁判所はすべての国権の上に位する機関たる観を呈し、三権独立し、その間に均衡を保ち、相互に侵さざる民主政治の根本原理に背馳するにいたる恐れなしとしないのである」と判示し、本件訴訟を不適法として却下した（最大判昭和27・10・8民集6巻9号783頁）。

（2）　違憲審査の主体

　違憲審査権が、最高裁判所のほかに下級裁判所にも認められているのかは、憲法81条の規定上必ずしも判然としない。しかし、81条は、最高裁判所は国家行為の憲法適合性を決定する「終審」裁判所であると規定しており、この文言は、前審の存在を明らかに予定している趣旨と解される。また、司法裁判所の性格からして、違憲審査権を最高裁判所に独占させる必然性はなく、もし81条がこの権限を最高裁判所のみに認める趣旨であるならば、その趣旨の規定および下級裁判所から最高裁判所への事件の移送手続規定を憲法に定めていなければならない。したがって、下級裁判所もまた、司法権の行使に際して違憲審査権を許容されているものと解される。通説、判例もそのように解している＊。

　　＊食糧管理法違反被告事件　　食糧管理法違反事件の被告人が、違憲審査権は最高裁判所にのみ認められた権限であり、原上告審（東京高裁）は最高裁に移送すべきであったと主張し、再上告した事件で、最高裁は、「裁判官が、具体的訴訟事件に法令を適用して裁判するに当り、その法令は憲法に適合するか否かを判断することは、憲法によって裁判官に課せられた職務と職権であって、このことは最高裁判所の裁判官であると下級裁判所の裁判官であるとを問わない。憲法81条は、最高裁判所が違憲審査権を有する終審裁判所であることを明らかにした規定であって、下級裁判所が違憲審査権を有することを否定する趣旨をもっているものではない」と判示した（最大判昭和25・2・1刑集4巻2号73頁）。

3　違憲審査の対象
（1）　「一切の法律、命令、規則又は処分」の意味

　憲法81条は、違憲審査の対象となる国家行為として「一切の法律、命令、規則又は処分」を挙げている。ここに「法律」とは、形式的意味における法律を意味し、「命令」とは政令、省令など行政機関の制定する規範をいう。「規則」

とは、両議院の制定する議院規則、最高裁判所およびその委任をうけた下級裁
判所が制定する規則などをいう。「処分」とは、すべての国家機関がなす具体
的、個別的国家行為をいい、「処分」の中に、「裁判」も含まれる（最大判昭和
23・7・8刑集2巻8号801頁）。条例は、ここにあげられていないが、法律以下の
一切の国内法令が違憲審査の対象とされているのであるから条例に審査権が及
ぶこと、けだし当然である。

　81条列挙事項は、違憲審査の対象となる国家行為を限定する趣旨ではないが、
条約や立法の不作為に審査が及ぶか否かについては論議のあるところである。

（2）　条　約

　条約は、憲法81条に列挙されていない。そこで、条約が違憲審査の対象にな
るか否かについて、学説は分かれている。消極説は、81条がとくに条約をあげ
ていないこと、98条1項も条約をあげておらず、むしろ同条2項で国際法規の
遵守を規定していること、条約は国家間の合意によって成立するものであり、
高度に政治的なものをその内容とすることが少なくないこと、などを理由に違
憲審査の対象とならないと説く。

　しかし、条約は、国際法の法形式であるが、自動執行的条約（self-executing
treaties）であれ、非自動執行的条約（nonself-executing treaties）であれ、国内
では国内法として通用するのであるから、条約の国内法としての側面について
は、違憲審査権が及ぶと解される。消極説は、条約の政治性を強調するが、そ
れは統治行為や内閣の裁量行為の問題として処理すべく、条約に違憲審査が及
ばないとする論拠となりえない。積極的に解するのが妥当である＊。

　　＊砂川事件上告審判決　　日米安全保障条約の合憲性が争われた砂川事件で、最高裁は、
　　本件安全保障条約は、わが国の存立の基礎にきわめて重大な関係をもつ高度の政治性を
　　有するものというべきであり、「一見極めて明白に違憲無効であると認められない限り
　　は、裁判所の司法審査権の範囲以外のもの」であると判示し、違憲審査の対象とならな
　　いとした（最大判昭和34・12・16刑集13巻13号3225頁）。判決は、条約が違憲審査の対
　　象となる可能性を認めている。

（3）　立法の不作為

　立法の不作為とは、国会が制定すべき法律を制定していない場合、および一

応法律は制定されてはいるが、その法律に不備があり、憲法の要求を満たしていない場合をいう。従来、立法の不作為が違憲審査の対象となるかについては、国会に広い裁量権が委ねられており、違憲審査権を行使することは立法権への過度の干渉になり、権力分立の原則に反し許されないと解されてきた。

　しかし、最近の有力説は、国会の立法義務が憲法の明文上または解釈上明白であり、相当の期間の経過にもかかわらず国会が立法をしない場合は、その不作為は実体法的に違憲と判断され、また、法律の不備についても、憲法の水準に達しない場合、違憲と判断できるとする。そして、立法の不作為が実体法的に違憲と判断されるならば、裁判所による違憲審査は、論理的に可能かつ必要であるとする*。

　　＊在宅投票制度廃止国家賠償訴訟　　重度身障者が、在宅投票制度の廃止によって、投票に関して不合理な差別的取扱いを受けたとして、国家賠償を請求した事件で、最高裁は、「国会議員は、立法に関しては、原則として、国民全体に対する関係で政治的責任を負うにとどまり、個別の国民の権利に対応した関係での法的義務を負うものではないというべきであって、国会議員の立法行為は、立法の内容が憲法の一義的な文言に違反しているにもかかわらず国会があえて当該立法を行うというごとき、容易に想定し難いような例外的な場合でない限り、国家賠償法1条1項の規定の適用上、違法の評価を受けない」と判示し（最判昭和60・11・21民集39巻7号1512頁）、立法の不作為の違憲審査を事実上否定するに等しい判断を下した。

　　＊＊在外国民選挙権訴訟　　本件は、国外に居住していて国内の市町村の区域内に住所を有していない日本国民（在外国民）に国政選挙における選挙権行使の全部または一部を認めていない公職選挙法（平成10年法律第47号による改正前のもの）の適否等が争われた事案である。最高裁大法廷は、以下のように判示し、1996年10月20日に施行された衆議院議員の総選挙までに「昭和59年に在外国民の投票を可能にするための法律案が閣議決定されて国会に提出されたものの、同法律案が廃案となった後本件選挙の実施に至るまで10年以上の長きにわたって何らの立法措置も執られなかったのであるから、このような著しい不作為は……例外的な場合に当たり、このような場合においては、過失の存在を否定することはできない」と認定し、国家賠償請求を容認した。すなわち、「国会議員の立法行為又は立法不作為が同項〔国家賠償法1条1項〕の適用上違憲となるかどうかは、国会議員の立法過程にける行動が個々の国民に対して負う職務上の法的義務に違背したかどうかの問題であって、当該立法の内容又は立法不作為の違憲性の問題とは区別されるべきであり、仮に当該立法の内容又は立法不作為が憲法の規定に違反するものであるとしても、そのゆえに国会議員の立法行為又は立法不作為が直ちに違法の評価を受けるものではない。しかしながら、立法の内容又は立法不作為が国民に憲法

上保障されている権利を違法に侵害するものであることが明白な場合や、国民に憲法上
保障されている権利行使の機会を確保するために所要の立法措置を執ることが必要不可
欠であり、それが明白であるにもかかわらず、国会が正当な理由なく長期にわたってこ
れを怠る場合などには、例外的に、国会議員の立法行為又は立法不作為は、国家賠償法
1 条 1 項の規定の適用上、違法の評価を受けるものというべきである」（最大判平成
17・9・14民集59巻 7 号2087頁）。

（4）　国の私法行為

　国家の活動が、私法行為の形式で行われる場合がある。たとえば、公共用地
の取得に際して任意買収という私法行為の形式が広く用いられる。かかる場合、
当該行為は「処分」とみなされ、直接的に違憲審査の対象となるかが問題とな
る。

　最高裁は、自衛隊百里基地の用地買収をめぐって土地売買契約の違憲無効が
争われた事案である百里基地訴訟判決（最判平成元・6・20民集43巻 6 号385頁）に
おいて、憲法98条 1 項にいう「『国務に関するその他の行為』とは、同条項に
列挙された法律、命令、詔勅と同一の性質を有する国の行為、言い換えれば、
公権力を行使して法規範を定立する国の行為を意味し、……私人と対等の立場
で行う国の行為は、右のような法規範の定立を伴わないから……『国務に関す
るその他の行為』に該当しない」とし、「憲法 9 条は、その憲法規範として有
する性格上、私法上の行為の効力を直接規律することを目的とした規定ではな
く、人権規定と同様、私法上の行為に対しては直接適用されるものではないと
解するのが相当」であり、「国が行政の主体としてでなく私人と対等の立場に
立って、私人との間で個々的に締結する私法上の契約は、当該契約がその成立
の経緯及び内容において実質的にみて公権力の発動たる行為となんら変わりが
ないといえるような特段の事情のない限り、憲法 9 条の直接適用を受け」ない
としている。

　しかし、国が行政の主体としてではなく、たまたま私法行為の形式を選択し
たことによって憲法の直接の規制を受けないとした場合、実質的には公権力を
行使したのと何ら異ならない法的効果ないし結果を国にもたらしているにもか
かわらず、違憲審査の対象とならないと解するのは不当である。また、公権的

行為と私法行為の区別の基礎にある私的自治の原則は、自由権に基づくものであり、国は私的自治を主張できる立場にはないといわなければならない。したがって、国の私法行為も違憲審査の対象となると解されるところである。

（5）　司法権の限界に関わる問題

この問題については、すでに、第3章第1節4司法権の限界で述べたところに譲る。

4　違憲審査の方法

（1）　憲法判断の回避

この準則は、付随的違憲審査制度の下にあっては、裁判所は、憲法判断をすることなく事件を解決することが可能な場合、憲法判断を回避すべきであるとする準則（憲法判断回避の準則）をいう。アメリカ合衆国においては、1936年のアシュワンダー判決の補足意見の中で、ブラインダイス裁判官が、七つの準則を挙げている（ブラインダイス・ルールと呼ばれる）。それは、裁判所は、①友誼的・非対決的な訴訟手続においては立法の合憲性を判断しない、②憲法問題を決定する必要が生ずる前にまえもってとりあげない、③憲法原則をそれが適用さるべき明確な事実が要求する範囲を超えて定式化しない、④憲法問題が記録によって適切に提出されているとしても、その事件性を処理することのできるほかの理由がある場合には憲法問題について判断しない、⑤法律の施行によって侵害を受けたことを立証しない者の申立てに基づいて、その法律の効力について判断することはしない。⑥法律の利益を利用した者の依頼で、その合憲性について判断することはしない、⑦法律の合憲性について重大な疑いが提起されたとしても、その問題を回避できるような法律解釈が可能であるか否かをまず確認すべきである、というものである。

わが国においては、とくに上記中④の意味で憲法判断の回避がいわれるが、恵庭事件判決＊で示された憲法判断の回避の当否をめぐって学説上の評価が分かれる。第一説は、裁判所は、適用さるべき法律の合憲性が問題となった場合、まず、はじめに、当該法律の合憲性を審理すべきであるとする（憲法判断先行説）。第二説は、他の理由で事件を解決できる場合には、憲法判断を行うべき

ではないとする（法律判断先行説）。第三説は、基本的には第二説の立場に立ちながら、事件の重大性、違憲状態の程度、その及ぼす影響の程度、問題とされている権利の性格などを総合的に考慮し、十分な理由があると判断した場合は、憲法判断に踏み切ることができるとする（折衷説）。第三説が、有力である。わが国の違憲審査制度の特質およびその制度目的に留意した場合、第三説をもって妥当とすべきである。

　　＊恵庭事件　　北海道千歳郡恵庭町にある自衛隊の島松演習場付近で酪農を営む被告人が、爆音等によって乳牛に被害を受けたとし、連絡用の電話線を切断したところ、自衛隊法121条違反で起訴された。被告人は、自衛隊法は憲法9条違反であると主張したが、札幌地裁は、電話線は121条にいう「その他の防衛の用に供する物」に該当しないと判示し、被告人を無罪とし、自衛隊の合憲性については、無罪の結論に達した以上、「何らの判断をおこなう必要がないのみならず、これをおこなうべきでもないのである」と付言している（札幌地判昭和42・3・29下刑集9巻3号359頁）。

（2）　合憲限定解釈

　合憲性が争われている法令をその立法目的その他の考慮に基づいて解釈した際に、当該法令の文言について合憲という解釈と違憲という解釈が可能な場合、法令を憲法に適合するように限定を加えて解釈する方法を合憲限定解釈という。これは、ブランダイス・ルールの⑦の準則に相当するものであるが、厳密にいえば、「法令の違憲判断を回避する」解釈の手法であるから、憲法判断そのものの回避ではない。この準則の根拠としては、法体系の統一性、法の段階構造、法律の合憲性の推定などがあげられる。また、合憲限定解釈にも、一定の限界がある。法令を審査する裁判所が、法令の文言に明らかに反する解釈を行うこと、立法目的を大きく損なう解釈を行うことは許されない。法令の欠缺を補う解釈も、許されないといわなければならない＊。

　　＊都教組事件　　地方公務員法37条・61条4号の合憲性について、最高裁は、これらの規定が「文字どおりに、すべての地方公務員の一切の争議行為を禁止し、これらの争議行為の遂行を共謀し、そそのかし、あおる行為……をすべて処罰する趣旨と解すべきものとすれば……公務員の労働基本権を保障した憲法の趣旨に反し、必要やむをえない限度をこえて争議行為を禁止し、かつ、必要最小限度にとどめなければならないとの要請

を無視し、その限度をこえて刑罰の対象としているものとして、これらの規定は、いずれも、違憲の疑を免れない」。「しかし、法律の規定は、可能なかぎり、憲法の精神にそくし、これを調和しうるよう、合理的な解釈がなされるべきものであって、この見地からすれば、これらの規定の表現にのみ拘泥して、直ちに違憲と判断する見解は採ることができない。すなわち……これらの規定についても、その元来の狙いを洞察し労働基本権を尊重し保障している憲法の趣旨と調和しうるように解釈するときは、これらの規定の表現にかかわらず、禁止されるべき争議行為の種類や態様についても、さらにまた、処罰の対象とされるべきあおり行為等の態様や範囲についても、おのずから合理的な限界の存することが承認されるはずである」と判示した（最大判昭和44・4・2刑集23巻5号305頁）。

（3）　法令違憲と適用違憲

　法令違憲は、法律、命令等の規定そのものを違憲無効とする方法である。例として、尊属殺重罰規定違憲判決（最大判昭和48・4・4刑集27巻3号265頁）、衆議院議員定員数配分違憲判決（最大判昭和51・4・14民集30巻3号223頁）、森林法共有林分割制限規定違憲判決（最大判昭和62・4・22民集41巻3号408頁）、薬局距離制限規定違憲判決（最大判昭和50・4・30民集29巻4号572頁）、特別送達郵便物損害賠償責任免除違憲判決（最大判平成14・9・11民集56巻7号1439頁）、在外国民選挙権事件判決（最大判平成17・9・14民集59巻7号2087頁）、生後認知児童国籍確認事件（最大判平成20・6・4民集62巻6号1367頁）をあげることができる。なお、「処分」を違憲とした事例として愛媛玉串料事件判決（最大判平成9・4・2民集51巻4号1673頁）、空知太神社事件判決（最大判平成22・1・20民集64巻1号1頁）等をあげることができる。

　適用違憲は、法令それ自体は合憲であるが、当該法令が当該事件の当事者に適用される限度において違憲とする手法である。適用違憲判決は、一般に三つの範疇に類型化して論じられる。すなわち、第一の類型は、「法令の合憲限定解釈が不可能である場合、すなわち合憲的に適用できる部分と違憲的に適用される可能性のある部分とが不可分の関係にある場合に、違憲的適用の場合をも含むような広い解釈に基づいて法令を当該事件に適用するのは違憲である」という論理構造の判決である。第二の類型は、「法令の合憲限定解釈が可能であるにもかかわらず、法令の執行者が合憲的適用の場合に限定せず違憲的に適用

した、その適用行為が違憲である」という論理構造の判決である。そして、第三のそれは、「法令そのものは合憲でも、その執行者がそれを憲法で保障された権利・自由を侵害するような形で適用した場合にその解釈適用行為が違憲である」という論理構造の判決である。

　適用違憲と区別して、「処分違憲」という独自の分類を打ち立てる考え方が主張されている。しかし、処分にはその根拠となる法令（適用法令）が存在するのであって、処分の根拠となる法令に憲法上の瑕疵がある場合は、本来的には法令違憲の判決の手法を用いるべきであり、あえてそれを避けて処分が違憲とする場合は、それは適用違憲の事例というべきである。したがって、処分違憲という場合、法令を適用した結果の処分違憲＝適用違憲と法令の適用の結果ではない単なる処分違憲の二種類に分類されると考えるべきであり、処分違憲という用語を用いるならば、それは後者の意味に限定して用いるべきであろう。

　　＊適用違憲（第一類型）　　猿払事件第一審判決は、国公法110条１項19号は「同法102条１項に規定する政治的行為の制限に違反した者という文字を使っており、制限解釈〔合憲限定解釈〕を加える余地は全く存しないのみならず、同法102条１項をうけている人事院規則14-7は、全ての一般職に属する職員にこの規定の適用があることを明示している以上、当裁判所としては、本件被告人の所為に、国公法110条１項19号が適用される限度において、同号が憲法21条および31条に違反するもので、これを被告人に適用することができないと云わざるを得ない」と判示している（旭川地判昭和43・3・25下刑集10巻3号293頁）。

　　＊＊適用違憲（第二類型）　　全逓プラカード事件第一審判決は、メーデーにベトナム侵略に加担する佐藤内閣（当時）打倒と書いたプラカードを掲げて行進した本件原告の行為は、「形式上文理上は国公法102条に違反するけれども、右各規定〔人事院規則14-7第5項4号〕を合憲的に限定解釈すれば、本件行為は、右各規定に該当または違反するものではない。したがって、本件行為が右各規定に該当または違反するものとして、これに各規定を適用した被告の行為は、その適用上憲法21条１項に違反する」（東京地判昭和46・11・1行集22巻11-12号1755頁）。

　　＊＊＊適用違憲（第三類型）　　第二次家永教科書検定訴訟第一審判決（杉本判決）は、教科書検定の「法的性格は事前の許可と解せられるのであるが……審査が思想内容に及ぶものでないかぎり、教科書検定は検閲〔憲法21条2項〕に該当しない」としたうえで、「本件各検定処分は、いずれも憲法21条2項および教育基本法10条の各規定に違反し、違憲、違法である」と判示している（東京地判和昭45・7・17行集21巻7号別冊1頁）。

（4）　文面審査と適用審査

憲法問題を審査する方式（違憲審査の範囲）として、文面審査と適用審査がある。文面審査とは、事件の具体的事実関係（司法事実）にかかわることなく、適用される法律の文言そのものの合憲性判断に基づいて事件を解決する審査方法をいう。これは、アメリカの判例法理にいう「漠然性の故に無効の理論」および「過度の広汎性の法理」に対応する審査方法である（本来的意味における狭義の文面審査という）。これに対して、提起された具体的事件の処理に際して、立法事実（立法制定の基礎を形成し、当該立法の合理性を支える社会的・経済的・文化的な一般的事実）を考慮に入れて文面審査を行う場合がある。これを広義の文面審査という。ここにいう法律の合憲・違憲を基礎づける事実の審査・判断である立法事実の審査と当該法律の適用・不適用を基礎づける事実の審査・判断である事実判断とは、明確に区別されなければならない。

適用審査とは、事件の具体的事実関係である司法事実（「だれが・何を・いつ・どこで・いかに行ったか」という事実）を調べ、それを前提としながら当該事件への問題の法律の適用関係に即して、言い換えれば当該事件に適用される限りで、問題の法律について憲法判断を行う審査方法をいう。付随的違憲審査制を採用する司法制度の下における審査は、通例、適用審査が出発点となると考えられる。

（5）　違憲審査基準

人権規制立法の合憲性を判断するにあたっては、当該規制立法の規制の目的・態様・程度、立法目的と目的達成のための手段との関連性、規制される人権の種類などを総合的に判断しなければならない。

すでに、述べてきたように、違憲審査基準として重要な意義をもつのが、「二重の基準」の理論であるが（第2部第3章第1節2（2）参照）、学説では、三つの審査基準が有力に主張されている。すなわち、例えば①精神的自由のうち、思想・良心の自由や表現の自由の内容を規制する立法の合憲性は、規制目的がやむにやまれぬものであるかどうか、規制手段が立法目的達成に必要不可欠なものであるかどうかによって判断される、②表現の自由のうちの時・所・方法を規制する立法、および経済的自由に対する消極目的規制の合憲性は、そ

の規制手段が規制目的と実質的に関連しているかどうかによって判断される、③経済的自由に対する積極的目的の規制の合憲性は、規制目的が正当かどうか、規制手段が規制目的と合理的に関連しているかどうかによって判断される、というものである（詳細および批判については、各人権についての記述箇所参照のこと）。

　もっとも、いかなる審査基準をとろうとも、それは万能ではなく、つねに問題となる人権規制立法の目的、目的達成手段等についての個別的・具体的審査が不可欠であるということに留意しなければならない。

　裁判所が、具体的事件を審理する場合、当該事件の解決にとってその確定が直接必要とされる個別的・具体的事実（司法事実ないし判決事実）の判断のみならず、適用されるべき法律の必要性・合理性を基礎づける社会的・経済的事実（立法事実）の検討・評価が必要とされる。経済的自由の規制立法には、一定の事実状態を前提として、合憲性推定の原則が妥当するので、とくに、立法事実を明らかにすることが必要不可欠となる。この点、薬局距離制限の憲法適合性について立法事実を踏まえて違憲と判示した最高裁判決（最大判昭和50・4・30民集29巻4号572頁）が注目される。なお、裁判所は、司法事実については訴訟当事者の主張・立証に拘束されるが、立法事実については拘束されず、厳格な証明によらなければならないと説かれる。

5　違憲判決の効力

（1）　個別的効力説と一般的効力説

　裁判所の違憲判決により違憲無効とされた法令の効力について、学説は、個別的効力説と一般的効力説に大きく分かれる。

　個別的効力説は、違憲無効とされた法令は一般的に無効と判断されるのではなく、当該事件にかぎり当該法令の適用が排除されると説く。この説は、わが国の違憲審査制は付随的違憲審査制を採用しており、違憲審査は当該事件の解決に必要な限度で行われるから、違憲判決の効力も当該事件との関連を越えて及ぶことがないこと、違憲判決に一般的効力を認めることは、裁判所が消極的立法作用を行うことになり憲法41条に反すること、などをその根拠とする。一

般的効力説は、裁判所によって違憲無効とされた法令は、当該事件に適用されないだけでなく、廃止手続がとられなくとも一般的、客観的に無効となると説く。この説は、違憲とされた法令が当該事件についてのみ無効とされ、その他との関係においては依然効力を有することになり、不公正な事態が生じ、また法的安定性・予見可能性を侵害すること、憲法98条1項は憲法の条規に反する一切の国家行為は「その効力を有しない」と定めていること、などをその根拠とする。

　個別的効力説が通説である。もっとも、この説の論者も、最高裁判所が違憲判決を下した場合、国会は違憲とされた法律を改廃し、内閣も当該法律の適用を差し控えるなどの措置をとることを憲法は期待していると説き、あるいは国会は当該事件を改廃する政治的道徳義務を、さらには法的義務さえ負うと説く。したがって、個別的効力説に立ったとしても、実質的には一般的効力があるということになろう。

　（2）　違憲判決の遡及効と将来効

　違憲判決の遡及効の問題は、従来、一般的効力説との関連で論じられてきたが、個別的効力説に立ちながら実質的には一般的効力があるとする場合、この問題は同様に生ずることになろう。通説は、一般的に遡及効を認めることは、過去の確定判決を後の違憲判決で覆すことになり、法的安全性の見地から問題であることなどを理由に、違憲判決の効力は、当該事件の当事者のみに及ぶと説く。そして、違憲とされた法律に基づいて過去の時点で不利益判決を受けた者に対しては、正義と公平の観点から何らかの救済措置、たとえば人身保護法による措置がとられなければならないとする。

　将来効判決の手法については、それが司法権の行使としては異例のものである以上、強い正当化事由が存在する場合にのみ許されるとの主張がある。

第3節　憲法の改正

1　概　説

　憲法改正とは、成文憲法の定める所定の手続に従って、意識的または形式的

に、憲法典中の条項に修正・削除・追加を行うことによって、または新たな条項を加え増補することによって、憲法の改変をなすことをいう。カール・シュミットは、憲法改正と異なる概念として憲法の廃棄、憲法の廃止、憲法の侵犯および憲法の停止および謀反（Hochverrat）をそれぞれあげて論じている（*Verfassungslehre,* 1928）。

(a)憲法の廃棄（Verfassngsvernichtung）……成文憲法の条項を排除するだけでなく、当該憲法の基礎となっている憲法制定権力をも排除することである。その結果、憲法制定権力の主体が更迭され、これを、通常、革命（Revolution）という（たとえば、日本におけるいわゆる「八月革命説」を想起せよ（38頁以下））。

(b)憲法の廃止（Verfassungsbeseitigung）……憲法の廃棄にまでは至らず、憲法制定権力の主体は更迭されないが、憲法改正を当該憲法が規定する改正手続によらず、非合法手段によって行うことであって、通常、クーデター（coup d'Etat, Staatsstreich）といわれる場合に見られる。

(c)憲法の侵犯（Verfassungsdurchbrechung）……憲法のある条項を特定の場合に限り、例外的かつ一時的に侵犯する場合であって、被侵害条項は、その場合以外にはそのまま妥当し、永続的に改変されるのでもなく、一定期間停止されるのでもない。

(d)憲法の停止（Verfassungssuspension）……憲法のある条項の効力を一時的に停止することであり、これに合法的停止と非合法的停止とがある。前者の典型として、かつてワイマール憲法48条2項の規定により、大統領による緊急権を発動して基本権条項を停止した場合に見られた。明治憲法31条にいう非常大権もまたこれに該当する。後者は、かかる規定がない場合、または停止を規定する条項の手続を無視して行われる場合である。

2　憲法改正の手続

憲法改正に関し、憲法典には、通常、憲法の安定性の要請と憲法の発展の要請を調整するために、一般の法律よりも慎重な改正手続が規定されている（硬性憲法）。硬性憲法における改正の方法を大別すれば、次のような類型をあげることができる。①議会が憲法改正を行うが、その特別多数を要するなどの慎

重な手続を採用するもの、②憲法改正を審議・議決する任務をもって召集され
た憲法会議によって行うもの、③憲法改正案成立後に議会は解散され、新たに
選出された議会の特別多数を要するとするもの、④議会または憲法会議の議決
と国民投票を併用するもの、⑤国民発案と国民投票だけによるもの。

　日本国憲法の改正は、次のような改正手続をとっている。まず、国会の各議
院の総議員の3分の2以上の賛成で国会が発議し、国民に提案してその承認を
得なければならない。この承認には、特別の国民投票または国会の定める選挙
の際に行われる国民投票においてその過半数の賛成を必要とする＊。憲法改正
について国民の承認を経たときは、天皇は、国民の名において憲法と一体を成
すものとしてこれを公布する（96条）。

　　＊**日本国憲法の改正手続に関する法律（国民投票法）**　　憲法改正のための国民投票法
　　が2007年に制定され、2010年5月18日に施行された。投票権者は、日本国民で年齢満18
　　年以上の者とされ（国民投票法3条）、そのために必要な措置が取られないかぎり、満
　　20年以上の者とされている（同附則3条）。国民投票は、国会が憲法改正を発議した日
　　から起算して60日以後180日以内において国会の議決した日に行われる（同2条1項）。
　　憲法改正の発議があったときは、憲法改正案の国民に対する広報に関する事務を行うた
　　めに国会に「国民投票広報協議会」（各議院の議員10人の委員で構成）が設けられる（国
　　会法102条の11、国民投票法11条以下）。「国民投票運動」に関して、公務員または独立
　　行政法人の役員もしくは職員等及び教育者による運動、広告放送による運動は禁止され
　　るが（国民投票法103条・105条）、文書図画及び運動費用の規制に関する規定、戸別訪
　　問及びインターネット上の運動の禁止規定はおかれていない。憲法改正原案の発議は、
　　内容において関連する事項ごとに区分して行われ（国会法68条の3）、投票は国民投票
　　に係る憲法改正案ごとに1人1票で行われる（国民投票法47条）。国民投票において賛
　　成の投票の数が投票総数の2分の1を超えた場合、国民の承認があったものとされる
　　（126条）。ここにいう投票総数とは、「憲法改正案に対する賛成の投票の数及び反対の投
　　票の数を合計した数」とされている（98条2項）。承認の通知を受けると総理大臣は、
　　直ちに公布の手続をとり（126条2項）、天皇が憲法改正について「国民の名で、この憲
　　法と一体を成すものとして」、直ちに公布する（憲法96条2項・7条1号）。国民投票に
　　異議がある投票人は、中央選挙管理員会を被告として東京高等裁判所に訴訟を提起する
　　ことができるが（国民投票法127条）、訴訟の提起があっても憲法改正案に係る国民投票
　　の効力は、停止しないとされる（130条）。

　日本国憲法の改正手続に関しては、次の点で争いがある。第一に、憲法改正
の提案権について、各議院の議員が有することは論を待たないが、内閣がこれ

を有するか否かについて肯定説と反対説の対立がある。もっとも、議院内閣制
を採用する日本国憲法の下にあっては国会議員の資格を有する国務大臣が憲法
改正の原案を提出することができるのであって、議論する実益は乏しいといい
うる。第二に、国会の発議の際の「総議員」数について、通説は、欠員数の議
員が常に反対投票したのと同じように扱われることは妥当でないという理由か
ら、現に在籍している議員数と解している。もっとも、憲法改正は慎重になさ
れるべきことや総議員の数をめぐる争いを回避することができることからして、
法定議員数と解する説も有力に主張されている。第三に、国民投票の過半数に
ついて、①有権者の過半数、②投票者の過半数、③有効投票の過半数のいずれ
を意味するかが問題である。通説は、選挙の場合に準じて解釈し、有効投票の
過半数と解するが、憲法改正の重大性に鑑み、積極的に改正を支持する投票が
過半数を占めるべきであるとの観点から、投票者の過半数と解する立場も有力
に主張されている。

3　憲法改正の限界

　成文憲法に明示的に規定された憲法の改正は、全体としての憲法の同一性と
継続性が維持されるという大前提の下においてのみ、憲法の各条項を修正・削
除・追加できるのであって、それは新たな憲法を制定する権能を含むものでは
ないことはいうまでもない。

　諸外国の憲法典の中には、しばしば憲法の改正の限界に関して明文規定が発
見される。たとえば、1946年フランス第四共和国憲法94条は、「本国領土の全
部又は一部が外国軍隊の占領下にある場合には、いかなる改正手続も、これに
着手し、又は継続してはならない」と規定し、時期的な改正の限界を定めてい
た。同憲法95条は、「政府の共和的形成は、これを改正の目的とすることがで
きない」と規定し、1947年イタリア共和国憲法139条もまた、共和政体は改正
の目的とならないと規定している。1949年ドイツ連邦共和国憲法79条３項は、
「連邦のラントへの編成、立法の際における諸ラントの原則的協力、又は第１
条〔人間の尊厳の不可侵性〕および20条〔ドイツ連邦共和国が民主的且つ社会
的連邦国家であること、国民主権主義、三権分立、法治主義〕に掲げられた基

本原則に影響を及ぼすようなこの基本法の変更は許されない」と規定していた。

　民主主義に基づく憲法は、国民の憲法制定権力によって制定された国家の基本法であって、憲法改正権は、かかる憲法制定権力が成文憲法の中に取り込まれ、制度化されたものであると解される（制度化された憲法制定権力）。とするならば、憲法自らが自己の存立の基盤とする憲法制定権力の所在たる国民主権を変更することは、論理必然的に矛盾を来すことになるからして、許されないところである。

　また、近代立憲主義憲法は、基本的人権の保障という自然権に由来する思想を成文憲法の中に読み込んでおり、かかる自由の原理たる人権保障は国民主権の原理と密接不可分に結合している。したがって、成文憲法中の基本的人権規定の基本原則を改変することもまた、法論理的に許されないといわなければならない。

　日本国憲法の改正の限界で問題となるのが、平和主義である。国際平和の原理もまた、「国内の民主主義（人権と国民主権）と不可分に結び合って近代公法の進化を支配してきた原則と言われる」原理（芦部『憲法（7版）』）である以上、改正権の対象とはならないと考えられる。問題は、憲法9条2項の「戦力不保持」規定が改正できるかにある。学説は、①全面的に改正を許さないとする説、②9条2項を改正して再軍備ならびに自衛戦争を認めることができるとする説、③改正できるとする説、に分かれる。憲法9条2項を改正し、軍隊の保有を認める規定を置く決定を行ったとしても、それが国家の政治的統一体の特質と形式に関する政治的決定に属さないものである以上、憲法9条2項の戦力放棄の条項を改正することは直ちに日本国憲法の同一性と継続性を喪失させることにはつながらないであろう。

　もっとも、核兵器の保有を容認する再軍備に向けての憲法の改正、侵略戦争を容認する規定の設置、あるいは文民統制（civilian control）のまったく及ばない軍の設置を認める改正は、究極的に民主主義の基礎原理、個人の尊厳の原理に反し、許されてはならない。

　憲法96条が定める憲法改正のための国民投票制度はどうか。一般に、憲法改正権をもって制度化された憲法制定権力と捉える場合、国民投票制度を廃止す

ることは、国民主権原理に反し、許されないと考えられる。

4　改正の限界を超えた憲法の評価

　憲法改正には一定の限界があるという立場をとった場合、限界を超えてなされた改正には、いかなる法的評価がなされるべきであろうか。ある論者は、「新憲法は、理論上は――根本規範を否定するものである以上――『法秩序の設立ではなくて、無法状態の惹起』にすぎず、『法的に無効と評せねばならぬ』にしても……極限的な状況を別にすれば、その実効性は否定できないであろうし、無効を確定する機関は存在しないのだから、『無効ではあるが有効だ、ということになる』であろう」と説く（芦部信喜『憲法制定権力』）。またある論者は、「改正限界説は……改正の限界を超えた憲法の変革を法的に無効としうるという主張まで含むものではない。それは法としての妥当性を主張しえず旧憲法に照らせば、無効である、とされるが、しかし、『改正』憲法が実効性をもって行われるならば『与えられる法として受けとるよりほかに仕方がない』……ということなのである。この場合には、したがって、たとえ改正手続に従って行われたとしても、それはもはや改正ではなく、憲法制定権力の発動による新しい憲法の制定として受けとられるのである」と主張する（浦部『憲法学教室（3版）』）。

　憲法の改正が実際に行われる際には、改正の限界を超えるものなのか否かが十分に国民的に論議されなければならないことは論を待たないが、改正前の憲法からみれば、改正の限界を超えた新たな憲法は無効とせざるをえないであろう。しかし、それは、もはや改正とは呼ばれず、新しい憲法の制定になる。憲法改正における国民投票として具現化される、国民主権原理の権力的契機からみれば、国民が新憲法の制定に賛成の立場なのか、反対の立場なのかに最終的には行き着くであろう。

5　憲法の変遷

　憲法の変遷（Verfassungswandlung）の概念は、多義的に用いられているが、「法社会学的意義の憲法の変遷」、すなわち、憲法の各条項の規範内容と現実の

憲法状態との間に「ずれ」が生じているという客観的事実を指していう場合、かかる現象が存在することについては学説に争いはない。

　憲法の各条項の規範内容と現実の憲法状態との間に生じている「ずれ」を前提とした上で、憲法典の各条項の本来の規範内容に代わって憲法の改正手続を経ることなく新たな憲法規範（憲法法源）が成立している意味で用いた場合を指していう「法解釈学的意義の憲法の変遷」を認めるか否かについては、争いのあるところである（たとえば、日本国憲法9条の変遷を解釈論として認めた場合、自衛隊をもはや憲法違反という必要はない、ということを想起せよ）。ある憲法規範が、すでに国民の信頼を失い現実に遵守されなくなった場合、それはもはや法とはいえないとしてこれを肯定する説も主張されているが、近時の有力な学説は、硬性憲法の存在理由や憲法の最高法規性、憲法の変遷が成立する時点の決定の困難性、国民の憲法意識の将来的可変性などを理由に否定的立場をとっている。

主要参考文献

芦部信喜・憲法〔7版・高橋和之補訂〕（岩波書店、2019年）

芦部信喜・憲法学Ⅰ・Ⅱ・Ⅲ（有斐閣、1992・94・98年）

芦部信喜・人権と憲法訴訟（有斐閣、1994年）

芦部信喜・憲法判例を読む（岩波書店、1987年）

芦部信喜・憲法制定権力（東京大学出版会、1983年）

芦部信喜・憲法訴訟の理論（有斐閣、1973年）

阿部照哉・憲法〔改訂〕（青林書院、1991年）

市川正人・基本講義憲法（新世社、2014年）

伊藤正己・憲法〔3版〕（弘文堂、1995年）

植野妙実子・憲法の基本（学陽書房、2000年）

内野正幸・憲法解釈の論点〔4版〕（日本評論社、2005年）

浦部法穂・憲法学教室〔3版〕（日本評論社、2016年）

浦部法穂・入門憲法ゼミナール（実務教育出版、1994年）

江橋崇＝戸松秀典・基礎演習憲法（有斐閣、1992年）

大石眞・憲法講義Ⅰ〔3版〕・Ⅱ〔2版〕（有斐閣、2014・2012年）

大石眞・石川健治編・憲法の争点（有斐閣、2010年）

大沢秀介・憲法入門〔3版〕（成文堂、2003年）

粕谷友介・憲法〔改訂〕（上智大学、2003年）

川添利幸＝山下威士編・憲法詳論（尚学社、1990年）

清宮四郎・憲法Ⅰ〔3版〕（有斐閣、1979年）

清宮四郎＝佐藤功＝阿部照哉＝杉原泰雄・新版憲法演習1〜3〔改訂版〕（有斐閣、1987年）

工藤達朗＝畑尻剛＝橋本基弘・憲法〔4版〕（不磨書房、2011年）

栗城壽夫・戸波江二編・憲法〔補訂版〕（青林書院、1997年）

小林孝輔・芹沢斉編・基本コンメンタール憲法〔4版〕（日本評論社、1997年）

小林直樹・憲法講義上・下〔新版〕（東京大学出版会、1980・81年）

阪本昌成・憲法理論Ⅰ〔補訂3版〕・Ⅱ・Ⅲ（成文堂、2000・1993・95年）

佐藤功・日本国憲法概説〔全訂5版〕（学陽書房、1996年）

佐藤幸治・日本国憲法論〔2版〕（成文堂、2020年）

佐藤幸治・憲法〔3版〕（青林書院、1995年）

佐藤幸治編・憲法Ⅰ・Ⅱ（成文堂、1986年）

佐藤幸治＝中村睦雄＝野中俊彦・ファンダメンタル憲法（有斐閣、1994年）

渋谷秀樹・憲法〔3版〕（有斐閣、2017年）

初宿正典・憲法 2 基本権〔3 版〕（成文堂、2010 年）

杉原泰雄・憲法Ⅰ・Ⅱ（有斐閣、1987・89 年）

高木八尺＝末延三次＝宮沢俊義編・人権宣言集（岩波文庫、1957 年）

高橋和之・立憲主義と日本国憲法〔5 版〕（有斐閣、2020 年）

高橋和之＝大石眞編・憲法の争点〔3 版〕（有斐閣、1999 年）

辻村みよ子・憲法〔7 版〕（日本評論社、2021 年）

戸波江二・憲法〔新版〕（ぎょうせい、1998 年）

長尾一紘・日本国憲法〔全訂 4 版〕（世界思想社、2011 年）

中村睦男・論点憲法教室（有斐閣、1990 年）

野中俊彦＝江橋崇編著・憲法判例集〔11 版・渋谷秀樹補訂〕（有斐閣、2016 年）

野中俊彦＝中村睦男＝高橋和之＝高見勝利・憲法Ⅰ・Ⅱ〔5 版〕（有斐閣、2012 年）

橋本公亘・日本国憲法〔改訂版〕（有斐閣、1988 年）

長谷部恭男・憲法〔7 版〕（新世社、2018 年）

長谷部恭男・石川健治・宍戸常寿編・憲法判例百選Ⅰ・Ⅱ〔7 版〕（有斐閣、2019 年）

長谷部恭男＝土井真一＝井上達夫＝杉田敦＝西原博史＝阪口正二郎編・岩波講座憲法
　　1・3・6（岩波書店、2007 年）

長谷部恭男＝中島徹＝赤坂正浩＝阪口正二郎＝本秀紀・ケースブック憲法〔4 版〕（弘文堂、
　　2013 年）

樋口陽一・憲法〔4 版〕（勁草書房、2021 年）

樋口陽一編・講座憲法学 1 ～ 6・別巻（日本評論社、1994・95 年）

樋口陽一編・ホーンブック憲法〔改訂版〕（北樹出版、2000 年）

樋口陽一＝佐藤幸治＝浦部法穂・注釈日本国憲法上・下（青林書院、1984・88 年）

樋口陽一＝佐藤幸治＝中村睦男＝浦部法穂・憲法Ⅰ・Ⅱ・Ⅲ・Ⅳ（青林書院、1994 ～ 2004 年）

樋口陽一＝吉田善明編・解説世界憲法集〔4 版〕（三省堂、2001 年）

藤田尚則・日本国憲法〔3 版〕（北樹出版、2017 年）

藤田尚則・憲法（創価大学、2007 年）

藤田尚則＝花見常幸＝尹龍澤＝岡部史信・現代憲法論〔改訂版〕（北樹出版、2003 年）

古野豊秋編・新・スタンダード憲法〔3 版〕（尚学社、2010 年）

法学協会編・註解日本国憲法上・下（有斐閣、1953・54 年）

松井茂記・日本国憲法〔3 版〕（有斐閣、2007 年）

宮沢俊義・憲法Ⅱ〔新版〕（有斐閣、1971 年）

宮沢俊義〔芦部信喜補訂〕・全訂日本国憲法（日本評論社、1978 年）

宮原均・日米比較憲法判例を考える〔改訂 2 版〕（八千代出版、2021 年）

吉田善明・日本国憲法〔3 版〕（三省堂、2003 年）

判 例 索 引

事項索引

著者紹介・担当一覧

花見　常幸（はなみ　つねゆき）　　　　第2部担当

　　1952年　東京都大田区生まれ
　　1975年　創価大学法学部卒業
　　1982年　創価大学大学院法学研究科博士後期課程単位取得
　　現　職　創価大学法学部教授　副学長
　　著書
　　　『現代憲法論（改訂版）』（共著、北樹出版）
　　　『憲法と行政法の現在』（共著、北樹出版）
　　　『地球市民をめざす平和学』（共著、第三文明社）など

藤田　尚則（ふじた　ひさのり）　　　　第1部・第3部担当

　　1952年　島根県奥出雲町生まれ
　　1975年　創価大学法学部卒
　　1983年　中央大学大学院法学研究科博士後期課程単位取得
　　　　　　博士（法学）
　　2020年　創価大学法科大学院教授、在職中に逝去
　　著書
　　　『日本国憲法』（北樹出版）
　　　『アメリカ・インディアン法研究（Ⅰ）』（北樹出版）
　　　『アメリカ・インディアン法研究（Ⅱ）』（北樹出版）
　　　『政教分離の日米比較』（共著、第三文明社）など

憲　法［第3版］

2008 年 10 月 1 日　初版第 1 刷発行
2012 年 11 月 15 日　改訂版第 1 刷発行
2019 年 4 月 1 日　改訂版第 6 刷発行
2022 年 2 月 25 日　第 3 版第 1 刷発行

　　　　　　　　　著　者　花　見　常　幸
　　　　　　　　　　　　　藤　田　尚　則

　　　　　　　　　発行者　木　村　慎　也

　　　・定価はカバーに表示　　印刷　三光デジプロ／製本　新里製本

発行所　株式会社 北 樹 出 版

URL:http://www.hokuju.jp

〒153-0061　東京都目黒区中目黒 1-2-6　電話(03)3715-1525(代表)